Исторические
Авантюры

Александр Широкорад

РУССКАЯ МАТА ХАРИ

ЭКСМО

Москва алгоритм

2011

УДК 94(47)
ББК 63.3
Ш 64

Широкорад А. Б.

Ш 64   Русская Мата Хари. Тайны петербургского двора / Александр Широкорад. — М. : Эксмо : Алгоритм, 2011. — 256 с. — (Исторические авантюры).

ISBN 978-5-699-52070-1

Спецслужбы и заговорщики во все времена использовали для своих целей фавориток высокопоставленных лиц. Не стала исключением и Россия начала XX века. Матильда Кшесинская, особа, близкая к последнему императору и двум Великим князьям из Дома Романовых, также «дружила» с ними небескорыстно. С ее помощью вокруг русского престола стремительно закручивались авантюры, истоки которых находились не только в России, но и за рубежом. Чье золото текло в карманы прелестной Матильды, на кого работала на самом деле женщина, очаровавшая всю мужскую половину царского семейства? Об этом новая книга известного писателя-историка Александра Широкорада.

УДК 94(47)
ББК 63.3

ISBN 978-5-699-52070-1

Глава 1

КТО ВЫ, МАТИЛЬДА КШЕСИНСКАЯ?

После долгих лет официального забвения вновь взошла звезда Матильды Кшесинской. За последний десяток лет несколько раз переиздавались ее воспоминания. О ней пишут статьи, книги, снимают кинофильмы. Кто же она такая? Звезда русского балета — бесспорно. Но почему напрочь забыты те, с кем Кшесинская выступала на сцене и кого современники считали звездами балета той же величины? Почему никто, кроме узкого круга любителей балета, не знает имен Ольги Преображенской, Тамары Карсавиной, Веры Трефиловой, Ольги Спесивцевой, Юлии Седовой, Елизаветы Герд и многих других? У нас чуть-чуть помнят блистательную Анну Павлову, да и то в значительной степени из-за внимания, уделенного ей советским агитпропом (книги, фильмы).

А может, помнят Матильду потому, что она была «женщиной-вамп», уложившей в свою постель наследника престола и двух великих князей?

А может, из-за того, что Кшесинская стала знаковой фигурой начала XX века, такой же, как Распутин, Азеф и Гапон?

Я думаю, что верны все три предположения, причем два последних явно перевешивают первое.

Тем не менее современные авторы описывают жизнь Матильды как балет, такой, каким он виден из партера. Блестящий танец примы, и вот на сцене появляются принцы — один, второй, третий... Затем они уходят за кулисы, где-то злодеи убивают двух прекрасных и добрых принцев, но третий возвращается. На сцене свадебный пир.

Нет, увы, жизнь Матильды — не «Золушка» и не «Лебединое озеро».

Матильду сделало знаменитой ее время. Говоря иными словами, сильная личность оказалась в нужное время в нужном месте. Родись Распутин на пятьдесят лет раньше, он так и остался бы конокрадом. Родись в один день с Матильдой Валерий Чкалов и Юрий Гагарин, мы никогда бы не узнали об их существовании. Вспомним, как в начале 1789 года захандрил со скуки и отсутствия перспектив младший лейтенант Наполино Буона Парте. С горя он подал прошение русскому генерал-поручику Ивану Заборовскому о приеме его на русскую службу. Но, увы, Заборовский резко отклонил просьбу Наполино. Тут была и неприязнь к корсиканцам, да еще этот молокосос просил сразу чин майора. А затем в Валанс — французский Урюпинск — пришла весть о падении Бастилии. Без 14 июля 1789 года никогда не было бы ни Тулона, ни Аустерлица, ни горящей Москвы, ни острова Святой Елены, ни роскошного саркофага во Дворце инвалидов.

Поэтому я и хочу рассказать о Матильде Кшесинской в контексте ее времени.

Глава 2

ДЕТСКИЕ ГОДЫ

Рассказ Матильды о своих предках удивительно напоминает рассказ Дмитрия Самозванца. В начале XVIII века умирает польский магнат граф Красинский, оставив огромное состояние малолетнему сыну Войцеху. Но его злодей-дядя решил захватить имения малыша. Злодей подсылает к Войцеху наемных убийц. Камердинер, спасая ребенка, бежит в Париж и записывает его там под фамилией Кшесинский. Через 22 года Войцех приезжает в Варшаву и требует наследство у злодея-дяди.

Были ли у дяди «мальчики кровавые в глазах» — не известно, но он объявил племянника самозванцем и велел гнать взашей. В итоге семейство Кшесинских стало профессиональными актерами.

Дед Матильды Ян Кшесинский с самого раннего детства отличался незаурядными музыкальными способностями и стал скрипачом-виртуозом. Говорят, что он концертировал с самим Никколо Паганини. В молодости у деда был прекрасный тенор, за что он получил прозвище Соловей и исполнял ведущие партии в варшавской Опере. А польский король Станислав Август называл Яна «мой соловушка». Но с возрастом голос у него пропал, и Ян перешел в драматический театр, где стал знаменитым актером. Ян дожил до 106 лет и умер от несчастного случая — угорел.

Феликс, отец Матильды, с 8 лет обучался в Варшаве хореографии у балетмейстера Мориса Пиона. Сначала Феликс занимался классическими танцами, но позже увлекся характерными танцами и комическими ролями и стал исполнять только их.

В 1835 году, в четырнадцатилетнем возрасте, Феликс впервые выступил в Калише перед императором Николаем I. В это время под Калишем в честь прусского короля Фридриха-Вильгельма III устраивались грандиозные военные парады, и в связи с этими торжествами там построили театр и доставили из Варшавы самых лучших артистов.

В 1851 году Николай I распорядился выписать из Варшавы в Санкт-Петербург пять танцовщиков и пять танцовщиц, исполнявших мазурку. Среди них оказался и Феликс Кшесинский. Точнее, в Петербург приехал не пан Кшесинский, а пан Кржезинский. Именно так предки Матильды именовались в Польше. Но поскольку русские люди с трудом выговаривали оную фамилию, Феликс записал себя Кшесинским.

Однако во время исполнения балета «Катаджина» в Варшаве Феликс сильно повредил руку и поэтому задержался. Его дебют в петербургском Александровском театре состоялся только 30 января 1853 года. В балете «Сельский праздник» Феликс танцевал краковяк, мазурку и ра de trios со Снетковой и Паркачевой 1-й. С этого времени отец Матильды поселился в Петербурге и прожил там до самой смерти.

Отношение к мазурке в семье Кшесинских было особое. Матильда писала: «Никто не танцевал мазурку так, как это делал мой отец, который вкладывал в этот танец весь свой темперамент. Отец научил меня мазурке, и она стала неотъемлемой частью меня самой… Критики подчеркивали, что за всю сценическую жизнь отца ему не нашлось равных в исполнении мазурки. Именно благодаря ему мазурка вошла в моду в Петербурге и Москве, где до этого ее не танцевали ни в балете, ни на балах, ни при дворе».

В день именин великой княгини Ольги Николаевны, 11 июля 1851 года, в Петергофе должно было состояться гала-представление под открытым небом. Николай I, обожавший балет, очень полюбил мазурку. Поэтому на генеральной репетиции царь пожелал, чтобы на празднике обязательно исполнили этот танец. Но артисты не взяли с собой национальных польских костюмов, и Николай разрешил им выступать в костюмах неаполитанских рыбаков.

В Петербурге Феликс Иванович женился на балерине Юлии Доминской, вдове балетного танцовщика Леде. От первого брака у нее было пять детей, во втором родилось еще четверо: Станислав, Юлия, Иосиф-Михаил и младшая — Матильда-Мария. Родилась Маля, как ее называли, 19 августа (1 сентября) 1872 года в местечке Лигово, в тринадцати верстах от Петербурга.

Феликс Кшесинский не был мотом и на жалованье в императорском театре, плюс подработки, сумел купить себе у генерала Гаусмана небольшой двухэтажный деревянный дом с садом, огородом, молочной фермой и птичьим двором.

Кшесинская с любовью вспоминала этот дом и время, проведенное там: «Я очень любила проводить лето в имении Красницы около станции Сиверской, в шестидесяти трех верстах от Петербурга по Варшавской железной дороге... На высоком берегу речки Орлинки стоял роскошный двухэтажный дом, из окон которого открывался вид на окрестные поля и долины. Отец обустроил дом по-своему, обшил досками и перекрасил стены. Но главным новшеством стала большая столовая, так как прежняя была слишком мала для нашей многочисленной семьи и постоянно приезжавших гостей. От старой столовой отказались, а вместо нее отец устроил новую, просторную и светлую, с огромным столом, за которым всем хватало места.

На протекавшей внизу речке Орлинке, прямо напротив нашего дома, оборудовали пляж с купальней. Недалеко от дома находился большой огород и фруктовый сад, а за садом начинался старый густой лес, куда я часто ходила по грибы. В имении был большой скотный двор и птичник. На широких лугах косили великолепную траву для скота. Дети очень любили это время. Перед началом сенокоса готовилось традиционное угощение для косарей. Отношения с местными крестьянами сложились отличные. Крестьяне уважали отца за его доброжелательность и справедливость и переносили свои симпатии на меня. Благодаря бережливости и дальновидности отца дела шли прекрасно, и везде царили согласие и порядок. И хотя жили мы экономно, во всем чувствовался достаток. В детстве я обычно проводила лето в имении и пережила там много прекрасных дней».

Феликс Кшесинский руководил усадьбой и работой в поле и огороде, а его жена Юлия управляла домом. Кухарку и горничную Кшесинские привозили из Петербурга, а для помощи в буфетной и на кухне нанимали местных крестьянок.

Детям в Красницах жилось привольно и сытно: «Весь день мы бегали по саду, объедаясь фруктами и ягодами, а в пять вечера стол снова ломился от яств. Простокваша, топленое молоко, густая сметана, выпечка — все это мы поглощали с завидным аппетитом, устав за день от игр и беготни. В девять вечера был ужин, состоявших из двух горячих и холодных блюд. К ним добавлялись домашние маринады и соления, ветчина, копченый сиг и различные лакомства, привезенные отцом из города. Одним словом, всего и не перечислишь».

Естественно, от такой жизни Маля за лето растолстела, и в начале учебного года учитель Лев Иванов сделал ей выговор перед всем классом: «Жаль, что такая талантливая артистка так сильно располнела».

В Петербурге семейство жило на съемных квартирах. «Мы снимали просторные апартаменты в самом фешенебельном районе города, — пишет Матильда. — У нас всегда была большая гостиная, где отец проводил занятия, которые я так любила. Из салона слышались звуки вальса или мазурки, а я, тогда совсем еще ребенок, приплясывала, как умела, в такт музыке».

В свободное от театра и уроков время Феликс любил что-нибудь мастерить, сильно преуспев в этом «малом искусстве». Настоящим его шедевром стал макет Большого театра в Петербурге. Создавая его, Феликс не упустил ни одной, даже самой мелкой детали. Декорации поднимались и опускались, как в настоящем театре, действовало настоящее сценическое освещение с маленькими масляными лампочками, а с помощью специальной рукоятки можно было производить смену декораций. После смерти Феликса его семья подарила этот макет Театральному музею Алексея Бахрушина в Москве. Туда же Кшесинская передала свой первый польский костюм, который сама сшила, когда ей было всего четыре года, а также детские балетные туфельки, в которых выступала на сцене Большого театра в «Коньке-Горбунке».

В семье Кшесинских любили детей, гостей и праздники, а самым веселым и любимым летним праздником Матильды был ее день рождения, который торжественно отмечался в Красницах 19 августа. Феликс устраивал праздник так, что о нем долго помнили не только в окрестных деревнях, но и в соседних имениях и на дачах.

С утра появлялись крестьяне, поздравляли Малю с днем рождения и дарили подарки — кто корзинку со свежими яйцами или ягодами, кто вышитые крестиком полотенца, а также творог, сметану, грибы. К Кшесинским в этот день приезжали многочисленные гости из Петербурга и соседних имений. Размещали их не только в доме, но и в сарае и на сеновале. «Помню, что как-то из озорства мы стащили лестницу, — вспоминает Матильда, — и один из гостей, решивший отдохнуть на чердаке после бурно проведенного дня, не знал, как ему оттуда спуститься».

А вечером около дома вспыхивала иллюминация, и начинался фейерверк. Со всей округи к дому Кшесинских сходились люди, чтобы полюбоваться этим зрелищем.

К праздничному ужину Феликс всегда готовил для дочери всевозможные сюрпризы, чтобы как можно больше порадовать ее. Об одном таком сюрпризе 90-летняя Матильда вспоминала с улыбкой: «Однажды отец подвесил под потолком венок из живых цветов, который во время ужина опустился прямо мне на голову. В следующий раз, когда ему захотелось повторить этот трюк, венок опустился по ошибке на голову моего несколько туповатого соседа по столу, что вызвало общий смех».

Феликс и его жена Юлия были набожными католиками. Позже Матильда вспоминала: «К Пасхе отец сам готовил куличи. Он надевал белый передник и сам месил тесто, непременно в новом, деревянном корыте. Куличей по традиции пекли двенадцать — по числу апостолов. На пасхальный стол ставили сделанного из масла агнца с хоругвью. В Страстную субботу приглашали ксендза благословить пасхальный стол...

Родители придерживались католического вероисповедания, а Сочельник праздновали по старинному обычаю. Есть нельзя было до шести часов вечера, до первой звезды. Во время ужина, который был главным событием дня, в полной мере проявлялись кулинарные способности отца. Считалось, что на столе должно быть тринадцать постных блюд, каждое из которых имело свое символическое значение. Однако со временем их количество уменьшилось до семи. В числе обязательных рыбных блюд был судак по-польски, а также жареная рыба. Затем подавали два вида рыбного супа в двух супницах, которые ставили рядом с матерью, и она разливала супы. В одной супнице была уха по-русски, а в другой — по-польски, со сметаной. Польскую уху я очень любила и до сих пор вспоминаю с большим удовольствием... После ужина зажигали елку, под которую клали подарки.

Этот обычай я соблюдала всю свою жизнь, и по сей день для меня нет большего удовольствия, чем зажечь елку и раздать подарки».

Естественно, что все дети были крещены в костеле и воспитывались католиками. Забегая вперед, скажу, что Матильда в нужные моменты будет показывать себя верной католичкой, затем не менее истовой православной, но на самом деле будет относиться к религии достаточно прагматично. Равно как она никогда не станет ни польской националисткой, ни русской патриоткой. Она будет космополиткой. Разумеется, автор имеет в виду подлинное значение этого термина, а не то, которое придавалось ему у нас в начале 1950-х годов. Волей-неволей так и напрашивается сравнение с Мариной Мнишек.

Карьера Матильды была предопределена заранее в семье, где главной темой был балет. «Я была любимицей отца, — пишет Кшесинская. — Чувствуя мою тягу к театру и видя врожденный талант танцовщицы, он надеялся, что я продолжу славную семейную традицию и добьюсь успеха на сцене, где блистал его отец и он сам. Уже в три года я безумно любила танцы, и отец, желая доставить мне удовольствие, брал меня с собой в Большой театр[1], где ставились оперы и балеты. Мне очень нравилось ездить туда вместе с отцом».

Одно такое посещение запомнилось Матильде на всю жизнь: «Отец взял меня в Большой театр на балет «Конек-Горбунок» и устроил в одной из закулисных лож, предназначенных для артистов.

«Конек-Горбунок», поставленный впервые Сен-Леоном 3 декабря 1864 года в бенефис Муравьевой, был очень красивым спектаклем, вполне доступным пониманию даже такой маленькой девочки, которая только начинала приобщаться к театру, но уже успела полюбить его всей душой. Отец исполнял мимическую роль Хана, одну из лучших в его репертуаре. Ему удалось создать незабываемый сценический образ. Усадив меня в кресло, отец ушел в свою уборную, чтобы подготовиться к выходу на сцену.

Я осталась одна. Вся прелесть артистических лож заключается в том, что они находятся над сценой, и оттуда можно было не только следить за представлением, но и наблюдать за сменой декораций во время антрактов. Разумеется, меня все это очень заинтересовало. Никогда не забуду, с каким восторгом я смотрела спектакль, с каким вниманием наблюдала за танцами и игрой отца, как удивлялась красочному оформлению и световым эффектам на сцене. День неожиданно сменялся ночью с ярким месяцем на небе, а потом вдруг начинал дуть сильный ветер, и разражалась настоящая буря. Все это казалось мне сказочно прекрасным, таинственным и необыкновенно увлекательным».

---

[1] Большой театр в Петербурге был разрушен в конце XIX века, а на его месте построили Консерваторию.

После представления Маля спряталась за креслом, чтобы остаться в театре до вечернего спектакля, который должен был начаться через пару часов. «Из своего укрытия я могла наблюдать, как расставляются новые декорации для вечернего представления. Ах, как мне было интересно!» — вспоминает Матильда.

А отец, смыв грим и переодевшись, спокойно поехал домой. Он был так доволен спектаклем, что позабыл обо всем на свете, в том числе и об оставшейся в театре дочке. И только когда его испуганно спросили: «А где же Маля? Что ты с ней сделал?» — он воскликнул: «Я совсем забыл о ней и оставил в театре!..» — и помчался обратно в театр.

А в это время маленькая Маля, устроившись за креслом, с замиранием сердца наблюдала за тем, что происходит на сцене. Увидев отца, она попыталась спрятаться под сиденьем, в надежде остаться незамеченной. Но Феликс извлек ее оттуда и отвез домой.

«Теперь Большого театра в Петербурге уже нет, — с сожалением пишет Кшесинская. — Его разрушили еще в прошлом веке, а на его месте построили Консерваторию, при которой был театр. С Большим театром связаны мои первые театральные впечатления, именно там родилась моя любовь к сцене. Мое первое выступление тоже состоялось здесь. Здесь же, но уже в помещении театра при Консерватории, прошло и мое последнее выступление в России».

В восемь лет Малю отдали в Императорское театральное училище — ранее его окончила ее мать, а теперь там учились ее брат Иосиф (Юзеф) и сестра Юлия. «Все дети проходили медицинское обследование и проверку на наличие хореографических способностей. Отбор был очень строгим и придирчивым, и принималась только часть желающих там учиться».

Училище размещалось в огромном казенном здании на Театральной улице. Оно занимало оба этажа этого длинного двухэтажного дома. На первом этаже (бельэтаж) жили ученики-мальчики, а на втором — девочки. На каждом этаже располагались залы для занятий — с высокими потолками и огромными окнами. На первом этаже находился прекрасно оборудованный театр, в котором было только два ряда стульев. Там ставились выпускные спектакли, которые затем показывались на сцене Михайловского театра.

По правилам училища наиболее способные ученики жили на полном пансионе, а менее способные жили дома и приходили в училище только на занятия. Все трое Кшесинских были приходящими — но не потому, что их таланта не хватало для зачисления на пансион, а по специальному распоряжению, в признание заслуг их отца. Матильда пишет, что «...родители были против того, чтобы дети находились вне семьи. Им хотелось, чтобы мы были всегда рядом с ними, поэтому они сами занимались нашим образованием. Мать и отец не хотели, чтобы мы утратили связь с домом, так как считали, что самое главное — это воспитание в семье... Мы были очень счастливы, что могли жить в кругу семьи».

В первые годы учебы в Императорском театральном училище учителем Матильды был Лев Иванович Иванов — прекрасный балетмейстер, автор несравненной хореографии второго акта «Лебединого озера» и «Щелкунчика» Чайковского, а также знаменитого чардаша, поставленного на музыку Листа. Лев Иванович сам аккомпанировал на скрипке, которую, как казалось Матильде, он любил больше своих учеников.

Главный балетмейстер Петипа всегда и все исправлял. Так, он мог взять балет Иванова и выдать за собственное произведение. Иванов преподавал вводный курс, что-то вроде балетной азбуки, что не очень интересовало Матильду, поскольку азы балетного искусства она давно изучила дома.

В классе Иванова Матильда проучилась три года, а в тринадцать лет перешла в класс балерины Екатерины Вазем, где разучивались гораздо более сложные движения. Екатерина Вазем зорко следила за своими ученицами и задерживала их после занятий, если видела, что движения были неправильными или лишенными грации. К Матильде она относилась хорошо, только иногда с улыбкой напоминала: «Кшесинская, не морщи, пожалуйста, лба, а то состаришься раньше времени». И все же Матильде казалось, что и в этом классе «не было творческой атмосферы, так как и эти движения и па я давно уже изучила и они не представляли для меня особого интереса и не могли увлечь».

Лишь в пятнадцать лет, когда она попала в класс к Христиану Петровичу Иогансону, Маля не только почувствовала вкус к учению, но стала заниматься с настоящей страстью. Кшесинская обнаружила незаурядный талант и огромный творческий потенциал. Об Иогансоне она вспоминала: «Он был не только учителем, но и вдохновенным творцом-романтиком. Будучи человеком умным и очень наблюдательным, он делал весьма меткие замечания, оказавшие большое влияние на наше артистическое развитие. Каждое движение имело у него определенное значение и выражало какую-либо мысль или настроение. Именно этому он и старался нас научить».

Весной 1890 года Матильда окончила училище экстерном и как Кшесинская 2-я была зачислена в труппу Мариинского театра. Кшесинской 1-й была ее сестра Юлия, служившая в кордебалете Мариинки с 1883 года. Уже в первый свой сезон Кшесинская станцевала в двадцати двух балетах и двадцати одной опере (тогда было принято делать в оперных представлениях танцевальные вставки). Роли были небольшие, но ответственные и позволяли Мале блеснуть своим талантом.

В старости Матильда писала о жизни в училище: «Все контакты между мальчиками и девочками были строго запрещены, и требовалась незаурядная ловкость и изобретательность, чтобы обменяться записочками или хотя бы улыбками. Во время репетиций и уроков танца классные дамы зорко следили за тем, чтобы между мальчиками и девочками не было никаких многозначительных взглядов и условных жестов. И все же нам каким-то образом всегда удавалось переброситься словом и пофлиртовать. Это давно стало традицией, и у каждой из нас был приятель, с которым мы могли пококетничать. Такая игра доставляла нам огромное удовольствие. Наши мимолетные романы и увлечения были совсем еще детскими. Однако, несмотря на все запреты и строгий, почти монастырский уклад жизни, бывали случаи, когда возникшая между учениками симпатия перерастала в настоящую любовь».

Зато летом в Красницах царили совсем другие правила. К Кшесинским постоянно приезжали гости из Петербурга, особенно много их было по субботам и воскресеньям. Любили к ним наведываться и соседи, среди которых преобладали молодые люди.

Матильда росла умной и развитой девочкой. О таких А.П. Чехов писал, что они «с двенадцати лет научились не замечать этих несносных мужчин».

О своих увлечениях Матильда вскользь упоминает в «Воспоминаниях»: «Четырнадцатилетней девочкой я стала кокетничать с молодым англичанином Макферсоном. Я не была в него влюблена, но мне нравилось флиртовать с красивым и элегантным юношей. В день моего рождения он приехал к нам со своей невестой, и это больно задело меня. Такого оскорбления я стерпеть не могла и решила отомстить. Выждав подходящий момент, когда все собрались за столом и англичанин сел рядом с ней, я, как бы случайно, завела разговор о том, что люблю рано утром, еще до утреннего кофе, ходить в лес за грибами.

Я с воодушевлением описала прелести ранней прогулки в надежде, что рыбка попадется на крючок. Ждать пришлось недолго. Макферсон любезно попросил разрешения меня сопровождать. Бросив взгляд на его спутницу, я секунду помолчала, а потом сказала, что не возражаю, если он получит на это ее разрешение. Это было сказано в присутствии всех гостей, и ей не оставалось ничего другого, как согласиться. На следующее утро мы с Макферсоном чуть свет отправились в лес за грибами. Он подарил мне прелестное портмоне из слоновой кости, украшенное незабудками. Подобный подарок как нельзя лучше подходил такой девушке, как я. Со сбором грибов в то утро у меня не ладилось, а под конец прогулки вообще создалось впечатление, что англичанин напрочь забыл о своей невесте. После этого я стала получать от него любовные письма и цветы. Но очень скоро это развлечение мне надоело. И все же его свадьба с этой девушкой расстроилась. Это был первый грех, который я взяла на душу».

Впервые Маля вышла на сцену в первый год после поступления в училище. 30 августа 1881 года она вместе с другой ученицей, Андресон, на сцене Большого театра в балете «Дон Кихот» выступила в роли марионетки, которую великан водил на шнурочках. Танец исполнялся на пуантах. «Я не испытывала никакого страха и была очень счастлива», — вспоминает Матильда об этом выступлении.

В училище девочки сами участвовали в балетных спектаклях и присматривались к тому, как танцуют балерины. «Чем старше и опытнее мы становились, тем легче нам было оценить мастерство той или иной танцовщицы, отметить все ее достоинства и недостатки и составить о ней собственное мнение, сравнить их мастерство и понять, на каком уровне находится наше».

За время учебы Кшесинской в училище балет в Петербурге начал приходить в упадок. Балерины старшего поколения уже не могли служить примером для учениц, и любовь к танцам у Матильды стала угасать. Одно время она даже подумывала о том, чтобы оставить училище. Но тут на сцене появилась Виржиния Дзукки. Она была уже немолода, но ее талант находился в полном расцвете. «Эта балерина произвела на меня огромное и незабываемое впечатление, — вспоминает Кшесинская. — После выступлений Дзукки мне казалось, что только сейчас я поняла, как нужно танцевать, чтобы получить право называть себя актрисой. У Дзукки была необычная и очень экспрессивная мимика. Каждому па классического танца она придавала неповторимое очарование и красоту, которые заставляли весь зал замирать от восторга.

Танец Дзукки был и оставался для меня вершиной балетного искусства. Благодаря ей я поняла, что в искусстве виртуозная техника должна быть лишь средством выражения, а не целью».

И с момента появления Дзукки в Петербурге Кшесинская начала усиленно заниматься, чтобы стать такой же великой балериной, как она.

23 марта 1890 года в Императорском театральном училище состоялся выпускной спектакль, на котором присутствовали Александр III и другие члены августейшей фамилии. «Еще до окончания училища я прочно обосновалась на сцене и могла блеснуть на выпускном экзамене... Этот экзамен сыграл решающую роль во всей моей дальнейшей жизни», — вспоминает Кшесинская.

Матильде, как лучшей ученице, позволили самой выбрать танец для выпускного экзамена, и она выбрала ра de deux из «Тщетной предосторожности», которое исполнялось под мелодию неаполитанской песни «Звезда надежды». В голубом костюме, украшенном букетиком ландышей, Матильда была великолепна.

После спектакля всех учениц собрали в большом репетиционном зале. Туда же пришло все руководство, классные дамы, учителя и служащие дирекции Императорских театров во главе с И.А. Всеволжским. Туда же направилась и царская семья: Александр III с императрицей Марией Федоровной, цесаревич Николай и четверо братьев императора: великий князь Владимир Александрович с супругой великой княгиней Марией Павловной, великий князь Алексей Александрович, генерал-адмирал, великий князь Сергей Александрович с супругой Елизаветой Федоровной и великий князь Павел Александрович с супругой Александрой Георгиевной, а также генерал-фельдмаршал великий князь Михаил Николаевич с четырьмя сыновьями.

По традиции сначала представляли воспитанниц-пансионерок, а потом приходящих учениц. Но Александр III, войдя в зал, громко спросил: «А где же Кшесинская?»

Дальнейшее Матильда описывает так: «Я стояла в стороне, и такое нарушение общественных правил для меня было полной неожиданностью. Начальница и классные дамы совсем растерялись, так как они собирались представить императору двух отличниц, Рыхлакову и Скорсюк. Однако вместо них пришлось вывести меня. Я сделала глубокий реверанс, а император протянул мне руку со словами: «Мадемуазель, вы будете красой и гордостью нашего балета»...

Я была настолько ошеломлена, что с трудом понимала, что происходит вокруг. Слова императора звучали в ушах как приказ. Стать красой и гордостью русского балета — вот какая мысль завладела мной. Не обмануть доверие государя и отдать этому все свои силы... Это стало для меня смыслом жизни».

После спектакля состоялся торжественный обед. Александр III усадил Кшесинскую рядом с собой. С другой стороны от Матильды он посадил своего наследника — Ники (будущего Николая II) и при этом, улыбаясь, сказал: «Смотрите, только не флиртуйте слишком».

Ники правильно воспринял совет отца, но несколько минут думал, как начать разговор. «Перед каждым прибором стояла обычная белая кружка. Наследник престола посмотрел на нее и, обращаясь ко мне, спросил:

— Наверняка дома вы не пьете из таких кружек?»

Так начался роман.

Глава 3

РОМАНОВЫ — ИХ ТЕАТР
И ИХ МЕТРЕССЫ

Итак, на сцене появляется юный и красивый принц и сразу же без памяти влюбляется в Золушку. Современному обывателю, а главное нашей прекрасной половине ситуация кажется сказочной. Но, увы, информированным петербуржцам конца XIX века эта история казалась более чем банальной.

Дело в том, что до революции 1917 года Императорский балет представлял нечто вроде коллективного гарема для семейства Романовых. Гораздо проще перечислить великих князей, не имевших любовниц-актрисок, чем наоборот. Иногда романы затягивались, и у многих великих князей создавались вторые семьи. Так, у великого князя Константина Николаевича с балериной Анной Кузнецовой было пятеро детей, получивших фамилию Князевы. У великого князя Николая Николаевича старшего от балерины Екатерины Числовой было четверо детей, получивших фамилию Николаевы. Великий князь Николай Николаевич Старший был главнокомандующим русской армии на Балканах в ходе русско-турецкой войны 1877—1878 годов. Бездарный полководец, он стал героем офицерских анекдотов типа: «Вещий Олег взял Константинополь и прибил щит к его вратам, а Николай Николаевич хотел прибить к вратам Стамбула панталончики Числовой, да турки не дали» и др.

Сын Николая Николаевича был тоже Николай и тоже для начала заведовал кавалерией, а потом стал главнокомандующим русской армии. Соответственно, и у Николая Ни-

21

колаевича Младшего была своя актриса — Мария Александровна Потоцкая, примадонна Александровского театра.

Даже престарелый великий князь Михаил Николаевич на склоне лет завел роман с певичкой Фриде.

Возможно, мой термин «гарем» режет чье-то рафинированное ухо. Ну да не я выдумал сей термин. Конечно, можно выражаться подобно балетоманам конца XIX века, именовавшим Матильду Кшесинскую «феей Оленьего парка». Но, увы, значительный процент читателей не знает, что в Оленьем парке Версаля был гарем славного короля Луи XV, того самого, что сказал: «А после нас хоть потоп». А главное, я с пятого класса привык разгадывать шарады и недомолвки советских писателей и журналистов и читать между строк, а сейчас устал и под старость хочу называть кошку кошкой.

До 80-х годов XIX века в России существовала монополия Императорских театров. В Петербурге и Москве могли давать представления только труппы, находившиеся в государственном управлении. Все служащие в них, в том числе и женщины, находились на жалованье, а через двадцать лет службы получали пожизненную пенсию, что являлось неслыханной привилегией для русских артистов.

Дирекция управляла театральными училищами в Петербурге и Москве, а именно труппами: русскими драматическими (Александринский театр в Петербурге и Малый театр в Москве), русскими оперными и балетными (Большой, а потом Мариинский театры в Петербурге, Большой театр в Москве), французской и немецкой драматическими (Михайловский театр в Петербурге). Спектакли шли и на других площадках — в Красносельском, Каменноостровском, Китайском в Царском Селе, Эрмитажном театрах. Бюджет выделялся большой, процветало казнокрадство, плелись грандиозные интриги.

Театр в старом Петербурге — главное и почти единственное зрелище. Кинематограф проникает в Россию только в начале XX века, а пока робкую конкуренцию живой актерской игре составлял, пожалуй, только граммофон. Актеры и актрисы были популярны невероятно. Директор императорских театров тайный советник Владимир Аркадьевич Теляковский писал: «Раз один наивный человек меня спросил: «Да что же это, наконец? В Александринском театре — Савина, в Мариинском — Кшесинская распоряжается, а вы кто же?» Я отвечал: «Директор» — «Да какой же после этого директор?» «Самый, — я говорю, — настоящий советник тайный, а распоряжаются явные директора, но в списках администрации они, как лица женского пола, по недоразумению не записаны»».

Ну а балерины в императорской России занимали специальное положение в свете с начала XIX века, со времен Авдотьи Истоминой. Любовный быт гвардейца, а на гвардию равнялся весь светский Петербург, проходил меж двух полюсов. На одном находились простолюдинки — от крепостных до мещанок. Они были доступны, а потому неинтересны. На другом — дворянки. Два тура вальса на балу, несколько разговоров один на один с девицей своего круга и альтернатива — брак или дуэль с братом конфидентки. А то обиженный папаша наябедничает губернатору, а то и самому царю — и придется уходить из полка или департамента. «Любовь свободно мир чарует» в светском Петербурге только у джентльмена и актрисы, прежде всего балерины. Балерине не прикажешь, ее не просто купить, она объект желаний многих, ее надо обольстить, понравиться.

Поэтому в XIX веке в России отношение к актрисам было своеобразное. Ими восхищались, им дарили дорогие подарки. Иметь любовницу-актрису считалось высшим шиком как для гвардейского корнета, так и для великого князя. А вот после вступления в брак с самой знаменитой примадонной корнету приходилось немедленно подавать в отставку.

Вспомним роман «Война и мир». В первом его томе Пьер Безухов с пьяными в стельку Долоховым и Анатолем Куракиным в полночь собираются в гости к актрисам:

«— Едем, — закричал Пьер, — едем!.. И мишку с собой берем...

И он ухватил медведя»[1].

---

[1] *Толстой Л.Н.* Война и мир. М.: Правда, 1978. Т. I. С. 42.

Зато во втором томе Пьер с презрением отчитывает того же Анатоля Куракина за флирт с Наташей Ростовой. А флиртовал он, заметим, трезвый и уж конечно без медведя. И самое интересное, что Лев Николаевич писал это не с сарказмом, не для контраста! По мнению Толстого, поведение Пьера в обоих случаях укладывалось в нормы тогдашней морали.

А вот пример из жизни. В столичном ресторане Кюба на Большой Морской собралась великокняжеская компания, где заводилами были великие князья братья Алексей и Владимир Александровичи, причем последний был с супругой великой княгиней Марией Павловной. В соседнем кабинете веселились гости французской труппы популярного актера Люсьена Гитри. По настоянию Марии Павловны французы присоединились к великокняжеской компании. Когда Владимир Александрович поцеловал подружку Гитри актрису Анжел, Гитри попытался обнять великую княгиню. Владимир начал душить актера. Полез драться и пьяный Алексей, известный под кличкой «Семь пудов августейшего мяса». Французы дали сдачи.

Официанты вызвали полицию. Начальник полиции вошел в кабинет, и в этот момент Алексей швырнул ему в лицо блюдо с икрой. Утром о дебоше доложили Александру III. Взбешенный царь приказал в тот же день выслать из России как актера Гитри, так и великокняжескую чету.

Директору императорских театров следовало считаться с влиятельнейшей при дворе партией балетоманов. Тот же Теляковский писал: «...балетоманы, эти оберегатели и хранители настоящих балетных традиций, в то время почитались в высших сферах как люди не только серьезные и полезные, но и необходимые для дальнейшего процветания этого важного для страны искусства. У настоящего балетомана влечение к балету было основано, главным образом, не столько на любви к хореографическому искусству, сколько на настоящей, неподдельной любви к очаровательным молодым исполнительницам танцев. Это были не просто любители — это были своего рода поэты, глубокие знатоки слабого пола и особые его ценители — как на сцене, так и вне ее. Когда поднимался занавес, все балетоманы, как по мановению волшебного жезла, наводили самые разнообразные оптические инструменты на сцену, и, когда попадали в точку — в сердце своей любви, на лицах их, несмотря на зрительный инструмент, можно было ясно заметить улыбку.

Со сцены ответ. Устанавливался общий любовный ток между сценой и балетоманами, и ток этот, то ослабевая, то вновь напрягаясь, продолжался во время всего действия — прерываясь временами дружными аплодисментами. Тут были и люди императорской свиты, и придворные, и генералы, вплоть до полных чином и физически, и золотая молодежь, и директора департаментов, и бывшие губернаторы и генерал-губернаторы, и отставные генералы и адмиралы, и люди финансового мира, и бывшие и настоящие рантье, редакторы и сотрудники газет, и учащаяся молодежь, и, наконец, такие профессии и происхождение которых невозможно было определить по полному отсутствию данных. Через лазейку балетоманства обделывались крупные дела. Так, например, один из балетоманов В. получил заказ на поставку железных частей для Троицкого моста в Петербурге через даму сердца другого балетомана, имевшего влияние на сдачу этой поставки. Мало того что получил, но с самыми минимальными затратами (корзиной цветов он отблагодарил балетную артистку) он нажил десятки тысяч!».

Такое внимание влиятельных лиц к театру, с одной стороны, увеличивало бюджет ведомства, с другой — способствовало интригам и борьбе театральных клак. Но, кроме взаимодействия с этими достаточно влиятельными «любителями», кроме внутритеатральных интриг (а, как известно, нет среди более нездоровой и скандальной, чем театральная), директора императорских театров почти ежедневно виделись с самими династами — императором и великими князьями. Даже министры не имели возможности видеться с царем и царицами чуть ли не ежедневно.

Вот как обстояло дело в 1900—1910 годах: «Вся императорская фамилия, начиная с государя, охотно посещала императорские театры, а в театры частные за очень редкими исключениями совсем не ездили. Государь и обе императрицы посещали почти одинаково оперу и балет, а также французский театр и несколько менее Александринский театр. То же самое можно сказать и о великом князе Владимире Александровиче, и о Марии Павловне, и о Павле Александровиче. Алексей Александрович чаще всего посещал французский театр и Александринский, менее — балет и оперу. Великие князья Сергей Михайлович, Борис и Андрей Владимировичи особенно любили балет, а Борис Владимирович еще и французский театр, так же, как и Кирилл Владимирович. Константин Константинович больше ездил в Александринский театр и в оперу, гораздо меньше в балет и французский театр. Николай Николаевич вообще редко ездил в театр и предпочитал Александринский, а в оперу ездил весьма редко. Принц Ольденбургский и его жена почти никогда в театр не ездили. Царские ложи, которых во всех театрах, за исключением Михайловского и Александринского, было по три, распределялись так: прилегающие к сцене боковые посещались особами императорской фамилии; среднюю же царскую занимали лица свиты государя, императриц и великих княгинь и прочие придворные чины.

Каждый антракт директору полагалось приходить в царскую ложу, чтобы получить разрешение на начало следующего акта. При этом государь иногда делал свои замечания по поводу постановки и исполнения пьесы, оперы или балета. Во время антрактов, когда все великие князья собирались в царской ложе пить чай, царило обыкновенно большое оживление. Все держали себя очень просто и совершенно не стеснялись присутствием государя. Многие даже сидели, когда он стоял. Многие курили, так что часто великие княгини жаловались на курильщиков и махали веерами и платками, чтобы разогнать дым. Царские фойе были комнаты небольшие, особенно при царских нижних ложах, потолок был низок, и воздуху было мало, когда там собиралось много народу. Особенно не переносила жары и дымного воздуха молодая императрица. Мария Федоровна же брала курильщиков под свою защиту, ибо сама после смерти Александра III стала много курить».

Итак, роман Кшесинской с домом Романовых был не случайностью, а скорее закономерностью. Принцу положено было явиться, интрига была лишь в его имени.

Кстати, пора уточнить, кто носил титул великого князя. По законам Российской империи титул великого князя автоматически присваивался при рождении сына и внука императора, а дочери императора получали титул великой княжны. Если великий князь вступал в брак с представительницей царственного рода, то его супруга получала титул великой княгини. Если же великий князь вступал в неравноправный (морганатический) брак, то император был волен дать какой-нибудь выдуманный титул, например княгиня Палей, княгиня Юрьевская и т.д., либо вообще не признать этот брак.

Все же правнуки императора по мужской линии и внуки по женской линии получали титул князей и княжон императорской крови, но никогда не могли стать великими князьями и княжнами. Так что многочисленная компания великих князей и княгинь, обитающая ныне за границей, не что иное, как дети лейтенанта Шмидта. Кстати, если верить Ильфу и Петрову, у бедного лейтенанта были и дочки — «глупые, немолодые и некрасивые».

Великие князья и княжны получали содержание от государства. Максимальная сумма была в 70-х годах XIX века — 200 тысяч рублей серебром в год. В некоторых изданиях приводятся и большие цифры — 280 тысяч рублей и т.д. Но это или ошибка, или содержание указано в рублях ассигнациями, реальная стоимость которых была в полтора раза меньше, чем серебром.

К началу XX века численность великих князей и княжон стремилась к двум десяткам и финансовое содержание их было урезано. Но, в любом случае, суммы им выплачивались немалые.

Правда, на эти деньги членам царствующего дома приходилось содержать свои дворцы, имения, яхты, собственные железнодорожные салон-вагоны и прочая и прочая. И, разумеется, тратились огромные средства на представительские расходы. Другой вопрос, что сами великие князья правдами, а большей частью неправдами пытались выудить из казны деньги на свои дворцы и яхты.

Наконец, за расходом денег любым великим князем бдительно следила его родня — родители, особенно матери, братья, сестры и др. В случае больших трат на «нецелевые нужды», в том числе на метресс, родители устраивали шалуну хорошую взбучку, а остальная родня бежала жаловаться императору. Так что очень больших сумм свободных денег у великих князей попросту не было.

Главное же — наследники Павла I были патологически скупы. Это в XVIII веке в государеву спальню офицер мог войти бедным, а то и просто нищим, а выйти оттуда богатейшим человеком России. В XIX веке время Разумовских, Орловых, Потемкиных и Зубовых кануло в Лету. У Александра I и Николая I было много десятков интрижек, но их дамы получали крохи: 100–500 рублей, а то и вообще ничего.

Александр III жил крайне скромно. В своей единственной северной резиденции — Гатчинском дворце — он занимал лишь несколько небольших комнат в правом крыле. Царь неоднократно приказывал зашивать свои старые штаны и т.д. Подобной скупостью отличались Николай II и его супруга Александра Федоровна. В 20 лет, беседуя с древней бабулей «из бывших», я был удивлен, услышав: «...когда я в 1930 году посетила императорскую спальню в Александровском дворце, мне показалось, что я попала в комнату "горняшки"».

Конечно, не все так просто. И Александр III, и его сын тратили огромные деньги на строительство новых дворцов, содержание двенадцати императорских яхт, наиболее крупные из которых — «Ливадия» и «Штандарт» — равнялись по водоизмещению крейсеру, но стоили гораздо дороже. Но, повторяю, в личной жизни они были крохоборы. Так, к примеру, царь лишь один раз дал Распутину 10 рублей, но старец брезгливо отказался и до конца своих дней не получил больше ни копейки от венценосной четы.

О жадности Романовых свидетельствует и одна весьма любопытная история, которую я хочу начать с конца. Дождливым февральским днем 1918 года по ташкентским улицам двигалась большая похоронная процессия. За гробом шел отряд красногвардейцев, кумачовые знамена были увиты черными лентами. Оркестр выводил: «Вы жертвою пали...» На тротуарах толпились тысячи горожан, и никто не спрашивал — «кого хоронят». Все знали: Ташкент прощается со своим князем — великим князем Николаем Константиновичем, внуком Николая I. Разумеется, большевики отдавали почести не великому князю, а старейшему в России узнику самодержавия. Николай Константинович сидел при Александре Освободителе, при Александре Миротворце, при Николае Кровавом, и лишь министр юстиции А.Ф. Керенский освободил его из бессрочной ссылки. Великий князь провел в тюрьмах и ссылках 43 (!) года, а декабристы — всего 31 год. Когда в тюрьмы стали поступать первые народовольцы, великий князь «мотал» уже 6-й год.

А началось все традиционно — с романа с американской актрисой Фанни Лир. Подобные увлечения, как уже говорилось, были нормой дома Романовых. Но Николай оказался натурой увлекающейся и посмел посягнуть на фамильные драгоценности Константиновичей. В результате и Николай, и Фанни были арестованы жандармами. За Фанни, как за гражданку США, вступился американский посол. Но шефу жандармов графу Шувалову все было нипочем, тогда к канцлеру Горчакову обратился с нотой дуайен (старейшина дипломатического корпуса). Фанни пришлось освободить и даже извиниться, а вот Николай был лишен титула и всех прав и отправлен в места не столь отдаленные.

История великого князя Николая Константиновича довольно занятная, но при чем здесь наша главная героиня?

А при том, что обычно связь актрисы, пусть даже талантливой, с лицом императорской фамилии приносила ей, кроме покровительства в театре, небольшой доход — несколько драгоценностей и небольшую сумму в банке. Так было с Кузнецовой, Числовой, Потоцкой и др. Их жизненный уровень соответствовал маститому профессору университета, неворующему генералу или купчихе 2-й гильдии. Ну, скажем, уровень статского генерала Ильи Ульянова позволял иметь свой дом с усадьбой в Симбирске. О собственных дворцах, поездках по железной дороге в салон-вагоне обычным метрессам-балеринам мечтать не приходилось.

А что, были необычные метрессы? Да, были. Наиболее умные и верткие дамы сообразили, что, оказывая услуги в постели членам высочайшей фамилии, можно одновременно лоббировать богатых промышленников, и в первую очередь поставщиков императорских армии и флота.

Одной из первых таких дам стала княжна Екатерина Долгорукая — юная метресса императора Александра II. Позже царь секретным указом присвоил Кате титул светлейшей княжны Юрьевской (ранее князей Юрьевских в России отродясь не бывало) и тайно обвенчался с ней.

Сергей Юрьевич Витте с иронией и брезгливостью заметил: «Эта княжна Долгорукая не брезговала различными крупными подношениями, и вот она через императора Александра II настаивала, чтобы дали концессию на постройку Ростово-Владикавказской железной дороги не помню кому: или инженеру Фелькерзаму, или какому-то другому железнодорожному концессионеру, чуть ли не Полякову...

Через княжну Долгорукую, а впоследствии через княгиню Юрьевскую, устраивалось много различных дел, не только назначений, но прямо денежных дел довольно неопрятного свойства.

Так, после последней турецкой войны явилось следующее дело. Во время войны главным подрядчиком по интендантству была компания, состоявшая из Варшавского, Грегера, Горвица и Когена. Они получили громадный подряд, и мне даже случайно известно, каким образом они его получили»[1].

Следующей метрессой-предпринимательницей стала французская балерина, выступавшая в Императорских театрах, Элиза Балетта. Она была метрессой великого князя Алексея Александровича, который имел звание генерал-адмирала. Директор Императорских театров князь Волконский стал выполнять любую прихоть балерины. Главное же было в другом — к Балетте устремились десятки дельцов, надеявшихся на большие заказы в Морском ведомстве.

В советское время всех великих князей у нас мазали одной краской — черной, а после «перестройки» холопствующие журналисты восхищаются их достоинствами и мудростью. Поэтому, чтобы понять дальнейший ход нашего повествования, придется посвятить целую главу личности наших главных героев — цесаревичу, великим князьям Владимировичам и Михайловичам, а также самым «хлебным» должностям Российской империи.

---

[1] *Витте С.Ю.* Избранные воспоминания. 1849–1911 гг. М.: Мысль, 1991. С. 83, 208.

Глава 4

ЦЕСАРЕВИЧ, ВЛАДИМИРОВИЧИ И МИХАЙЛОВИЧИ

У императора Александра III не было планов реформ ни либеральных, ни революционных, ни каких-то особых, по «русскому пути». Его правление можно охарактеризовать двумя словами: «тащить и не пущать!» Вспомним рассказы и пьесы А.П. Чехова, который, к слову сказать, не был поклонником революционных идей. Все его положительные герои живут в ожидании чего-то нового, светлого... Несколько упрощенно можно сказать, что в царствование «миротворца» вся образованная часть общества сидела на чемоданах и чего-то ждала.

Александр III, как позже его сын Николай, опирался лишь на бюрократию. У истоков самодержавия главной опорой монарха было дворянство. Вспомним поэта Волошина: «Дворянство было первой РКП» (Российской Коммунистической партией). Но при Александре III российского-то дворянства почти не осталось. «Как это так?» — возмутится современный обыватель, готовый лизать сапоги породистым представителям «голубых кровей».

Ностальгия по поручику Голицыну и корнету Оболенскому появилась у нас в 60-х годах XX века, а сейчас уже стала набившей оскомину модой. Собственно, ничего удивительного тут нет — мы копируем эволюцию французских нравов конца XVIII века. При якобинцах дворян, избежавших гильотины, травили только за то, что они дворяне. Зато через несколько лет, при Директории, началось неофициальное почитание дворянства. И, наконец, Наполеон попытался объединить старое феодальное дворянство с новым, состоявшим из конюхов, ставших маршалами, и прачек, обратившихся в герцогинь. Но, увы, эксперимент Наполеона провалился.

Как писал князь Петр Владимирович Долгоруков: «Длительное рабство положило препятствие... созданию в России аристократии; в Петербурге имеются только рабы»[1].

Когда мы учили в 8-м классе «Смерть поэта», я не мог понять фразы: «А вы, надменные потомки известной подлостью прославленных отцов». Вроде был про аристократов — и подлых, с «черной кровью» вместо голубой. Спрашивать учителя было бесполезно: раз феодал — значит «редиска», и подлый, и кровь черная.

Но вот возьмем Пушкина:

> ...Я, братцы, мелкий мещанин.
> Не торговал мой дед блинами,
> Не ваксил царских сапогов,
> Не пел с придворными дьячками,
> В князья не прыгал из хохлов...[2]

Александр Сергеевич скромничал — Алексашка Меншиков не только торговал блинами и пирогами с зайчатиной, но и был в предосудительных отношениях с Петром Алексеевичем, или, говоря современным языком, примыкал к сексуальным меньшинствам. Позже Алексашка сошелся с «Мин херцем» на почве, а точнее на теле, Марты Скавронской, жены шведского солдата. Попав в русский плен, Марта за несколько дней делает головокружительную карьеру, пройдя по цепочке от простого русского драгуна до Алексашки, а затем попадает к «Мин херцу». В результате Алексашка становится светлейшим князем Меншиковым, Марта — императрицей Екатериной I, а ее чухонские родственники — графами Скавронскими.

---

[1] *Долгоруков П.В.* Петербургские очерки. Памфлеты эмигранта. 1860–1867. М.: Новости, 1992. С. 82.
[2] *Пушкин А.С.* Моя родословная. М., 1957. Т. 3. С. 208.

Ваксил сапоги граф Кутайсов, правда, тогда он был не графом, а мальчиком-турком, подаренным для развлечения цесаревичу Павлу. Мальчик вырос, Павел стал царем и сделал мальчика графом Кутайсовым и вторым после себя лицом в империи. После итальянского похода Павел отправил к Суворову графа Кутайсова. Суворов, увидев важного вельможу, не растерялся — вызвал денщика Прошку и начал распекать его за пьянство, ставя в пример Кутайсова:

— Вот турка был таким же лакеем, но не пил — и в графы попал, а ты...

С придворными дьячками пел граф Разумовский, точнее, малороссийский свинопас Гришка Розум. Цесаревне Елизавете Петровне понравился голос Григория, а в постели они нашла у него еще ряд достоинств. С воцарением Елизаветы свинопас Розум стал сиятельным графом Разумовским.

В князья из хохлов прыгнул Безбородко, секретарь Екатерины II. Надо сказать, что Безбородко был очень способным и талантливым администратором и политиком, но, увы, происходил из простой крестьянской семьи.

Понятно, что и Пушкина, и Суворова, потомков древних родов, коробило от подобных князей и графов. Недаром Суворов во дворце Екатерины низко кланялся лакеям.

— Что вы, Александр Васильевич, — ведь это же простой лакей!

— Протекцию ищу, голубчик, сегодня лакей, а завтра граф.

Чтобы как-то выделиться из такой компании, Пушкин острил: «Я, братцы, мелкий мещанин», а князь Суворов велел на надгробном камне высечь: «Здесь лежит Суворов».

Преступлений, подлостей и мерзостей не стеснялись не только новоявленные князья и графья, но и их «надменные потомки». Братья Орловы стали графами за зверское убийство в Ропше императора Петра III. Двадцатилетний Платон Зубов стал официальным фаворитом Екатерины II, которой тогда было под 70 лет, за что получил огромное состояние и графский титул.

Разврат, царивший в верхах, естественно, давал побочный продукт в виде внебрачных детей. В результате появилась масса титулованных особ, у которых вообще не было родословных, они не могли похвастаться даже предками — свинопасами или пирожниками. Хорошо звучит — граф Бобринский или графиня Бобринская. Современному плебею так и хочется поклониться. Но, увы, вся родословная их упирается в пьяницу графа Алексея Бобринского, совершенно заурядную личность, внебрачного сына Екатерины II, которого тайно воспитали в деревне Бобрики.

Если говорить серьезно, то с IX до XV века в княжеских родословных русских князей был образцовый порядок. На Руси шли усобицы, князья ослепляли и убивали друг друга, приходили с набегами печенеги, половцы и татары, но феодальный порядок соблюдался строго. Шестьсот с лишним лет во всех без исключения удельных княжествах сидели только князья Рюриковичи. В их ряды не удалось затесаться ни одному лакею, истопнику или певчему. Ни один внебрачный бастрюк не пролез в князья. Другой вопрос, что некоторые князья Рюриковичи, даже приняв христианство, имели параллельно несколько жен.

У каждого князя был свой двор. При дворе служили бояре, стольники, рынды и другие придворные чины. С легкой руки некоторых историков пошло гулять выражение «древний боярский род». Это то же, что сказать «древний генеральский род». Если папа был генерал, то сын не обязательно станет генералом. И сын боярина вполне мог умереть в чине стольника.

Великие князья и цари были вольны раздавать придворные звания. Однако и Грозный, и Михаил с Алексеем Романовы в известной степени соблюдали приличия и не производили в князья русских бояр, не говоря уже о холопах.

К концу XIX века российское дворянство не менее чем на 80% было засорено безродными людьми. Дворянство как класс деградировало и диссоциировалось: часть его примкнула к либеральной интеллигенции, часть — к крупной и средней буржуазии.

Опереться на дворянство как класс царь, увы, не мог вопреки всем уверениям теоретиков марксизма-ленинизма. Создавать какую-либо политическую партию для поддержки самодержавия Александр III не хотел как по инерции, так и из нежелания делиться властью с ее руководством.

Александр II попытался привлечь подданных к управлению государством, само собой разумеется, в незначительных вопросах. Формально с 1864 года существовало земское самоуправление (и то, кстати, не во всех губерниях), а в городах были городские думы. Но выборы в эти органы самоуправления при всем желании нельзя назвать справедливыми. Так, земства избирались тремя группами населения: крестьянами, помещиками и горожанами. Число мест в земствах распределялось между группами соответственно сумме налогов, платимой каждой группой. Не трудно догадаться, кому принадлежало подавляющее большинство голосов в земстве.

Городское самоуправление (дума) избиралось домовладельцами. Тут не только рабочие, но и генералы, и профессора, не имевшие домов, были лишены права голоса. Замечу, что Пушкин, Лермонтов и Гоголь тоже не имели собственных домов.

Но и такое, назовем его сословным, самоуправление решало узкий круг хозяйственных задач — устройство сточных канав, ремонт мостов на проселочных дорогах, правила содержания собак и скота, очистка отхожих мест и т. п.

Чтобы читатель представил себе разграничение полномочий властей, приведу примеры деяний Николая II в мае 1895 года: «15 мая Его Величество Император соизволил дать свое согласие на создание в больницах города Нижний Новгород четырех коек, предоставляемых старикам, на сумму 6300 рублей, пожертвованных вдовой генерала Д. г-жой Катериной Д. В тот же день Его Величество дал свое согласие на создание стипендии в Первой Казанской гимназии на сумму 5 тысяч рублей, пожертвованных вдовой дворецкого советника, а также стипендии 300 рублей за счет выручки, получаемой этим городом».

Захотел, скажем, деревенский сход или местный помещик поставить в деревне или в имении церковь — на утверждение надо посылать план постройки в Петербург на усмотрение высших сфер. Таким образом, дела, которые запросто мог решить исправник, ну, в крайнем случае, градоначальник, решались лично императором.

Итак, страной управляла бюрократия. Спору нет, на нижнем и среднем уровне, до губерний включительно, аппарат плохо, но работал. А выше центрального нормально действующего аппарата не было. Нет, я не шучу! Например, был кабинет министров, был председатель кабинета. Но, увы, министры ему не подчинялись. Почти каждый министр имел право личного доклада царю. А у царя, в свою очередь, не было своего секретариата, то есть аппарата, который бы проверял доклады министров. Готовил различные правила, указы и т. д.

Такой порядок был терпим во времена мудрой Екатерины, которая собрала вокруг себя самых талантливых людей России — Панина, Орловых, Потемкина, Безбородко и др. Но Александр III и Николай II видели в министрах лишь исполнителей своей воли.

Кто же были эти министры? О начале царствования Николая II хорошо сказал министр иностранных дел А.П. Извольский: «... можно сказать, что в течение первых пяти лет нового царствования русская империя продолжала управляться почти буквально тенью умершего императора. Увы, с моей стороны не будет преувеличением сказать, что, когда советники Александра III уступили свое место людям по выбору самого Николая II, империя совсем не управлялась или, вернее, управлялась неразумно, что мною уже было описано».

Как ни плохи были министры, но еще худший вред, чем их правление, наносило решение важнейших вопросов Николаем II с какими-либо авантюристами типа Безбородко, Абазы, Папюса, а затем Распутина.

Кстати, в системе управления обороной империи были лица, даже по закону не подчиненные Военному ведомству и Морскому министерству (или управлению министерствами). Это были генерал-фельдцейхмейстер и генерал-адмирал. Они не подчинялись непосредственно министрам, но и министры не подчинялись им. К примеру, права генерал-адмирала определялись положениями от 1855, 1860, 1867, 1885 годов и т.д. То положения генерал-адмирала разграничивались с управлением Морским министерством, то управление Морского министерства подчинялось генерал-адмиралу. Где находилась линия разграничения их полномочий — никто толком не знал. Очевидно лишь одно: генерал-адмирал и генерал-фельдцейхмейстер — две самые хлебные должности в империи, через них проходили все заказы для армии и флота — от пушек и броненосцев до седел и кортиков.

Тут возникает вполне резонный вопрос: почему при таком плохом управлении в 1894—1903 годах и 1908—1914 годах наблюдался устойчивый рост валового дохода России? Причин тут много. Среди них: дурное исполнение дурных распоряжений, трудолюбивое население, готовое трудиться за жалкие гроши, энергичные предприниматели и купцы, превосходные, я бы даже сказал, лучшие в мире инженеры и ученые и, наконец, самая богатая природными ископаемыми страна в мире. Гигантский потенциал России компенсировал и огромные хищения, и промахи властей. Значительную роль сыграла специфическая черта русского народа — инертность, или, лучше сказать, инерция, поскольку «инертность» стало чуть ли не ругательным словом. Инерция народа — вещь страшная для правителя. Ему до последнего момента кажется, что бразды правления у него в руках, а на самом деле они постепенно рвутся, и об отказе приводов управления правитель узнает, лишь когда к нему приходят с текстом отречения, а то и с удавкой.

6 (18) мая 1868 года в 15 часов 30 минут у императора Александра II родился внук Николай, сын наследника цесаревича Александра Александровича и его супруги Марии Федоровны. Этот день стал государственным праздником России вплоть до 1917 года.

Вслед за Николаем Мария Федоровна родила еще пятерых детей. Через год, 20 мая 1869 года, родился сын Александр, но через 11 месяцев он умер от простуды. 27 апреля 1871 года родился сын Георгий. 25 марта 1875 года родилась дочь Ксения, 22 октября 1878 года — Михаил, и 1 июня 1882 года — Ольга.

Третий сын, Георгий, был болен туберкулезом и умер в 1899 года, причем, последние шесть лет он провел в больницах и на курортах.

Воспитателем Николая назначили генерала Г.Г. Даниловича. Для цесаревича была создана специальная программа обучения, включавшая восьмилетний общеобразовательный курс и пятилетний — типа «высшей школы». За основу взяли измененную программу классической гимназии: вместо латинского и греческого языков были введены минералогия, ботаника, зоология, анатомия и физиология. Курсы же истории, русской литературы и иностранных языков были существенно расширены. Программа «высшей школы» включала политическую экономию, право и военное дело (военно-юридическое право, стратегию, военную географию, службу Генерального штаба). Также были занятия по вольтижировке, фехтованию, рисованию и музыке.

Среди преподавателей у Николая были профессора К.П. Победоносцев, Н.Х. Бунге, М.Н. Капустин, Е.Е. Замиловский, В.И. Ключевский; генералы М.И. Драгомиров, Н.Н. Обручев, А.Р. Дрентельн, Г.А. Леер. Такой блестящий преподавательский состав должен был выпустить как минимум маститого ученого. Но, увы... Преподававший царским детям историю профессор Ключевский на вопрос об их успехах отвечал: «Николай послушный мальчик, а Михаил — умный».

Куда лучше Николаю давалась строевая служба. В декабре 1875 года семилетний Николай становится прапорщиком, в мае 1880 года — подпоручиком, в августе 1887 года — штабс-капитаном и в августе 1892 года — полковником. Служба Николая проходила в лейб-гвардии Преображенском полку и лейб-гвардии гусарском полку.

Здесь стоит сказать, не вдаваясь особенно в подробности, об отличии императорской гвардии конца XIX века от современных элитных соединений США и Западной Европы, как, например, 82-я воздушно-десантная дивизия США и др. Современные элитные части отличаются от остальных большим участием в маневрах, в случае локальных конфликтов они используются в первую очередь, в них проходит войсковые испытания новейшая военная техника, отрабатываются новые приемы тактики.

Русская же гвардия лишь теоретически была главной ударной силой сухопутных войск. На самом деле основным ее назначением была охрана монарха, что, впрочем, и следовало из ее названия — лейб-гвардия. Ведь, если честно говорить, то со смерти Алексея Михайловича и до воцарения Николая I включительно монархия у нас была выборной, и, кому править, решали вначале стрельцы, а затем лейб-гвардейцы.

Поэтому важнейшей задачей царизма было воспитание в лейб-гвардейских офицерах буквально собачьей преданности монарху. Вспомним, в «Войне и мире» пожилой полковник говорит Николаю Ростову: «Гусары должны рассуждать как можно меньше».

Начальство сделало все, чтобы круг интересов гвардейских офицеров был жестко очерчен — уставы, фрунт, лошади, спорт, балы, женщины (начиная с высокопоставленных дам и кончая проститутками), карты и вино.

Рассказывая о быте русской гвардии конца XIX века, романисту нет нужды напрягать фантазию. Все уже хорошо описано очевидцами. По словам биографа Николая II историка Грюнвальда, состоявшего в свое время в этой гвардии, разница между Преображенским полком и другими прославленными полками заключалась в том, что преображенцы были меньше известны своими попойками, а больше увлекались лошадьми и женщинами, слыли самыми отменными знатоками уставной службы и отличались безукоризненной выправкой на парадах. А вот как описывал времяпровождение своих однополчан В.П. Обнинский:

«Пили зачастую целыми днями, допивались к вечеру до галлюцинаций... Так, нередко великому князю [цесаревичу Николаю] и разделявшим с ним компанию гусарам начинало казаться, что они уже не люди, а волки. Все раздевались тогда донага и убегали на улицу... Там садились они на задние ноги (передние заменялись руками), поднимали к небу свои пьяные головы и начинали громко выть. Старик буфетчик знал уже, что нужно делать. Он выносил на крыльцо большую лохань, наливал ее водкой или шампанским, и стая устремлялась на четвереньках к тазу, лакала языком вино, визжала и кусалась»

Характерный пример гвардейца — граф Вронский из «Анны Карениной». Кстати, таким офицером и стал цесаревич Николай. Этот тип офицера идеален для несения охраны монарха. В бою из гвардейского офицера будет отличный командир роты или эскадрона. Но вот доверить полк ему можно с большими оговорками, допустим при действии в составе дивизии под руководством боевого генерала.

Русская гвардия, как правило, не участвовала в больших войнах, например, на Кавказе, в Средней Азии, в Китайской (1900 года), Японской (1904–1905 годов) и других. В русско-турецкой войне (1877–1878 годов) участвовала лишь часть гвардии.

Сейчас неомонархисты, тот же Боханов, представляют Николая II умнейшим человеком, желавшим преобразовать Россию, знатоком театра, живописи, литературы и т.д. В качестве примеров приводятся многочисленные мемуары и воспоминания современников. Увы, все эти люди или обманывались, или позже хотели обмануть читателей. Николай II был прекрасно воспитан, умел держать себя в руках даже в самых сложных обстоятельствах, великолепно знал все правила этикета, воинские уставы, команды и т.д. Поэтому на балах и приемах, равно как на плацу и маневрах, он производил благоприятное впечатление. Так что недалеким людям Николай мог показаться и очень умным, тем более что он сам хотел этому верить.

А что сказать о мемуарах эмигрантов, лишившихся родины, усадеб, денег, потерявших в Гражданской войне своих родных? Им прежняя жизнь казалась сусальной сказкой, а царь — святым.

Увы, на беду всем нынешним поклонникам Романовых остались дневники Николая, которые он вел ежедневно начиная с 1 января 1882 года. Опубликована большая часть его переписки с женой, матерью, императором Вильгельмом и т.д. И там нет ни одной умной мысли. Дошло до того, что наиболее оголтелые монархисты считают царские дневники и все письма подделкой большевиков.

Между прочим, еще в начале 1900-х годов один подобострастный издатель собрал все высказывания царя на официальных церемониях и банкетах и напечатал их. Причем использовалась не прямая речь императора, а лишь документальный вариант, напечатанный в правительственных изданиях. И сразу же последовала реакция МВД — книгу изъять и весь тираж уничтожить.

Как уже говорилось, к началу XX века число великих князей и княжон приблизилось к двум десяткам. Понятно, что рассказ о них всех утомит читателя, и я остановлюсь лишь на двух кланах семейства Романовых — Владимировичах и Николаевичах, которые сыграют главную роль в нашем романе, да и в истории России их значение будет на порядок больше, нежели остальных членов семейства.

Кирилл Владимирович родился 1 (13) октября 1876 года в Царском Селе, где была загородная резиденция великого князя Владимира, третьего сына императора Александра II. После смерти брата Александра Кирилл остался самым старшим из детей — Бориса, Андрея и Елены. Мать их, Мария Павловна (Старшая), была дочерью Фридриха-Франца II, великого герцога Мекленбург-Шверинского.

Великий князь Владимир Александрович 14 августа 1884 года был назначен главнокомандующим войсками гвардии и Петербургского военного округа. В этой должности он оставался до 26 октября 1905 года.

Владимир Александрович любил изящные искусства, сам занимался живописью, был президентом Академии художеств и окружал себя актерами, певцами и художниками.

Согласно закону о престолонаследии к началу XX века Кирилл Владимирович был вторым кандидатом на престол после великого князя Михаила Александровича, поскольку ни Михаил, ни его брат Николай не имели мужского потомства. Стариков Александровичей — Владимира и Алексея — всерьез к тому времени не воспринимали.

Летом 1892 года Кирилл поступил в Морской кадетский корпус. Летом следующего года он впервые выходит в море на настоящем, хотя и старом, боевом корабле — крейсере «Князь Пожарский». В 1896 году Кирилл заканчивает Морской корпус и по настоянию отца направляется на службу в... Красное Село, под Петербург, офицером гвардейского пехотного полка. Позже Кирилл напишет в воспоминаниях: «В то лето в Красном я с удовольствием посещал великолепные представления — комедии и балеты с участием актеров Императорских театров»[1].

Лишь зимой 1896/97 года Кирилл был записан в 1-ю роту Ее Величества и начал службу в Морской гвардии. В кампанию 1897 года он получил назначение на крейсер «Россия», уходящий на Дальний Восток. «Россия» на целое десятилетие осталась на Тихом океане, а наш молодой моряк, совершив вояж, сел в японском порту Йокогама на американский пароход и отправился домой к маме.

Замечу, что термин «вояж» — не ёрничанье автора над высочайшей фамилией. Крейсер «Россия» был новейшим кораблем, одним из самых крупных в Российском флоте. Как писал сам Кирилл: «"Россия" была очень комфортабельным судном». Фактически это была туристическая прогулка, да и ценз надо было зарабатывать. После Крымской войны в Морском ведомстве решили отказаться от ежегодного производства офицеров и перейти к сис-

---

[1] *Великий князь Кирилл Владимирович.* Моя жизнь на службе России. СПб.: Лики России, 1996. С. 89.

теме производства только на свободные вакансии, в основу производства положить морской ценз, по которому для получения следующего чина необходимо было пробыть определенное число лет в плавании (мичману полтора года, лейтенанту 4,5 года), а для получения чина штаб-офицера — командовать судном.

Понятно, что морской ценз надо было зарабатывать не в Финском заливе.

Андрей Владимирович родился 2 мая 1879 года. Получил домашнее образование и поступил в Михайловское артиллерийское училище, но его потянуло в юриспруденцию. Андрей поступает в Александровскую военно-юридическую академию. Действительная служба его начинается 8 августа 1898 года, когда он назначается в гвардейскую конно-артиллерийскую бригаду подпоручиком, а в следующем году становится флигель-адъютантом императора.

Рассказ о Михайловичах я начну с их отца. Великий князь Михаил Николаевич был четвертым сыном императора Николая I. Михаил родился 13 октября 1832 года. В 13 лет его произвели в первый офицерский чин, а в 15 лет он поступил на действительную службу в 3-ю батарею 2-й лейб-гвардейской артиллерийской бригады. В 20 лет Михаил был произведен в генерал-майоры и назначен генерал-фельдцейхмейстером.

Тут следует сделать небольшое отступление и попытаться объяснить, кто такой генерал-фельдцейхмейстер, тем более что это нам пригодится далее. Раскроем «Военную энциклопедию», том VII, страницу 233. Там сказано: «Генерал-фельдцейхмейстер, как титул начальника артиллерии и всего к ней относящегося»[1]. Как видим, написано коротко и неясно. При большевиках такие функции исполнял замнаркома по вооружению М.Н. Тухачевский. Но в отличие от замнаркома права и обязанности генерал-фельдцейхмейстера никогда четко не были закреплены за-

---

[1] Военная энциклопедия / Под ред. В.Ф. Новицкого, А.В. фон Шварца, В.А. Апушкина, Г.К. фон Шульца, СПб., 1911–1915. Т. VII. С. 233.

коном. Генерал-фельдцейхмейстер подчинялся императору, но не подчинялся военному министру, причем власть обоих тоже не была разграничена. Так, управление армией и флотом в России в XIX веке осуществлялось не по закону, а, как сейчас говорят, «по понятиям». Причем «понятия» эти определялись лично императором, генерал-фельдцейхмейстером и военным министром.

Самым приятным в должности генерал-фельдцейхмейстера была полная безотчетность в закупках вооружения. Таким образом, эта должность стала самой «хлебной» в империи. Екатерина Великая назначала на эту хлебную должность своих любовников, начиная с Григория Орлова (с 1765 года) и кончая Платоном Зубовым (с 1793 года).

Вступив на престол, Павел I немедленно вышвырнул вон Платошу и в сердцах вообще упразднил должность генерал-фельдцейхмейстера. Но 28 января 1793 года у Павла родился сын Михаил, и на радостях император произвел младенца в генерал-фельдцейхмейстеры. В этом звании великий князь Михаил Павлович и состоял до своей смерти в 1849 году.

Забегая вперед, скажу, что великий князь Михаил Николаевич состоял в должности генерал-фельдцейхмейстера целых 57 лет, то есть до самой своей смерти в 1909 году. В 1910 году обязанности генерал-фельдцейхмейстера были разделены между генерал-инспектором артиллерии и начальником Главного артиллерийского управления (ГАУ).

Понятно, что двадцатилетний генерал-майор не мог полноценно руководить всей русской артиллерией, и по приказу Николая I Михаил командовал только гвардейской конной артиллерией, то есть пятью батареями. А фактически должность генерал-фельдцейхмейстера исполнял инспектор артиллерии барон Н.И. Корф.

25 января 1856 года двадцатичетырехлетний Михаил вступил в исполнение обязанностей генерал-фельдцейхмейстера и был назначен генерал-адъютантом. 25 августа 1860 года великий князь Михаил Николаевич был произведен в генералы от артиллерии, а 6 декабря 1862 года на-

значен наместником Кавказским и командующим Кавказской армией.

Как можно было управлять артиллерией империи из Тифлиса, не имея ни железной дороги, ни телеграфной связи с Петербургом, понять невозможно. Но, увы, в многострадальной России и не такое бывало. Однако, несмотря на отсутствие генерал-фельдцейхмейстера, а может и в связи с этим, наша артиллерия в 1863–1867 годах делает невиданный в истории технический скачок и переходит от гладкоствольных пушек с деревянными лафетами образцов 1805-го и 1838 года к нарезным пушкам образца 1867 года с клиновыми затворами и железными лафетами. А в начале 1877 года наша артиллерия вслед за Германией переходит на орудие образца 1877 года, то есть орудия с каналом современного образца. Идя в фарватере фирмы Круппа, русская артиллерия на 10–20 лет опередила страны Западной Европы. К примеру, британский флот перешел на казнозарядные орудия лишь в 1885–1886 годах. Но, увы, Михаил Николаевич никакого отношения к прогрессу в нашей артиллерии не имел.

От дел государственных мы перейдем к семейным делам великого князя Михаила Николаевича. В 1857 году он женился на принцессе Цецилии-Августе Банденской, получившей при переходе в православие имя Ольга Федоровна. В то время Великое герцогство Баденское было независимым государством. Оно располагалось на правом берегу Рейна и представляло собой полосу длиной в 265 верст и шириной в 17–135 верст. Герцогство находилось на границе с Францией и имело важное стратегическое значение. Таким образом, брак с Баденской принцессой, заключенный в 1857 году, имел политическое значение. Однако после Франко-прусской войны 1870 года герцогство вошло в состав Германской империи, а власть великого герцога Баденского, как и других германских князьков, стала чисто символической.

14 апреля 1859 года в семье великого князя родился первенец, которого назвали в честь деда-императора —

Николаем. Через год в семье Михаила Николаевича родилась первая дочь — Анастасия, а затем вновь пошли сыновья. В 1861 году родился Михаил, в 1863 году — Георгий, в 1866 году — Александр, в 1869 году — Сергей и, наконец, в 1875 году — Алексей.

Детство детей великого князя Михаила Николаевича прошло на Кавказе. Мальчики росли красивыми, умными и чрезвычайно честолюбивыми. Отец решил передать свой «удел» — генерал-фельдцейхмейстерство — Сергею. Старший же сын Николай должен был стать главнокомандующим русской армии, а Александр — генерал-адмиралом.

Но две последние должности были уже заняты двоюродными братьями Михайловичей — великими князьями Николаем Николаевичем Младшим и Алексеем Александровичем. Надо ли говорить, что уже в конце XIX века Николай Николаевич Старший и Николай Михайлович, а также Алексей Александрович и Александр Михайлович стали злейшими врагами, и таковыми они останутся до конца своих дней.

В 1869 году великий князь Михаил Николаевич делает выгодную покупку и одновременно важный политический ход. Он первым из Романовых приобретает большой участок земли в Крыму рядом с царской резиденцией Ливадией. Формально покупка имения Ай-Тодор была подарком супруге Цецилии. Позже было прикуплено к 70 десятинам еще 130 десятин. В имении архитектор Краснов возводит несколько дворцов для Михаила и его сыновей. Имение Ай-Тодор имело общую границу с Ливадией, и попасть оттуда во дворец Александра II можно было пешком минут за двадцать.

Великий князь Александр Михайлович вспоминал: «Длинная лестница вела от дворца прямо к Черному морю. В день нашего приезда, прыгая по мраморным ступенькам, полный радостных впечатлений, я налетел на улыбавшегося мальчика моего возраста, который гулял с няней, державшей ребенка на руках. Мы внимательно осмотрели друг друга. Мальчик протянул мне руку и сказал:

— Ты, должно быть, мой кузен Сандро? Я не видел тебя в прошлом году в Петербурге. Твои братья говорили мне, что у тебя скарлатина. Ты не знаешь меня? Я твой кузен Ники, а это моя маленькая сестра Ксения.

Его добрые глаза и милая манера обращения удивительно располагали к нему. Мое предубеждение в отношении всего, что было с севера, внезапно сменилось желанием подружиться именно с ним. По-видимому, я тоже понравился ему, потому что наша дружба, начавшись с этого момента, длилась сорок два года».

Глядя на очаровательную девочку, сидевшую на руках няни, Сандро не мог и представить себе, что через семнадцать лет Ксения станет его женой.

Подружился цесаревич и с Сергеем Михайловичем. Позже они служили в одном гвардейском полку. Юные гвардейские плейбои великий князь Сергей Михайлович и его сослуживцы по полку Воронцов и Шереметев организовали «картофельный клуб». Как-то я прочел опус ученой дамы, в котором с чувством рассказывалось, как они ходили в турпоходы и в золе жарили картошку. Увы, во Франции такой «картофель» называли «клубничкой». Вскоре в «картофельный клуб» вступает и наследник престола, будущий император Николай II. В его дневнике появляются частые упоминания о походах за «картофелем».

Глава 5

КРАСНОЕ СЕЛО

О первой встрече с Кшесинской цесаревич даже не упоминает в дневнике. Вот запись от 23 марта 1890 года: «Мы поехали на представление в Театральное училище. Нам показали небольшую пьесу и балет. Очень хорошо. Потом был ужин с воспитанницами».

Матильда же подробно описывает начало их взаимоотношений: «Посидев немного с нами, государь перешел за другой стол, а его место занял великий князь Михаил Николаевич. Потом к нам по очереди подсаживались старшие члены царского семейства, чтобы никого не обделить своей благосклонностью и вниманием.

Когда мы прощались с наследником престола, просидевшим весь ужин рядом со мной, мы смотрели друг на друга совсем иначе, чем в начале вечера. В наших сердцах уже начало зарождаться настоящее чувство, хотя тогда мы оба еще об этом и не догадывались.

Какая же я была счастливая, когда вернулась домой! Как радостно было видеть гордых моим успехом родных! Всю ночь я не могла сомкнуть глаз и, охваченная радостным возбуждением, мысленно возвращалась к событиям минувшего вечера.

На следующее утро мне нужно было рано встать и ехать в училище. У нас был маленький кабриолет, запряженный пони, которых мы в шутку прозвали «крысами Карабосс», феи из «Спящей красавицы». Когда я проезжала по улицам, мне казалось, что все люди смотрят только на меня, что я уже стала знаменитой и все об этом знают.

Два дня спустя я шла вместе с сестрой по Большой Морской улице, и когда мы уже подходили к Дворцовой площади, нас неожиданно обогнал экипаж наследника престола. Увидев меня, он оглянулся и долго на меня смотрел.

Какая неожиданная и радостная встреча!

В другой раз, когда я шла по Невскому проспекту и проходила мимо Аничкова дворца, где в то время была резиденция императора Александра III, я снова увидела наследника престола. Он вместе с сестрой Ксенией Александровной стоял в саду на пригорке и из-за высокой стены, окружавшей дворец, наблюдал за проезжавшими по улице экипажами. Это была еще одна неожиданная и радостная встреча.

Шестого мая, в день рождения наследника престола, я украсила свою комнату маленькими флажками. Конечно, это было ребячество, но в тот день весь город был украшен флагами.

После этого я еще пару раз случайно виделась с наследником престола на улице».

22 апреля 1890 года, то есть еще до официального окончания училища, Кшесинская 2-я дебютировала в Мариинском театре в бенефисе Папкова. Почему 2-я? Да потому, что Кшесинской 1-й, как уже было упомянуто выше, как в служебных документах театра, так и в прессе называли балерину Юлию. В царской армии еще с XVIII века в документах не писали имя-отчество офицеров и генералов, а лишь их фамилии с номером, например Тучков 3-й. Причем 1-м был тот, кто первым поступил на службу. Эта система позже перекочевала и в балет, где, к примеру, Анна Павлова числилась Павловой 2-й.

Но вернемся к бенефису Папкова. Там Матильда впервые танцевала с опытным актером Николаем Легатом. Театральный критик Александр Плещеев, сын поэта Алексея Плещеева, писал: «Гвоздем программы бенефиса г. Папкова стали дебюты трех юных дочерей из многочисленного семейства Терпсихоры — мадемуазель Кшесинской, Скорсюк и Рыхлаковой. Мадемуазель Кшесинская в pa de deux

из «Тщетной предосторожности» произвела самое благоприятное впечатление. Полная грации, прелестная, с радо-
стной детской улыбкой, она проявила недюжинные хорео-
графические способности и мастерство зрелой балерины.
У мадемуазель Кшесинской крепкие пуанты, на которых
она отважно исполняет модные двойные пируэты. И, наконец, меня поразила удивительная точность движений молоденькой дебютантки и ее прекрасный стиль. Очень удачным партнером Кшесинской оказался господин Легат. Pa
de deux пользовалось огромным успехом, несмотря на то,
что не так давно его исполняли г-жа Дзукки и г-н Гердт».

Вскоре Матильда выступила в дивертисменте, и Александр Плещеев вновь ее похвалил: «Снова блеснула мадемуазель Кшесинская. За несколько лет до дебюта она еще
совсем маленькой девочкой выступала в «Пахите» знаменитого исполнителя мазурки, и уже тогда ареопаг знатоков балета предсказал ей блестящее будущее. Особое внимание обратил на нее А. Гринев, и, как оказалось, он был
совершенно прав».

Гринев был мужем балерины Екатерины Вазем и большим любителем балета. Когда танцевала его жена, он по-
ражал публику громкими криками: «Браво, Катька!»

Известный критик Скалковский, говоря о дебютах Кшесинской, сравнивал ее с Виржинией Дзукки.

Летом Матильда, как и многие балерины, отправлялась в Красное Село на гастроли. Красное Село, находив-
шееся в 25 верстах от Петербурга и в 12 верстах от Царского Села, еще со времен Екатерины Великой служило
летним полевым лагерем гвардии. В 1851 году в Красном
Селе по инициативе цесаревича Александра Николаевича
был простроен большой деревянный театр на каменном
основании. В 1868 году по ходатайству великого князя Николая Николаевича Старшего на месте старого театра построили новый. Средства были взяты из бюджета Военного ведомства.

Для увеселения офицеров гвардии, принимавших участие в летних маневрах, весь июнь и июль, а также пер-

вую половину августа в театре перед полевым ужином давали два спектакля в неделю — небольшую комедию и балетный дивертисмент.

Император Александр III периодически наезжал в Красное Село и посещал театр, что придало театру статус государственного.

В Красном Селе и рядом выросло несколько сотен дач. Петербургские дамы любили проводить лето в обществе гвардейских офицеров. Естественно, имелось множество дач с дамами полусвета или с «женской прислугой».

Нижние чины жили в палатках, а господа офицеры снимали дачи. Как писал Владимир Трубецкой в «Записках кирасира»: «Курьезные дела творились под Красным и Дудергофом, кишевшим веселыми военными людьми!» Сам Трубецкой, будучи всего лишь вольноопределяющимся, «как-то в праздник, загуляв с Танеевым в Питере, вернулись с ним в Красное в сопровождении духового оркестра Лиговской пожарной команды, который мы случайно перехватили на Балтийском вокзале. Нанятые и напоенные нами трубачи услаждали в вагоне наш слух до самого Красного к большому удовольствию молодых дачниц, любимые вещи которых мы приказывали исполнять, и к великому возмущению степенных дачных старичков, которые пытались составить на нас протокол, для чего приводили даже жандарма»[1].

Из воспоминаний Трубецкого и Кшесинской следует, что в Красном Селе был сплошной праздник, что полностью соответствует действительности. Но, увы, верны и скупые строчки из дореволюционной «Военной энциклопедии»: «...существенным недостатком Красносельского лагеря было отсутствие канализации, которая имеется лишь в госпитале и лейб-гвардии Преображенском полку».

Понятное дело, в Преображенском полку служили цесаревич и несколько великих князей. Не мог же наследник престола с... у канавы.

---

[1] *Трубецкой В.* Записки кирасира. М.: Россия, 1991. С. 91, 101.

Расплата пришла в 1911 году, когда в Красном Селе вспыхнула эпидемия тифа, унесшая жизни более трехсот гвардейцев.

Кшесинская вспоминает: «После окончания училища 1 июня 1890 года меня включили в балетную труппу Императорских театров, и поэтому я была должна принимать участие в спектаклях, которые ставились в Красном Селе.

По сложившейся традиции, последнее представление в Красном Селе заканчивалось «Адским галопом», в котором принимали участие все артисты, выступавшие в тот вечер. Но едва мы приступили к репетиции, как вдруг в театре неожиданно появился великий князь Николай Николаевич Старший, который уже давно находился на заслуженном отдыхе. В молодые годы он был страстно влюблен в балерину Числову; у них родились двое сыновей, носивших отчество «Николаевич» и ныне служивших в лейб-гвардии Кавалерийско-гренадерском полку. Кроме них, у великого князя и Числовой были еще две дочери; одна из них, настоящая красавица, вышла замуж за князя Кантакузена.

Когда много лет спустя приступили к ремонту театра и поставили строительные леса, в одной из женских головок, изображенных на настенном медальоне, узнали Числову. Под медальоном даже имелась надпись, которую издали не было видно.

Великий князь очень любил моего отца и балетмейстера Льва Ивановича Иванова и обращался к ним на «ты». Они тоже часто его навещали.

Во время репетиции «Галопа» великий князь, сидевший в царской ложе, вдруг остановил артистов и стал доказывать Иванову, что тот неправильно ведет «Галоп». Иванов настаивал на своем, и тогда великий князь вдруг выскочил на сцену и стал сам показывать, как это нужно делать.

Открытие сезона должно было состояться в день, когда главнокомандующий, великий князь Владимир Александрович, любимый брат императора Александра III, проводил на полигоне смотр.

Тот день я ждала с замиранием сердца, надеясь увидеться с наследником престола и, возможно, даже поговорить с ним во время антракта. Это было мое самое заветное желание. Согласно установившейся традиции, император и великие князья приходили во время антракта на сцену и разговаривали с артистами.

Мечта моя сбылась! Наследник престола пришел на сцену в день не только первого, но и всех последующих спектаклей. Мы подолгу с ним разговаривали, никого не замечая вокруг. Еще во время представления в училище я мечтала только о том, чтобы снова с ним увидеться, взглянуть на него хотя бы мельком, пусть даже издали. И вот теперь, когда мы могли разговаривать и смотреть друг другу в глаза, я чувствовала себя на седьмом небе.

В первый сезон в Красном Селе мне не давали сольных партий и я танцевала в кордебалете вместе с другими, а моя уборная находилась на втором этаже. Один только раз, когда мне доверили исполнение сольного танца, я получила хорошую уборную внизу. Ее окна выходили на парадный вход, и я имела возможность, стоя у окна, беседовать с молодыми великими князьями и наследником престола.

Однажды вечером, перед балетным дивертисментом, я выбежала на сцену и едва не столкнулась с императором. Однако я успела вовремя остановиться и отвесить низкий поклон. Император добродушно усмехнулся и сказал: «Наверняка вы с кем-нибудь кокетничали».

Если смотреть со сцены, то император с семейством занимал левую ложу. Когда мест не хватало, члены императорской фамилии садились в первом ряду. Сам император всегда сидел в ложе у самой сцены, между двумя колоннами.

Счастливые летние дни, наполненные ничем не омраченной радостью и надеждой, пролетали очень быстро.

Император возвратился с полигона в Петергоф, где он всегда проводил конец лета. А я уже совсем потеряла надежду увидеться с наследником престола, так как он собирался в девятимесячное кругосветное путешествие. Как же мне тогда было тоскливо и одиноко!

Я полюбила наследника престола с первой нашей встречи. Во время летнего сезона, когда мы могли часто видеться и разговаривать, это чувство захлестнуло меня целиком и переполнило мою душу. Ни о чем другом я думать просто не могла. Мне казалось, что даже если он меня не любит, то все же чувствует ко мне какое-то влечение. Невольно я предавалась самым безумным и несбыточным мечтам. Нам так ни разу и не удалось поговорить наедине, и поэтому я не могла узнать, как же он ко мне относится. Об этом я узнала уже потом, когда мы с ним сблизились.

Теперь, когда с той счастливой поры прошло шестьдесят лет, мне предоставилась возможность прочесть дневники императора, изданные после переворота. В них были и записи, относящиеся к тому незабываемому лету в Красном Селе, когда он еще был наследником престола и нам никак не удавалось уединиться. Сердце меня не обмануло. Наследник престола действительно был мною увлечен».

Цесаревич действительно был увлечен, хотя безумной страсти не было и в помине. Вот выдержки из дневника Николая, написанные им в Красном Селе в 1890 году: «10 июля, вторник. Был в театре, ходил на сцену».

«17 июля, вторник. Кшесинская 2-я определенно мне нравится».

«30 июля, понедельник. Беседовал через окно с малюткой Кшесинской».

«31 июля, вторник. После вечернего чая в последний раз поехал в Красносельский театр. Попрощался с Кшесинской».

«1 августа, среда. В 12 часов состоялось освящение знамен. Стоял у театра, предаваясь воспоминаниям».

Но вернемся к воспоминаниям Матильды: «Тем же летом я как-то раз отправилась в Петергоф, чтобы навестить Марусю Пуаре. Целый день я надеялась встретиться на прогулке с наследником престола, но надеждам моим не суждено было сбыться.

Одним из сослуживцев наследника престола по полку был гусар Евгений Волков. Ему предстояло сопровождать наследника во время кругосветного путешествия. В то время у Волкова была связь с балериной Татьяной Николаевой. От нее я узнала, что наследник престола говорил Волкову о своем желании увидеться со мной перед отъездом. Он хотел, чтобы Волков устроил эту встречу. Но я тогда жила с родными, а наследник престола постоянно ходил с охраной, и наше свидание, разумеется, не могло состояться. Как-то раз наследник престола попросил меня через Волкова прислать свою фотографию. Но на последнем снимке я выглядела просто ужасно, а другого у меня тогда не было, поэтому я не смогла исполнить эту просьбу».

Несколько слов стоит сказать и о путешествии цесаревича. В начале 1890 года Александр III решил отправить сына в путешествие по странам Азии, а обратно цесаревич должен был возвращаться через Сибирь. Конечно, можно было отправить Николая на одной из многочисленных императорских яхт. Но Александр III решил иначе, и в 1886–1890 годах был построен крейсер-яхта «Память Азова» водоизмещением около 7000 тонн.

Несмотря на довольно мощное вооружение (две 203/35-мм и тринадцать 152/35-мм пушек) по внешним украшениям и внутреннему убранству «Память Азова» мог дать фору самой богатой яхте. На носовой части корабля красовались орден Святого Георгия, ленты с бантами, императорская корона, лавровый венок и пальмовые ветви. В отделке и оборудовании офицерских помещений широко применялись ценные породы древесины (красное, ореховое и тиковое дерево). Большое место на корабле занимали особые каюты для наследника престола и его свиты. Одна отделка этих кают обошлась казне более чем в 78 тысяч рублей. На шканцах, юте, шкафуте и всех мостиках были установлены специальные тенты для защиты от солнца и дождя. Уже по пути, в Англии, были закуплены дополнительные электрические вентиляторы. Там же закупили 700 электрических ламп и установили дополнительное освещение на верхней палубе.

Эти мероприятия вызвали перегрузку в 800 тонн. Посему с крейсера пришлось снять две 152-мм пушки, часть боекомплекта и другое оборудование. Все это было погружено на специальный пароход, отправленный заранее во Владивосток.

Вместе с цесаревичем в путешествие отправился и его брат Георгий. Свитой руководил генерал свиты Его Величества Барятинский. Компанию Николаю должны были составлять молодые гвардейские офицеры князья Оболенский и Кочубей и лейб-гусар Волков. Летописцем в свиту был зачислен князь Ухтомский. Позже он издаст книгу с описанием путешествия наследника. Увы, это была лишь пародийная летопись путешествия, к тому же еще прошедшая строгую цензуру самого цесаревича.

Николай со свитой выехали из Гатчины 23 октября 1890 года и по железной дороге через Вену доехали до Триеста. Александр III решил не мучить сына путешествием по северным морям. И действительно, по пути от Плимута до Мальты крейсер выдержал сильный шторм, который и смыл все дорогие носовые украшения.

26 октября Николай со свитой сели в Триесте на крейсер и отправились в Пирей в гости к греческому королю Георгу I и его жене Ольге Константиновне, внучке Николая I. В Пирее к путешественникам присоединился двоюродный брат Николая греческий принц Георгий. 7 ноября «Память Азова» покинул Пирей и через три дня прибыл в Порт-Саид. Затем по Суэцкому каналу крейсер дошел до Исмаилии. Там Николая приветствовал хедив (правитель) Египта Хусейн. Три недели цесаревич провел в Каире и в путешествии по Нилу.

Думаю, нет нужды перечислять достопримечательности, которые посетил цесаревич, встречи, обеды и т. д. Это все прекрасно описано у Ухтомского. Зато более веселая сторона путешествия совсем выпала из «жития Высочайших путешественников». Вот, к примеру, как описал Николай посещение русского консула в Луксоре. Консулом были наняты восточные танцовщицы. Николай и компания напоили их, и «они разделись и проделывали все в костюме Евы. Давно мы так не катались со смеху, при виде этих темных тел, которые набросились на Пупи [брата Георгия]. Одна окончательно присосалась к нему, так что только палками мы его освободили от нее».

В общем, Николай по пути не пропускал ни одного борделя. Однако в Японии в небольшом городке Отц произошел неприятный инцидент — фанатик-японец ударил Николая саблей по голове. Рана была несерьезная, но Александр III повелел сыну немедленно возвратиться домой через Сибирь. И вот 4 августа 1891 г. Николай прибыл в столицу.

В сезон 1890/91 гг. Кшесинская много танцевала. Пока ей не давали главных партий, но и на вторых ролях можно блеснуть: «В балете «Спящая красавица» у меня было несколько выходов. В первом акте я исполняла партию доброй феи Кандиды, во втором — партию маркизы, а в последнем — танец Красной Шапочки с Серым Волком, который особенно нравился наследнику престола. Кроме того, как и другие молодые танцовщицы, я принимала участие во всех оперных постановках, включая танцевальные номера».

Согласно «Ежегоднику Императорских театров» за 1890–1891 годы, Кшесинская танцевала в 22 балетах и 21 опере.

Возвышенная любовь к цесаревичу — само собой, но и романов в сезон 1890/91 годов хватало. Об этом балерина завуалированно писала в воспоминаниях: «После окончания училища мы с сестрой [Юлией] по-прежнему жили вместе с родными и могли бывать только у близких знакомых, да и то лишь в чьем-нибудь сопровождении. Однако мы придумали свои способы обмануть бдительность родителей. Когда хотелось куда-нибудь пойти и развлечься, а уверенности в том, что нам это позволят, не было, мы говорили родителям, что приглашены друзьями или родственниками, к которым нам разрешалось ходить. Если нужно было ехать в вечерних платьях, то мы надевали пальто и только потом шли прощаться с родителями. По возвращении мы быстро снимали вечерние туалеты и, облачившись в ночные сорочки, желали родным спокойной ночи. Одним словом, ситуация была похожа на ту, что разыгрывалась в балете «Тщетная предосторожность». Все это казалось таким захватывающим, а таинственность только придавала особую прелесть нашим похождениям. И все же это были обычные невинные забавы юности».

После завершения сезона крестный отец Матильды Стракач предложил ей съездить с ним за границу. Стракач был владельцем модного бельевого магазина «Артюр».

Вояж начался с французского курортного местечка Биарриц на берегу Атлантического океана. Затем, как и положено католикам, крестный и крестница посетили святыни в Лурде, где Матильда накупила массу образков для раздачи дома. В Милане они посетили знаменитый театр «Ла Скала», а далее — Рим, Неаполь, Флоренцию и, наконец, Париж.

А затем уже без Стракача Матильда едет в Монте-Карло. Куда? Естественно, в казино. С 250 франками балерина впервые садится за рулетку. Выигрыш, неудача и опять выигрыш. Последний раз она ставит на число «17» и выигрывает. Теперь «17» станет ее любимым числом, и в казино она будет ставить только на него. Позже Кшесинскую прозовут «Мадам семнадцать». Увы, 17-й год станет для нее роковым.

Глава 6

МАРЬЯЖНЫЕ ХЛОПОТЫ ЦЕСАРЕВИЧА

После возвращения цесаревича с Дальнего Востока он виделся с Кшесинской всего один раз, в Красном Селе, а затем вместе с родственниками он уехал в Данию. Вернулся Николай только осенью 1891 года и видел Матильду лишь однажды, да и то случайно, на улице. Вторая встреча состоялась 4 января 1892 года на спектакле знаменитой шведской певицы Сандерсон, где присутствовали император и все венценосное семейство.

Александр III с цесаревичем сидели в первом ряду, а императрица и великие княгини — в царской ложе. Кшесинская сидела в одной из лож того же бельэтажа, где и царская семья. Во время спектакля Матильда вышла в коридор и на лестнице столкнулась с Николаем, который поднимался в царскую ложу. «Мы не могли остановиться и поговорить, — вспоминает Кшесинская, — так как вокруг было много народу. Но я была рада уже и тому, что увидела его так близко.

Я любила ежедневно совершать прогулки в кабриолете с кучером. На набережной мы часто встречались с наследником престола, который выезжал на прогулку в это же самое время. Но мы виделись только издали. Как-то раз у меня вскочил ячмень на глазу и огромный чирей на ноге. Несмотря на это, я продолжала ездить на прогулки, закрыв глаз повязкой. Однако из-за сильного ветра состояние глаза ухудшилось настолько, что мне все же пришлось провести несколько дней дома. Возможно, наследник престола заметил повязку, а потом и мое отсутствие.

В доме родителей у нас с сестрой были собственные апартаменты, состоящие из маленькой спальни и обставленной с большим вкусом гостиной. Наша спальня находилась рядом со спальней отца, а соединявшая их дверь была заставлена туалетным столиком.

Однажды вечером сестра куда-то вышла, и я сидела в полном одиночестве. Глаз все еще болел. Вдруг в прихожей раздался звонок, и я услышала, как горничная пошла открывать дверь. Через минуту она доложила о приходе гусара Волкова, которого я просила проводить в гостиную. Одна дверь вела в прихожую, а вторая — в гостиную. И вот в эту-то дверь вошел не гусар Волков, а наследник престола собственной персоной!

Я не поверила своим глазам, вернее, одному здоровому глазу, так как на втором была повязка.

Этот визит был настоящим чудом, и я чувствовала себя на седьмом небе от счастья. Наследник престола пробыл у меня недолго, но мы наконец-то оказались наедине и могли спокойно поговорить. Как долго я мечтала о встрече с ним, а она произошла так внезапно... На всю оставшуюся жизнь я сохранила в памяти волшебный вечер нашего первого свидания наедине.

На следующий день я получила от него записку: *Надеюсь, что глазок и ножка заживают... Я хожу как угорелый. Постараюсь приехать как можно скорее. Ники.*

Это была первая записка от него. Она произвела на меня огромное впечатление. Я и сама была как угорелая.

Потом он часто мне писал. В одном из писем он обратился ко мне со словами Германна из знаменитой арии в «Пиковой даме»: «Прости, небесное созданье, что я нарушил твой покой». Он очень любил мою роль в этой опере, где в первом акте была сцена, в которой я танцевала в костюме пастушки и в белом парике.

В другом письме он вспомнил о любви Андрия к польской панне из «Тараса Бульбы» Гоголя. Ради нее Андрий забыл обо всем на свете: об отце, о друзьях и даже о родине. Я не сразу поняла смысл слов наследника престола:

«Вспомни, что сделал Андрий, полюбивший польскую красавицу».

Его первую записку я перечитывала сотни раз и выучила наизусть, а все письма хранила, как самое драгоценное сокровище.

После первого визита Ники стал бывать у меня часто. Потом начали приходить и «Михайловичи» — так мы называли сыновей великого князя Михаила Николаевича: Георгия, Александра и Сергея. Мы очень славно проводили вечера. «Михайловичи» пели грузинские песни, которым научились на Кавказе, где их отец был наместником почти двадцать лет. Сестра тоже часто оставалась с нами. Так как я жила вместе с родителями, то, естественно, не могла ничего особенного предложить своим гостям. Правда, иногда мне удавалось подать им шампанское.

Ники часто приносил мне подарки, которые я поначалу не хотела принимать. Однако, видя, что это его очень огорчает, я изменила свое решение. Подарки, хотя и небольшие, были очень красивыми. В первый раз он преподнес мне золотой браслет с сапфиром и двумя крупными бриллиантами. На браслете были выгравированы две особенно дорогие и памятные мне даты — год нашей первой встречи в училище и год его первого визита ко мне: 1890–1892.

Однажды, когда наследник престола был у меня в гостях, у парадного входа кто-то позвонил. Горничная сказала, что приехал губернатор Петербурга, который должен видеть наследника престола. Наследник вышел в прихожую, а когда вернулся, то сообщил, что его ожидает император, которому доложили, что сын покинул дворец. Губернатор счел своим долгом уведомить об этом наследника престола, который тут же отправился к отцу в Аничков дворец.

Каждое воскресенье я бывала в Михайловском манеже на конных состязаниях. Моя ложа находилась прямо напротив царской. Наследник престола каждый раз присылал мне в ложу цветы, которые приносили два гусара из его полка — князь Петр Павлович Голицын, которого в шутку звали «Пикой Голицыным», и Пепа Котляревский. Их называли моими «адъютантами», а они меня — «своим ангелом». После скачек я возвращалась в кабриолете тихой Караванной улицей, которая вела к Аничкову дворцу, в надежде, что меня обгонит наследник престола и я смогу еще раз на него посмотреть.

Двадцать пятого марта, на Благовещение, я присутствовала на параде кавалерийского полка по случаю полкового торжества. Я сидела в одной из лож для зрителей в конце манежа. Когда император со свитой проводил смотр полка, следовавший за ним наследник престола пристально посмотрел на меня. Его взгляд был полон любви, и я тоже не могла оторвать от него глаз.

Как-то раз наследник престола засиделся у меня почти до утра. Тогда он рассказал, что собирается за границу, чтобы встретиться с принцессой Алисой Гессенской, которую ему хотели сосватать. Потом мы еще много раз говорили на предмет его женитьбы и неизбежности нашей разлуки. Наследник престола привозил свой дневник, который вел довольно регулярно. Он зачитывал фрагменты, в которых говорилось о его переживаниях и чувствах ко мне и к принцессе Алисе. Вне всякого сомнения, он был мною очарован и очень дорожил нашими встречами. Я нисколько не сомневаюсь в том, что он очень любил меня. Сначала он относился к принцессе довольно равнодушно и рассматривал помолвку и свадьбу как неизбежность. Однако он не скрывал от меня, что из всех предложенных партий ему больше всего подходит Алиса. Она все больше и больше нравилась наследнику, который решил сделать ее своей избранницей, если родители дадут на это согласие».

Я умышленно привел длинную цитату из воспоминаний Кшесинской, чтобы показать ее отношение к женитьбе Николая.

Дело в том, что в постперестроечное время в отечественной истории утвердился миф о неземной любви принца Ники к принцессе Алисе.

Тут я не буду вспоминать египетские, да и не только, бордели, роман цесаревича с Ольгой Долгоруковой и т. д., и т. п. Я предлагаю обратиться к документам — дневникам самого Николая, его письмам императрице Марии Федоровне и супруге. Итак, начнем по порядку.

1 июля 1862 года в летней резиденции королевы Виктории на острове Уайт состоялась свадьба ее дочери Алисы с Людвигом герцогом Гессенским.

Людвиг был ничем не выдающейся серой личностью, а Великое герцогство Гессен по площади не превышало хорошего уезда в Рязанской губернии.

Когда Алиса выходила замуж за герцога Людвига, Гессен был независимым княжеством. А в 1866 году, с началом австро-прусской войны, Гессен вошел в состав Австрии. 29-летний Людвиг сражался против пруссаков, командуя всей гессенской кавалерией (несколько сот сабель). После разгрома Австрии Гессен потерял свою независимость и был принужден выплатить Пруссии большую (для столь малого княжества) контрибуцию.

После поражения в войне 1866 года к политическим унижениям прибавилась... бедность. «Выйдя замуж, Алиса принесла тридцать тысяч фунтов стерлингов приданого, но эта сумма наряду с большей частью личного состояния великого герцога ушла на строительство нового дворца в Дармштадте. Принцесса была вынуждена уволить часть прислуги и отказаться от намерений нанять новую. Она писала матери: «Приходится жить так скромно — мы никуда не ходим, мало кого видим — для того чтобы немного сэкономить... Мы продали четырех ездовых лошадей, осталось всего шесть. Две из них постоянно нужны придворным дамам для выездов в театры, поездок с визитами и так далее, так что нам порой приходится туго».

Как-то, в 1876 году, Алиса обратилась к матери с просьбой разрешить ей провести пару ночей в Букингемском дворце перед поездкой в Балморал — королевский замок, расположенный в Шотландии. Но королева ответила дочери отказом, заявив, что это слишком хлопотно для нее. Алисе пришлось признаться, что у нее нет иного выбора: она не в состоянии платить за гостиницу»[1].

К бедности прибавились и постоянные конфликты с мужем. Неудачное замужество и неблагоприятное окружение в Дармштадте начали сказываться на характере Алисы. Все чаще ее охватывали приступы меланхолии, случались нервные срывы, перемежавшиеся с периодами физического истощения и недугами. Ее здоровье неуклонно ухудшалось.

Не на пользу здоровью Алисы было и то, что в течение первых двенадцати лет замужества она родила семерых детей. Самая старшая, Виктория, родилась в 1863 году, потом, в 1864 году, родилась Елизавета (Элла), Ирена — в 1866 году, Эрнст Людвиг — в 1868 году, и Фридрих Вильгельм (Фритти) — в 1870 году. В 1872 году родилась Алиса, будущая императрица Александра Федоровна, и, наконец, в 1874 году появилась на свет Мария Виктория, прожившая всего четыре года.

После смерти сына Фритти великая герцогиня большую часть времени проводила в постели. С детьми, особенно с младшей Алисой, она говорила в основном о Боге, о смерти и о встрече с умершими близкими в загробном мире.

Весной 1884 года старшая сестра Алисы принцесса Виктория вышла замуж за своего кузена принца Луи Баттенбергского. Вскоре и принцесса Елизавета (Элла) обручилась с великим князем Сергеем Александровичем. Помолвка должна была состояться в Петербурге, и туда ожидалось прибытие всей семьи невесты. Вместе со всеми в Россию поехала и двенадцатилетняя Алиса. Красота города на Неве и грандиозность свадьбы поразили девочку. Уже тогда она обратила внимание на шестнадцатилетнего наследника престола. В свою очередь цесаревич Николай 8 июня 1884 года записал в своем дневнике: «Встретили красавицу невесту дяди Сережи, ее сестру и брата. Все се-

---

[1] *Кинг Г.* Императрица Александра Федоровна. Биография. М.: Захаров, 2000. С. 20.

мейство обедало в половине восьмого. Я сидел рядом с маленькой двенадцатилетней Аликс, и она мне страшно понравилась».

Эта фраза кочует из книги в книгу. Вот, мол, настоящий рыцарь в шестнадцать лет влюбляется и проносит любовь через всю жизнь. Но, увы, после этого пассажа в дневнике наследника стоит не точка, а запятая, а дальше: «...Элла еще больше». Естественно, что не слишком умному, но уже сексуально озабоченному мальчику понравилась больше двадцатилетняя девица, нежели двенадцатилетняя. Другой вопрос, что Ники быстро осознал, что волочиться за женой дяди Сережи — пустой номер, и обратил свои взгляды на младшую сестру. И вот через две недели он пишет в дневнике: «Мне очень и очень грустно, что Дармштадтские уезжают завтра, а еще больше, что милая Аликс покинет меня».

Зимой 1889 года Аликс вновь приехала в Россию и провела несколько недель в гостях у сестры. Собственно, ничего необычного в этом не было — рутинная поездка к родственникам. На самом же деле сводничеством занялись самые высокопоставленные особы в Дармштадте и Петербурге. А вообще-то кем была Аликс? — Нищей принцессой из герцогства, давно ставшего захолустьем Германской империи. Мать ее страдала нервным расстройством, но, самое страшное, она была носителем наследственной болезни — гемофилии, которая передается по женской линии сыновьям, но сами носительницы при этом не болеют.

Естественно, что ни Александр III, ни императрица Мария Федоровна поначалу и слышать не хотели об этом браке.

«Сущий младенец» (такую характеристику двадцатишестилетнему оболтусу дала его родная мать) не мог в одиночку бороться за Аликс с отцом, матерью и всей родней. Но ему буквально подсовывали гессенскую принцессу. Дармштадтская родня Аликс старалась вовсю, но, увы, ее возможности были невелики.

Решающую роль сыграли королева Виктория и две петербургские пары — великий князь Сергей Александрович с женой Елизаветой, а также великий князь Александр Михайлович (Сандро) с великой княжной Ксенией Александровной.

Естественно, что каждый из этой шестерки действовал исключительно в своих корыстных целях, мечтая стать ближе к трону будущего монарха, получить «хлебные должности». Кроме того, Елизавета хотела помочь сестре, для Сандро и Ксении помолвка цесаревича открывала путь к собственной свадьбе.

Первоначально британская королева была против брака Алисы с Николаем. Это, кстати, и сбило с толку многих историков. Королева собиралась выдать любимую внучку за... своего непутевого внука Альберта Виктора Эдварда, а короче — Эдди. Эдди, герцог Кларенский, старший сын Эдуарда и Александры Датской, был потенциальным наследником короны. Его отец после смерти Виктории станет королем Эдуардом VII.

В 1889 году королева в очередной раз пригласила Алису в гости. Катая кузину в коляске, герцог Эдди сделал ей предложение и получил отказ.

Удивляться тут нечему. Эдди был известен всей Англии как пьяница и завсегдатай низкопробных публичных домов. Дабы избежать обвинений в предвзятости, процитирую современного британского историка Грега Кинга: «Вот уже свыше сотни лет ходят упорные слухи, что Джеком-Потрошителем был не кто иной, как принц Эдди. Принц был поражен сифилисом мозга, который он подцепил где-то во время кругосветного путешествия. Разрушающее действие этой болезни и могло привести к убийствам в Уайтчепеле. Один свидетель, видевший Мэри Келли в обществе ее убийцы, описал того как мужчину среднего роста с каштановыми волосами, небольшими нафиксатуаренными усами, хорошо одетого, в очень высоком крахмальном воротничке, скрывавшем его длинную шею, и крахмальных манжетах. Судя по этому описанию, можно заключить, что убийцей был Эдди. Эдди не раз наблюдал, как охотники разделывают оленей, и можно предположить, что это позволило ему изучить анатомическое строение животных, знание которого демонстрировал Потрошитель. Предполагают также, что письма от Джека-Потрошителя, полученные рядом газетных редакций, были составлены кембриджским наставником принца Джеймсом Кеннетом Стивеном. Вызывает также подозрение и то, что почти вся важная информация о Джеке-Потрошителе была уничтожена. Создается впечатление, что полиция не хотела, чтобы правда о нем стала известна публике»[1].

Нашим читателям я поясню, что с 31 августа 1888 года Англию шокировали квалифицированные убийства женщин, совершаемые маньяком, который подписывался: «Джек-Потрошитель». Убийства прекратились после смерти Эдди в 1892 году.

Отказ Эдди, а также сведения о гемофилии, поражавшей родственников Аликс, изменили отношение королевы Виктории к браку с цесаревичем Николаем. Естественно, что Виктория была слишком умна, чтобы открыто заявить о своей новой затее. Формально королева оставалась против этого брака, месяц за месяцем медленно смягчая свой тон.

Итак, в игру включились самые мощные силы в Лондоне, Дармштадте и Петербурге.

Если бы цесаревич Николай сам попросил отца принять в Петербурге гессенскую принцессу, то последовал бы резкий отказ, но запретить делать это брату Сергею и его жене Элле (Елизавете) царь не мог. А по прибытии Аликс в Россию эти персонажи и дюжие ребята Михайловичи обеспечили «крышу» для свиданий Николаю и Аликс. Сергей и Элла тайно вступили в переговоры о браке с отцом Аликс, а после его смерти в 1892 году — с ее братом Эрнстом Людвигом, ставшим владетельным герцогом Гессенским. Дядя Сергей убеждал племянника в необходимости лично поехать в Германию и самому обо всем договориться.

---

[1] *Кинг Г.* Императрица Александра Федоровна. Биография. С. 62.

Ни Александр III, ни Мария Федоровна не разрешили Николаю ехать в Дармштадт. Но случай вскоре представился: весной 1894 года в Кобурге должно было состояться бракосочетание Гессенского герцога Эрнста Людвига с дочерью Марии и Альфреда Эдинбургских принцессой Викторией-Мелитой. Королева Виктория тоже решила осчастливить внучку своим присутствием на свадьбе.

Русскую делегацию возглавил цесаревич Николай, с ним поехали великий князь Сергей Александрович, великая княгиня Елизавета Федоровна, великий князь Владимир Александрович, великая княгиня Мария Павловна и великий князь Павел Александрович.

Цесаревич и Аликс оказались в кругу титулованной английской, немецкой и русской родни, усиленно подталкивающей их друг к другу. Другой вопрос, что королева Виктория умело вела игру, изображая полную незаинтересованность. Это дало повод историку А. Боханову утверждать, что она-де была против брака Николая и Аликс[1]. Понятно, что подобные пассы всерьез принимать невозможно. Да стоило британской королеве мигнуть, как ее родня, британские дипломаты, разведка и пресса мгновенно развеяли бы все марьяжные планы.

Самое забавное, что двумя абзацами ниже Боханов цитирует письмо Эллы королеве Виктории: «Теперь об Аликс. Я коснулась этого вопроса, но все как и прежде. И если когда-нибудь будет принято то или иное решение, которое совершенно закончит это дело, я, конечно, напишу сразу. Да, все в руках Божьих… Увы, мир такой злобный. Не понимая, какая это продолжительная и глубокая любовь с обеих сторон, злые языки называют это честолюбием. Какие глупцы! Как будто трон заслуживает зависти! Только любовь чистая и сильная может дать мужество принять это серьезное решение. Будет ли это когда-нибудь?»[2].

---

[1] *Боханов А.Н.* Николай II. М.: Молодая гвардия – ЖЗЛ, 1997, с. 109.

[2] Там же. С. 110.

Обратим внимание, письмо датировано ноябрем 1893 года. Риторический вопрос на бытовом уровне, станет ли старшая сестра подробно сообщать планы младшей сестры бабушке Виктории, которая так мечтает их разрушить?

А теперь риторический вопрос на уровне большой политики — могла ли «императрица Индии» (один из титулов Виктории) не желать, чтобы ее любимая внучка стала супругой слабовольного русского царя, империя которого как раз и угрожала «жемчужине британской короны»?

Что же касается фразы «Как будто трон заслуживает зависти», то ее мог написать или глупец, или крайне циничный человек. Почему же тогда Элла и Сергей не посоветовали Николаю не тянуть несколько лет, а вопреки воле императора жениться на Аликс и тихо жить за границей, как сделал это великий князь Михаил Михайлович, женившись на внучке Пушкина графине Софье Меренберг, а позже также поступали и другие великие князья. На престоле оказался бы куда более умный Михаил, и есть все основания полагать, что Россия избежала бы ужасов Гражданской войны.

Бабушка Виктория четко и уверенно вела свою игру в интересах Британской империи. Так, в Кобурге, она периодически по-родственному беседовала tête-à-tête то с Аликс, то с Ники. И 8 апреля 1894 года Николай официально сделал предложение Аликс.

Замечу, что кайзер Вильгельм II практически не имел отношения к этому решению, он вообще прибыл в Кобург за день до предложения цесаревича.

Тот же Боханов писал, что Николай и Аликс «сразу же пошли к королеве Виктории, которая обняла и поцеловала обоих, пожелала счастья»[1].

Родители жениха были поставлены перед свершившимся фактом. Теперь им оставалось лишь делать хорошую мину при плохой игре. Ситуация усугублялась тяжелой почечной болезнью Александра III. После простуды в

---

[1] Там же. С. 111.

январе 1894 года он уже не мог оправиться. Жить после помолвки сына ему оставалось лишь шесть месяцев. И Александр, и Мария понимали это и, скрепя сердце, дали согласие.

Еще раньше Александру III и Марии Федоровне пришлось согласиться на брак Сандро и Ксении. Если с Аликс они рисковали судьбой империи, то здесь — лишь личным счастьем дочери. Да и отказывать напористому клану Михайловичей было бессмысленно — Александр чувствовал приближение смерти, и оба царственных супруга ни капли не сомневались, что Николай даст согласие Сандро буквально на следующий день после смерти отца.

Глава 7

РАССТАВАНИЕ

Рассказывая о перипетиях брачных хлопот цесаревича Николая, я опять забежал вперед. А пока он возвратился из Германии полный впечатлений о встречах с любимой Аликс. И... «По возвращении в Петербург наследник престола снова стал бывать у меня, — пишет Кшесинская. — Он казался очень веселым и довольным. Я чувствовала, что его влечет ко мне и что он нисколько не переживает по поводу неудавшейся помолвки, а, наоборот, очень рад этому. Я была безгранично счастлива, что он снова вернулся ко мне».

Увы, тут мы не имеем оснований сомневаться в словах Матильды. Николай писал нежные письма Алисе, возвращаясь со свиданий с Кшесинской.

Репетиции спектаклей летнего сезона в Красном Селе проходили в Театральном училище, и Матильда с Юлией ездили из имения в город, иногда оставаясь на пару дней в родительской городской квартире. Едва войдя в квартиру, Матильда бросалась к почте и всегда находила там письмо от Николая. Прислуга на лето оставалась в городе, и поэтому сестры могли свободно бывать в квартире и даже приглашать туда гостей. У них бывали барон Цедделер, гусары князь Голицын и Котляревский, Володя Свечин, которого Матильда знала еще студентом-юристом, а теперь он служил в Преображенском полку вместе с цесаревичем, которого очень любил, и старался во всем ему подражать. «Он носил точно такую же бородку, ездил в кабриолете с рослым кучером, забрасывал за спину башлык и даже старался держать руки скрещенными спереди, как это делал наследник престола. Он был действительно похож на него и страшно радовался, когда ему по ошибке оказывали почести. Летом Володя Свечин жил в Сергиеве, около Стрельны, где у него была собственная дача. Время от времени он давал прекрасные обеды и приглашал нас с сестрой, которой очень симпатизировал», — вспоминает Матильда.

В дни спектаклей артисты приезжали в Красное Село по Балтийской железной дороге и встречались за завтраком в ресторане напротив театра.

В этот сезон Матильде, наконец, выделили прекрасную уборную на первом этаже. Два ее окна выходили на императорский подъезд. Матильда, чтобы сделать уборную элегантной и уютной, заказала мебель из светлого дерева и красивые обои. Из мебели в уборной была кушетка, туалетный столик и стулья. Там всегда стояли живые цветы.

Великий князь Владимир Александрович любил бывать на репетициях. «Он приходил ко мне в уборную, — пишет Кшесинская, — чтобы просто поболтать. Я ему нравилась, и он шутливо сетовал, что слишком стар. Он подарил мне свою фотографию с надписью: «Будь здорова, душечка». До конца своих дней он оставался мне верным другом.

Тем летом наследник престола стал часто наведываться на репетиции. Я знала, в котором часу он придет, и всегда ждала у окна, откуда могла увидеть его еще издали, когда он только появлялся на дорожке парка, ведущей из дворца в театр.

Он ловко спрыгивал с коня и шел прямо в мою уборную, где оставался до начала репетиции. Здесь он чувствовал себя свободно, как дома, и мы могли без помех разговаривать наедине.

Во время репетиции наследник престола сидел в царской ложе между колоннами, которая находилась на одном уровне со сценой. Он требовал, чтобы я садилась на край ложи, опираясь ногами на сцену. Когда репетировали другие артисты, мы могли спокойно разговаривать. Обычно он оставался до окончания репетиции, а потом ехал во дворец обедать».

Вечером, когда приближалось время приезда императора и императрицы, все артисты становились у окон, из которых был виден царский поезд. При появлении кареты, запряженной тройкой лошадей, с казаком на козлах, все кланялись. Император отвечал на приветствие, подносил руку к козырьку фуражки, а царица одаривала артистов своей чарующей улыбкой. Вслед за ними ехала карета наследника престола. На всех трех этажах здания были открыты окна, и все стояли возле них до тех пор, пока император с женой и сыном не входили в театр.

Во время антрактов в уборную к Кшесинской приходили не только младшие великие князья, но и старшие — Владимир Александрович и Алексей Александрович, а также брат императрицы датский принц Христиан — будущий король и великий герцог Мекленбург-Шверинский, муж великой княгини Анастасии Михайловны. «Это был исключительно приятный человек, с которым мы очень подружились, — вспоминает Матильда. — Многие навещали меня в артистической, особенно во время последнего антракта, перед началом балета. Потом все шли на сцену, где собирались артисты балета, уже одетые в костюмы для дивертисмента.

Однажды мы договорились с наследником престола, что после спектакля он поедет во дворец на ужин к императору, а потом в своем экипаже вернется ко мне в театр, и мы отправимся к барону Цедделеру, который жил в своем павильоне в Преображенском полку. Туда же должна была приехать и моя сестра. Мы с наследником престола условились, что я буду ждать в парке рядом с театром. В театре уже погасили свет, и в парке было темно и пусто. Идти туда одна я побоялась. Чтобы чувствовать себя более уверенно, я взяла с собой театрального контролера. Вскоре послышался звон колокольчиков резвой тройки и показались огни экипажа, а через минуту и сам наследник престола уже был у театра. Ночь была чудесной, и мы решили прокатиться перед ужином по Красному Селу. Мы пронеслись вихрем по безлюдным улицам, а затем отправились на ужин. Барон Цедделер жил в одном павильоне со своим сослуживцем по полку Шлиттером, который в тот вечер оказался без дамы. Сестра была увлечена Цедделером, а я — наследником престола. Шлиттеру не за кем было поухаживать, и он в шутку называл себя пятым колесом в телеге. Ужин прошел очень весело. Наследник престола просидел с нами до утра и не хотел возвращаться домой. Это был чудесный и незабываемый вечер!

Последнее представление, как всегда, закончилось великолепным галопом. Однако тоска сжимала мне горло, а на глаза наворачивались слезы при мысли о том, что после окончания летнего сезона мы с наследником престола уже не сможем так свободно встречаться.

После маневров он уехал с государем императором в Данию, и я стала получать от него трогательные и нежные письма.

Нас все сильнее тянуло друг к другу, и я стала подумывать о том, чтобы подыскать себе подходящее отдельное жилье. О дальнейших встречах у моих родных не могло быть и речи. Правда, наследник престола со свойственной ему деликатностью не говорил об этом напрямик, но я чувствовала, что наши желания совпадают».

Роман цесаревича и Матильды давно уже стал секретом полишинеля. В столичном высшем свете он вызвал настоящую волну разговоров, сплетен и пересудов. Хозяйка известного салона генеральша Александра Богданович поспешила занести в дневник самую пикантную петербургскую новость: «Она [Кшесинская] не красивая, не грациозная, но миловидная, очень живая, вертлявая... Цесаревич говорил этой «Мале», что упросил царя два года не жениться. Она всем и каждому хвалится своими отношениями с ним». Издатель влиятельной газеты «Новое время» Алексей Суворин грубовато-откровенно фиксировал в феврале 1893 года: «Наследник посещает Кшесинскую и... ее. Она живет у родителей, которые устраняются и притворяются, что ничего не знают».

Из дневника министра иностранных дел В.Н. Ламздорфа, запись от 4 апреля 1894 года: «Начальник полиции Валь жалуется на трудности, возникающие у полицейских при ночных посещениях балерины наследником-цесаревичем. Великий князь предпочитает возвращаться от нее пешком и инкогнито. Заметив, что за ним ведется наблюдение во время таких прогулок, он пожаловался генералу Валю; тот попробовал оправдать принимаемые меры, доказывая, что они имеют целью заботу о безопасности, а не слежку; в ответ наследник-цесаревич будто бы заявил: "Если я еще раз замечу кого-нибудь из этих наблюдателей, то я ему морду разобью — знайте это"»[1].

Знали обо всем и родители Матильды. Сохранились довольно противоречивые сведения об их реакции. Одни утверждают, что Феликс Кшесинский вступил в тайные переговоры с министерством двора, получил что просил, после чего стал на все смотреть сквозь пальцы. Другие исключают подобный вариант. Любопытно, что главным аргументом последних служит логическое доказательство: «Не вяжется, главное, с сомнительной сделкой личность Феликса Ивановича — не такой это был человек, не той закваски: голову бы скорее на плаху положил гордый поляк, чем согласился торговать — вообразить невозможно — честью дочери! Хотя бы с самим Господом Богом»[2].

Пардон, а что, семейство Мнишеков или аристократическое окружение Марии Валевской не состояли из гордых ляхов?

Ну а в мемуарах Кшесинской проблема решена чинно-благородно: «Вот только как сказать об этом родителям? Я знала, что причиню им боль, когда сообщу о своем намерении покинуть отчий дом, и меня это очень огорчало. Ведь мы так любили друг друга, и я всегда чувствовала их заботу и поддержку. Я надеялась, что мать как женщина

---

[1] *Ламздорф В.Н.* Дневник 1894–1896. М.: Международные отношения, 1991. С. 53–54.

[2] *Седов Г.* Матильда Кшесинская и Николай Романов. М.: Текст, 2006. С. 59.

поймет меня, и даже была в этом уверена. Как оказалось, я не ошиблась. Но как сказать обо всем отцу? Он был человеком строгих принципов, и я знала, что мое решение станет для него ударом, принимая во внимание обстоятельства, при которых я покидала родной дом. Я понимала, что поступаю с родителями жестоко и что делать так не следует, но... Но я безумно любила Ники и думала только о нем, о моем счастье, пускай и кратковременном.

Даже сейчас при воспоминании о том вечере, когда я решилась пойти к отцу, я словно переживаю все заново. Отец сидел в своем кабинете за письменным столом. Я подошла к двери, но так и не смогла войти. Не знаю, сколько бы еще я так простояла, но меня выручила сестра. Она вошла в кабинет и все рассказала отцу. Он всегда был человеком сдержанным, но я видела его боль и страдания. Он внимательно меня выслушал и только спросил, отдаю ли я себе отчет в том, что никогда не смогу выйти замуж за наследника престола и что скоро нам неизбежно придется расстаться.

Я ответила, что все прекрасно понимаю, но люблю Ники всем сердцем и не желаю думать о том, что ждет меня впереди, а просто хочу познать счастье, пусть и недолгое, раз уж такова моя судьба.

Отец согласился, но с условием, что сестра будет жить со мной. Это решение далось ему с большим трудом. Мне было больно сознавать, что я поступаю с ним так жестоко, и немного грустно при мысли о том, что вскоре придется покинуть родное гнездо».

Матильда сняла себе небольшой двухэтажный особнячок по адресу: Английский проспект, дом 18. Дом был построен великим князем Константином Николаевичем для балерины Кузнецовой, но когда роман закончился, великий князь продал его Римскому-Корсакову.

Помещения в особняке были хорошо расположены, имелся вместительный погреб. За домом был большой сад, где находились хозяйственные постройки. Сад граничил с парком дворца великого князя Алексея Александровича.

Переехав, Матильда переделала только спальню на втором этаже, все остальное оставив прежним. Электричества тогда еще не было, и дом освещался десятками керосиновых ламп разных форм и размеров.

Вновь предоставлю слово Кшесинской: «В доме все было готово к визитам наследника престола. Правда, я еще не наняла кухарку, и обеды и ужины приходилось приносить из ближайших ресторанов. Однако это нисколько не омрачало нашего радостного настроения.

Я решила отпраздновать новоселье, ознаменовавшее начало самостоятельной жизни, и по этому случаю все гости явились с подарками. Наследник престола подарил мне восемь золотых рюмок для водки, украшенных драгоценными камнями.

В этом доме я провела много счастливых дней. Ники всегда приходил вечером к ужину, так как днем он был очень занят. Иногда вместе с ним приезжали его молодые дяди, великие князья Георгий, Александр и Сергей, — те самые «Михайловичи». Бывал у меня и граф Андрей Шувалов с балериной Верой Легат, на которой он впоследствии женился, а также тенор Мариинской оперы Николай Фигнер, которого очень любил наследник престола.

Послу ужина «Михайловичи» обычно пели грузинские песни, а мы играли в баккара, делая небольшие ставки. Всем было очень весело.

После новоселья наследник престола подарил мне свою фотографию с надписью: «Моей дорогой пани». Так он меня называл.

Я всегда знала, когда приедет наследник престола, и ждала, стоя у окна. Еще издали я слышала стук копыт его великолепного скакуна, и когда он замолкал, это означало, что конь, как вкопанный, остановился прямо у подъезда».

В доме Кшесинской цесаревич чувствовал себя свободно, забывая на время о всех придворных условностях. Как-то вечером гости застали его за необычным занятием. Вооружившись какой-то корзинкой и нацепив на голову платочек, будущий «самодержец Всероссийский» увлеченно исполнял своеобразную пародию на танец Кшесинской из «Спящей красавицы», пытаясь при этом изобразить одновременно и Красную Шапочку, и Серого Волка.

Надо сказать, что ни роман с цесаревичем, ни хлопоты с домом никак не отражались на сценической деятельности балерины. В начале сезона 1892/93 годов Матильда получает главную партию в трехактном балете «Калькабрино» в постановке Мариуса Петипа. Либретто написал Модест Чайковский, а музыку — Минкус.

Ранее эту партию танцевала итальянка Карлотта Брианца, «которая неожиданно покинула нашу сцену». Так коротко и неясно Кшесинская объясняет в «Воспоминаниях» замену итальянки полькой.

Согласно договоренности с главным постановщиком балета Мариусом Петипа, Кшесинская танцевала в манере итальянки с ее динамичными чеканно-резкими движениями.

Многие ожидали провала, но Кшесинская получила овацию.

На следующий день после спектакля в «Театральной газете» появилась рецензия: «Давно ожидавшийся всеми лицами, заинтересованными в судьбах русской хореографии, дебют госпожи Кшесинской 2-й состоялся в воскресенье в балете «Калькабрино» и был полным триумфом нашей молодой и талантливой танцовщицы. Несмотря на то, что танцы, поставленные в этом балете для Карлотты Брианца, изобилуют такими трудностями, которые следует признать последним словом современной техники, юная исполнительница справилась блестящим образом со своей задачей и произвела на зрителей самое лучшее впечатление. Многочисленная публика, совершенно наполнившая залу Мариинского театра, горячо приветствовала госпожу Кшесинскую 2-ю, которая завоевала всеобщие симпатии с момента своего первого выхода. Большая сцена первого акта, трудное адажио во втором акте, наконец, все многочисленные танцы, которыми наполнен этот балет, были исполнены ею с редким апломбом, настоящим артистическим брио и тою законченностью, которой трудно было даже ожидать от артистки, так недавно покинувшей театральную школу. Этими блестящими результатами госпожа Кшесинская обязана как пройденной ею у нас образцовой школе, так и своему теперешнему учителю Чекетти. Повторим еще раз, что дебют ее можно рассматривать как событие в истории нашего балета».

Хвалебные рецензии на выступление Матильды появились и за границей, в частности в парижском журнале «Le Monde Artiste»: «Новая звезда, мадемуазель Кшесинская, дебютировавшая в качестве прима-балерины, великолепно себя зарекомендовала. Этот успех обрадовал русских, так как она является воспитанницей русской балетной школы и позаимствовала у итальянцев только элементы, необходимые для модернизации классического танца. Молодая прима-балерина обладает всеми достоинствами: очаровательной внешностью, безупречной техникой, отточенным мастерством и идеальной легкостью. Нужно лишь немного поработать над мимикой, и из нее получится настоящая артистка».

18 октября 1892 года в Мариинском театре по случаю пятидесятого представления балета «Спящая красавица» состоялось чествование Петра Ильича Чайковского. Кшесинская танцевала партию феи Кандид. Матильде поручили встретить композитора и сопровождать его на сцену.

«Когда Чайковский приехал в театр, — пишет Кшесинская, — я проводила его на сцену и во время оваций улучила момент, чтобы сбегать за кулисы и пообщаться с великими князьями и наследником престола, которые пришли ко мне. Я немного задержалась и не присутствовала на сцене во время чествования композитора и увенчания его лаврами». На Петра Ильича балерине было попросту наплевать.

4 января 1893 года Матильда танцевала в «Щелкунчике», где исполняла роль Сахарной феи вместо итальянки Дель'Эра. У нее было великолепное pa de deux. Но самым значительным для Кшесинской событием стало выступ-

ление в роли Авроры в «Спящей красавице», которое состоялось 17 января 1893 года.

В конце 1893 года Матильда исполняла главные роли в трех балетах, а в начале 1894 года — еще и в «Пахите», поставленном в 1883 году Богдановым на музыку Минкуса. Теперь на сцене была не дебютантка, а опытная танцовщица. Она вслед за Леньяни выполняла 32 фуэте, вызывая шквал оваций зрителей.

С конца 1893 года Матильда начала замечать ухаживания со стороны великого князя Сергея Михайловича, причем цесаревич относился к этому флирту весьма благосклонно. Согласно одной из версий, «на субботней вечеринке в кругу друзей, когда откупоривали уже не одну бутылку шампанского, [цесаревич] предложил неожиданную игру: гусар умыкает из родительского дома невесту (как в пушкинской «Метели»). Настоял, чтобы роль невесты исполняла она [Матильда], а в роли похитителя непременно выступил Сергей. Все почувствовали неловкость. Ни для кого не было секретом, и прежде всего для него самого, что старший из «Михайловичей», как звали в компании неразлучную тройку великих князей-братьев, страстно в нее влюблен. Смеясь, она предложила взамен себя сестру Юлию, но он заупрямился: только она и «любезный дядюшка». Игра вышла натянутая, веселье скоро исчезло, гости один за другим потянулись в гардеробную. В тот вечер он не остался у нее ночевать. Холодно поцеловал в губы и уехал»[1].

Доказательств этой версии нет, но, на мой взгляд, она правдоподобна. К чему лукавить — члены «картофельного клуба» не раз обменивались вкусными «картофелинами».

Увы, главным, хотя и не очень достоверным нашим источником являются мемуары Кшесинской, и нам придется вновь обратиться к ним: «12 января 1894 года было объявлено о помолвке великой княгини Ксении Александровны с великим князем Александром Михайловичем. Этого

---

[1] *Седов Г.* Матильда Кшесинская и Николай Романов. С. 67–68.

события все давно ждали. Государь император и императрица способствовали их союзу. Мы отпраздновали это событие у меня дома. Приехали наследник престола и барон Цедделер. Мы пили шампанское прямо на полу, в спальне у моей сестры.

Потом состоялась другая помолвка, которую я уже не отмечала, так как она мне не принесла ничего кроме горя и разочарования.

7 апреля 1894 года было объявлено о помолвке наследника престола с Алисой, принцессой Гессен-Дармштадтской. Я давно знала, что рано или поздно это должно произойти, но все же горе мое было беспредельным...

После возвращения из Кобурга и помолвки наследник престола попросил меня о прощальном свидании. Мы условились встретиться на Волконском шоссе, у стоявшего на обочине сарая с сеном.

Я приехала из города в своем экипаже, а он — верхом, прямо с полигона. И, как всегда бывает в таких случаях, когда нужно очень многое сказать друг другу, к горлу подступил комок, и мы говорили совсем не то, что хотели. Очень многое так и осталось невысказанным. Да и о чем можно вести речь на прощание, если знаешь, что уже ничего нельзя изменить...

Когда Ники уехал на полигон, я еще долго стояла у сарая и смотрела ему вслед, пока он не скрылся из виду. А он все оглядывался и оглядывался... Я не плакала, но сердце мое разрывалось от горя, и по мере того, как он удалялся, на душе у меня становилось все тяжелее.

Я вернулась в город, в свой пустой и осиротевший дом. Мне казалось, что жизнь кончилась и впереди не будет ничего, кроме боли и горечи».

Если верить уже упомянутому дневнику Ламздорфа, то: «Кшесинская получила 100 тысяч рублей и дом в качестве окончательного расчета за отношения с августейшим любовником. Ну и ну!»[1]

---

[1] *Ламздорф В.Н.* Дневник 1894–1896. С. 57.

Однако горе никак не сказалось на блестящих выступлениях балерины. 28 июля 1894 года по случаю свадьбы великой княгини Ксении Александровны с великим князем Александром Михайловичем в дворцовом театре в Петергофе состоялся гала-концерт, для которого Мариус Петипа подготовил одноактный балет «Пробуждение Флоры», где Матильда исполняла главную партию.

После свадьбы молодые отправились в Ропшинский дворец — туда, где в 1762 году скончался от «геморроидальных колик» свергнутый император Петр III. А вечером следующего дня Сандро и Ксения уже мчались в специальном поезде на юг. Через 72 часа пути новая хозяйка въехала в имение Михайловичей Ай-Тодор.

21 сентября 1894 года в 10 часов утра к перрону Севастопольского вокзала подошел царский поезд. Грянуло громкое «ура» почетного караула 49-го Брестского полка, и Александр III нетвердым шагом вышел из вагона. За ним появились Мария Федоровна, цесаревич, великий князь Георгий Михайлович и греческий королевич Николай Георгиевич. Не задерживаясь в городе, высочайшие путешественники проследовали на пароход «Орел». В 11 часов утра «Орел» вышел в море. Через час прошли мыс Херсонес, и началась сильная качка. Тем не менее в 14 часов «Орел» пришвартовался к ялтинскому молу.

У самого трапа императора встречали Ксения и Сандро. Александр III и Мария Федоровна поселились в Большом Ливадийском дворце, а веселая компания — Ники-цесаревич, Ники-королевич и Гоги Михайлович — устроились рядом, в Малом дворце.

Уже на следующий день к завтраку в Ливадию заявились молодожены. Четверо юных плейбоев вместе с Ксенией отправились верхом на любимый цесаревичем plage. Слово «пляж» еще не вошло в обиход, и Николай в дневнике пишет его по-английски. С пляжа компания вернулась в 4 часа дня. Ксения и Сандро покинули Ливадию лишь поздно вечером.

Цесаревич целыми днями проводил время в обществе сестры и дяди-шурина.

Запись из дневника Николая от 24 сентября: «Завтракали одни по обыкновению с Ксенией и Сандро только. Поехали верхом за Папа и Мама на Эриклик, откуда спустились на ферму и пили молоко, кофе и ели простоквашу. Все напоминало прежние счастливые годы! Писал и получил два слезных письма от моей дорогой Аликс, по поводу отмены моего приезда к ней!»

25 сентября: «День был такой же как вчера. В 11 ч. пошли к обедне: Папа слушал ее, как в прошлом году в кабинете Анпапа [то есть дедушки, Александра II. — *А.Ш.*].

За завтраком играла стрелковая музыка. Смотрели на спуск почтовых голубей, которые полетели в Севастополь. В 2 часа поехали верхом в Айтодор, куда Папа и Мама приехали раньше. Смешно было осматривать апартаменты Ксении в новом доме, в котором она как хозяйка принимала нас и поила чаем! Она и Сандро выглядят такими счастливыми, что большего и желать нельзя! Душа радуется глядя на них обоих! Но при виде их счастья невольно думаешь о своем — о том, напр., что могло бы быть, если б я тоже женился летом? Были дома в 5 ч.».

27 сентября: «Утром пили кофе, вместо прогулки дрались с Ники каштанами, сначала перед домом, а кончили на крыше. В 2 часа отправились верхом к водопаду; влезали выше второй площадки. Опоздали к чаю. Сандро и Ксения обедали у себя — провели вечер без них!»

28 сентября: «День был хороший, ветер стихал, хотя пароходы в море здорово качало. После завтрака отправились верхом за Папа и Мама, Ксенией и Сандро в Массандру. Управляющий Шелухин угостил нас земляникой и персиками, орехами и каштанами. Получил два письма от милой дорогой Аликс».

29 сентября: «Утро было ясное, но к полудню небо затянуло тучами, хотя было совершенно тепло. Опять дрался с Ники шишками на крыше».

30 сентября: «Теплый серый день. После breakfast'a прогулялись втроем [с Сандро и Ксенией. — *А.Ш.*] по «горизонталке» и осмотрели внутренность Ориандской церк-

ви. После завтрака отправились верхом на ферму и по большой дороге в Айтодор, через кот. спустились к маяку. Тут Сандро производит раскопки; с их приезда после свадьбы найдено 60 греческих монет».

1 октября: «День стоял чудный. В 11 1/2 Георгий и я отправились в Айтодор к завтраку у Ксении и Сандро... Шателен снимал нас в саду. Сидели у них в салоне; играли с Ксенией на фортепианах. Вернулся в Ливадию в 3 ч. Пошли к морю. Я сидел на камешках со своими невеселыми думами в голове и тоскою в сердце! Письма к сожалению не было!»

И так каждый день. Об отце цесаревич в дневнике упоминает редко и кратно: «Папа проспал более двух часов на балконе», «В 9 ч. он принял ванну» и т. д.

О текущих делах империи в дневнике — ни слова. 5 августа началась Японско-китайская война; в трехстах верстах к югу, в Турции, опять возникла нестабильность, но все это проходит мимо внимания «сущего младенца».

Царь слабел и почти не мог работать. Вместо него доклады министров читала императрица. Дошло до того, что Мария Федоровна водила рукой мужа, когда приходилось подписывать важнейшие документы. После приезда царской семьи в Ливадию империей управляли Мария Федоровна и министры.

10 октября в Ливадию из Германии прибывает «ненаглядная Аликс». Любопытно, что Александр III и Мария Федоровна не пожелали дать Алисе специальный поезд, а Ники в такую ерунду не вникал, и принцессе, к ее крайнему неудовольствию, пришлось ехать обычным пассажирским поездом.

И вот уже 12 октября веселая компания катается по Южному берегу Крыма: «Поехали вчетвером: Аликс, Ксения, Сандро и я к Учансу в коляске...»

20 октября умер Александр III. Когда Николай вошел на веранду Ливадийского дворца, Сандро в первый и последний раз увидел в его глазах слезы. Ники взял друга под руку и повел вниз в свою комнату. Там они плакали вместе,

обнявшись. Николай никак не мог собраться с мыслями. Он сознавал, что стал императором, и это страшное бремя власти давило его.

— Сандро, что я буду делать! — патетически воскликнул Николай. — Что будет теперь с Россией? Я еще не подготовлен быть царем! Я не могу управлять империей. Я даже не знаю, как разговаривать с министрами. Помоги мне, Сандро!

Однако растерянность нового императора длилась совсем недолго. Уже через день он записал в дневнике: «Вчера вечером пришлось перенести тело дорогого Папа вниз, потому что, к сожалению, оно быстро начало разлагаться. Поэтому и утренняя и вечерняя панихиды были отслужены в малой церкви. Слава Богу, милая мама совсем спокойна и геройски переносит свое горе! Только и делал, что отписывался от туч телеграмм. Происходило брожение умов по вопросу о том, где устроить мою свадьбу; Мама, некоторые другие и я находил, что всего лучше сделать ее здесь спокойно, пока еще дорогой Папа под крышей дома; а все дяди против этого и говорят, что мне следует жениться в Питере после похорон. Это мне кажется совершенно неудобным! Днем ходили к морю — прибой был громадный. Погода потеплела и стала ясная».

Нормальному человеку может показаться чудовищным, как можно, стоя у гроба дорогого любимого отца, думать о том, как бы хорошо обвенчаться до похорон. Но тут я лично не возмущаюсь, мне жалко «сущего младенца». Представляю, как на него нажала «ненаглядная Аликс» вкупе с Сандро, Ксенией, дядюшкой Сергеем и тетушкой Эллой!

Глава 8

ПРИНЦ СЕРГЕЙ

После свадьбы Сандро и Ксении безутешная Матильда удалилась на съемную дачу в Стрельне и поселилась там на лето с сестрой Юлией «совершенно уединенно от всего мира, не имея ни желания, ни сил кого-либо видеть. Я хотела лишь одного: чтобы меня оставили в покое. Но я взяла себя в руки, чтобы быть в состоянии выступать летом в Красном Селе... В моем горе и отчаянии я не была одинокой. Великий Князь Сергей Михайлович, с которым я подружилась с того дня, когда Наследник его впервые привез ко мне, остался при мне и поддержал меня...»

Тем верным другом, каким он показал себя в эти дни, он остался на всю жизнь, и в счастливые годы, и в дни революции и испытаний.

«Много лет спустя я узнала, что Ники просил Сергея следить за мной, оберегать меня и всегда обращаться к нему, когда будет нужна его помощь и поддержка.... Этим летом я часто гуляла по тенистым аллеям парка, окружавшего великолепный дворец Великого Князя Константина Николаевича в Стрельне, который тянулся от дворца до самого моря. Широкие каналы отделяли дворец и парк от частных владений. Однажды во время прогулки я увидела прелестную дачу, расположенную посреди обширного сада, простирающегося до самого моря. Дача была большая, но запущенная, но общее расположение участка мне понравилось. На углу висела вывеска «Дача продается», и я пошла внимательно все осматривать. Видя, что дача мне очень понравилась, Великий Князь Сергей Михайлович ее купил на мое имя, и в следующем году я уже в нее переехала на все лето...

Мне это доставило большое удовольствие, так как с раннего детства я привыкла летом жить на даче. Дача была хотя по-старинному, но хорошо обставлена. Я сразу стала приводить ее в порядок. Впоследствии я все лучше и лучше устраивала и саму дачу, и сад вокруг нее и построила даже собственную электрическую станцию для ее освещения, что было большим новшеством в те времена».

Электрическое освещения было не только в доме. На фигурно литых чугунных столбах-опорах ярко сияли фонари. Дом и весь парк светились необычным электрическим светом. Такого в то время не было не только в загородных столичных резиденциях, но и в находящемся рядом Большом Стрельнинском дворце великого князя Константина Константиновича, и в императорском Петергофе. Любопытно, что квартира электрика и его семьи находилась на втором этаже здания электростанции.

«Лето 1895 года я провела уже в своей новой даче в Стрельне, которую я наскоро обставила, а свою спальню отделала совершенно заново: стены обтянула кретоном, а мебель заказала у Мельцера, лучшего фабриканта мебели в Петербурге. Я успела также заново устроить и обставить маленький круглый будуар прелестной мебелью от Бюхнера из светлого дерева».

При входе в имение был сооружен фонтан, разбиты цветники, оранжереи. «Все лето я прожила в Стрельне и наслаждалась в своем имении». На зиму растения на специальной телеге перевозились в город в зимний сад. Парк был такой обширный, что в нем Матильда часто собирала грибы. Было в имении и подсобное хозяйство: конюшня, коровник, гараж, погреб, ледник, огород, паровые ящики и пр. В хозяйство входила козочка, с которой, приручив ее, Матильда Кшесинская выступила в балете «Эсмиральда» в Мариинском театре. Из домашних животных на даче еще была корова.

Кроме того, на даче был построен железобетонный мол, далеко уходящий в море, и пристань с эллингом для моторного катера. И эмигрантские, и постсоветские историки пишут «дача», но реально это была фешенебельная резиденция, если не царская, то уж не хуже великокняжеской.

На какие же средства была устроена сия резиденция в парке площадью свыше 10 гектаров? Тут Кшесинская, как всегда, когда речь заходит на деликатные темы, пишет коротко и неясно: «Сергей купил». Так откуда взялись многие сотни тысяч рублей? Не будем забывать, что на дворе стоял XIX век, а не XXI — электростанции, моторные катера и автомобили были штучными, а не серийными и стоили баснословно дорого.

Неужели Михайловичи продали дворцовый комплекс в Михайловке рядом со Стрельной или дворцы в Петербурге, имения Ай-Тодор, Харакс и другие?

Разумеется, нет. И тут нам придется или поставить точку, или отправиться за принцем Сергеем за кулисы.

К этому времени шестидесятитрехлетний глава Артиллерийского ведомства генерал-фельдцейхмейстер великий князь Михаил Николаевич почти постоянно проживал в Ницце, изредка наведываясь в Париж и Петербург. Все артиллерийские дела постепенно перешли в ведение Сергея, получившего должность генерал-инспектора артиллерии.

В этом качестве Сергей Михайлович подчинялся лишь отцу, пребывавшему в Ницце, и своему приятелю Ники. Правда, приказом № 664 по Военному ведомству все генерал-инспекторы были подчинены военному министру, но это осталось лишь на бумаге. Фактически до 1917 года Сергей был независимым удельным князем в Военном ведомстве.

Было бы ошибкой сказать, что великий князь Сергей кардинально изменил развитие нашей артиллерии. На самом деле он продолжил дело своего отца и его советников.

После поражения России в Крымской войне Александр II обратился за помощью в перевооружении артиллерии к малоизвестной тогда германской фирме Круппа. История сотрудничества России с фирмой Круппа, к сожалению, до сих пор представляет белое пятно в истории. Я же скажу коротко — Крупп создал российскую нарезную артиллерию. В свою очередь Россия идеями своих артиллеристов и миллионами золотых рублей создала империю Круппа.

С известной долей упрощения сотрудничество России и Круппа можно представить по следующей схеме. Артиллерийский комитет ГАУ разрабатывал проект орудия и направлял его Круппу. Там проект дорабатывался, создавались рабочие чертежи, и по ним изготовлялся опытный образец орудия. Далее опытный образец испытывали на полигоне у Круппа в присутствии представителей нашего ГАУ. В отдельных случаях вторичные испытания проводились на Волковом поле — полигоне ГАУ под Петербургом. Далее следовал заказ на серийное производство орудий заводу Круппа, и одновременно крупповская документация и даже полуфабрикаты орудий (трубы, кольца, замки и т.д.) поступали на русские казенные заводы — Обуховский[1], Пермский[2] и Санкт-Петербургский орудийный. В некоторых случаях Крупп не получал заказа на серийное производство, а его начинали сразу на русских заводах. В любом случае, при Александре II серийное производство пушек в России начиналось через несколько месяцев, а то и недель после окончания испытаний опытного образца Круппа. Следует заметить, что наши инженеры Обуховского завода не просто копировали изделия Круппа, а дорабатывали их. В подавляющем большинстве случаев в серию на Обуховском заводе шли орудия с лучшими тактико-техническими характеристиками, чем серийные орудия Круппа.

Так появились русские системы орудий образца 1867 года (до 1878 года они назывались «прусской системы»). Это были не орудия, принятые на вооружения в

---

[1] Обуховский сталелитейный завод (ОСЗ) был частным, но не справился с заказами и был передан Морскому ведомству.

[2] Сам завод располагался в деревне Мотовилиха вблизи Перми, в советское время его называли Мотовилихинский механический завод (ММЗ), в конце 1930-х годов заводу присвоили имя Молотова и номер 172, организационно д. Мотовилиха вошла в состав г. Пермь в 1938 г., и завод стали называть Пермским.

1867 году, как считает большинство наших историков, а орудия с каналом образца 1867 года[1].

В 1877 году Крупп предложил России новую систему нарезов канала ствола. У нас ее назвали системой образца 1877 года. Орудия образца 1877 года стреляли снарядами с двумя медными поясками, а позже и со специальным центрирующим утолщением. Фактически это был современный нам тип орудий. Снарядами от орудий образца 1877 года можно стрелять и из некоторых современных орудий (с 1-процентной глубиной нарезки).

В 1891 году император Александр III заключил военный союз с Францией. Позже наши и французские историки по разным конъюнктурным причинам исказили суть этого договора. Это был союз, равно направленный как против Германии — злейшего врага Франции, так и против Англии, агрессивно настроенной как против России, так и против Франции. Однако правящие круги Франции постепенно выхолостили антибританскую направленность договора и превратили его благодаря некомпетентности Николая II исключительно в антигерманский договор.

Мало того, Франция фактически предала своего союзника в ходе Русско-японской войны 1904–1905 годов. Причем Франции не было никакой нужды посылать своих солдат для войны с Японией. Вполне было бы достаточно отмобилизовать свой флот и сосредоточить свои эскадры на атлантическом побережье Франции, дабы исключить британское вмешательство в Русско-японскую войну. Если бы Франция дала совместно с Германией гарантию России, что в случае вмешательства Англии в войну она будет иметь дела с двумя великими государствами Европы, то Россия могла бы легко покончить с Японией, объявив неограниченную крейсерскую войну[2].

---

[1] Подробнее о канале обр. 1867 г. интересующиеся могут прочесть в моей «Энциклопедии отечественной артиллерии» (Минск: Харвест, 2000).

[2] Подробнее см. *Широкорад А.Б.* Русско-японские войны 1904–1945. Минск: Харвест, 2003.

Замечу, что ни одно франко-русское соглашение с 1891 по 1914 год не ограничивало русско-германское военное сотрудничество. Тем не менее Россия, получавшая от Круппа лучшие в мире артсистемы, с 1891 года начинает ориентироваться на Францию, позорно разбитую крупповскими пушками в 1870 году! И дело тут не в соглашениях, а в личной инициативе генерал-фельдцейхмейстера великого князя Михаила Николаевича, проживавшего в Ницце, и генерал-адмирала великого князя Алексея Александровича, тоже проводившего полжизни в Париже со своими многочисленными метрессами.

После 1895 года (то есть после воцарения Николая II) русская сухопутная артиллерия ставится в полную зависимость от Франции. И дело не только в том, что Круппа заменила фирма Шнейдера, производившая менее качественные орудия. Ни Крупп, ни германское правительство никогда не вмешивались в раздачу военных заказов русским заводам, а тем более в стратегию и тактику русской армии, справедливо считая это прерогативой русских властей. А вот фирма Шнейдера, заключив контракт с Военным ведомством России, обязательно оговаривала, что столько-то лет такая-то пушка системы Шнейдера будет изготавливаться исключительно на Путиловском заводе или вообще будет изготавливаться только на этом заводе.

Почему же Шнейдер так возлюбил этот завод? Да потому, что Путиловский завод — единственный русский частный артиллерийский завод, все же остальные артиллерийские заводы с 1800 по 1914 год принадлежали казне. Надо ли говорить, что правление Путиловского завода было слишком тесно связано с фирмой Шнейдера.

Великий князь Сергей Михайлович совместно с руководством фирмы Шнейдера и правлением Путиловского завода организовал преступный синдикат. Формально в России продолжали проводиться конкурсные испытания опытных образцов артиллерийских систем, на которые по-прежнему приглашались фирмы Круппа, Эрхардта, Виккерса, Шкода и другие, а также русские казенный заводы Обуховский и Санкт-Петербургский орудийный. Но в подавляющем большинстве случаев победителем конкурса оказывалась фирма Шнейдера.

Автор лично изучал в архивах Военного историческо- го музея отчеты о конкурсных испытаниях орудий. В угоду великому князю Сергею Михайловичу комиссия часто шла на подлог. К примеру, вес гаубиц Шнейдера подсчитывался без башмачных поясов и ряда других необходимых элемен- тов, а орудий Круппа — в полном комплекте. В отчете писа- лось, что орудие Шнейдера легче и подлежит принятию на вооружение, но фактически в боевом и походном положе- нии оно было тяжелее своего крупповского аналога.

Что же касается самодержца всероссийского, то, за- нятый мундирами, пуговицами, значками и ленточками, к гаубицам он особого интереса не проявлял.

Но и на этом не кончились бедствия русской артилле- рии. Французское правительство через фирму Шнейдера, Сергея, Матильду и ряд других агентов влияния в Санкт- Петербурге навязало российской артиллерии свою док- трину. По французской доктрине будущая война должна быть маневренной и скоротечной. Для победы в такой вой- не достаточно иметь в артиллерии один калибр, один тип пушки и один тип снаряда. Конкретно это означало, что армия должна была иметь 76-мм дивизионные пушки, ко- торые могли стрелять только одним снарядом — шрапне- лью. Действительно, к концу XIX века во Франции и других странах были созданы эффективные образцы шрапнелей.

Шрапнельным огнем одна 8-орудийная русская бата- рея могла в считаные минуты полностью уничтожить пе- хотный батальон или даже полк кавалерии. Именно за это в 1914 году немцы прозвали трехдюймовку «косою смерти». Но насколько эффективной шрапнель была по открытым живым целям, настолько же слабой она была при пораже- нии целей сколько-нибудь укрытых. Это сразу же выясни- лось в ходе Русско-японской войны, и ГАУ было вынужде- но заказать трехдюймовые фугасные гранаты за рубежом и начать разработку отечественной мелинитовой грана- ты, которая была принята на вооружение в 1907 году. В из- вестной мере русскую армию в Маньчжурии спасли устаревшие батарейные пушки образца 1877 года и шестидюймовые полевые мортиры образца 1883 года.

Французская доктрина одного калибра, одной пушки и одного снаряда была бы очень хороша в эпоху наполеоновских войн при стрельбе по сомкнутым колоннам пехоты и кавалерийским лавам. Стоит отметить, что сами французы, интенсивно развивая дивизионную артиллерию, не следовали теории трех единств. Они не забывали и о тяжелой артиллерии, огромные средства шли и на перестройку крепостей.

Нетрудно догадаться, что деньги на постройку резиденции Кшесинской в Стрельне шли не из личных средств Сергея, а из подношений фирмы Шнейдера и, разумеется, средств Военного ведомства. Строительство многих объектов на «даче» Матильды осуществляли солдаты Артиллерийского и Инженерного ведомств, а охрану резиденции балерины в Стрельне до февраля 1917 года несли караулы императорской гвардии.

Любопытно, что мудрый Сергей, электрифицировавший дачу «мадам 17», встал насмерть против применения электроприводов в береговой артиллерии. В итоге на вооружение в 1895 году были приняты 10-дюймовые (254-мм) береговые установки. Считалось, что этот калибр предельный для использования в приводах наведения и системах подачи боеприпасов мускульной силы прислуги. Увы, скорострельность этих установок окажется в 3–4 раза меньше, чем у 305–343-мм установок британского флота. А главное, скорость наведения орудий была мала, что не давало возможности вести огонь по быстро двигающимся судам. В 1912 году начались попытки электрифицировать эти установки, но к февралю 1917 года была переделана лишь одна опытная установка.

Руководство фирмы Шнейдера и Путиловского завода довольно быстро узнало о связи их благодетеля с «мадам 17», и дельцы поспешили установить контакты непосредственно с Матильдой. Та благосклонно отнеслась к идее подобного сотрудничества. Стоит заметить, что в этом вопросе Кшесинская была не первой и не последней. А собственно, чем она хуже Элизы Балетты или Кати Долгоруковой?

Аферы фирмы Шнейдера в России не остались без внимания правления британского концерна Виккерса. В начале 1912 года ряд дельцов (генерал-лейтенант В.М. Иванов, действительный статский советник П.И. Балинский) вошли в контакт с правлением британского концерна «Виккерс». Затем они предложили царскому правительству построить огромный частный пушечный завод с участием фирмы «Виккерс». Между тем казенные Орудийный завод в Петербурге и Мотовилихинский (Пермский) завод крайне нуждались в капитальных вложениях и заказах, а Обуховский завод полностью выполнял заказы Морского ведомства. Никакой особой нужды в строительстве нового пушечного завода попросту не было. Тем не менее дельцам удалось уговорить руководство Морского ведомства, ну а Николай II, не мудрствуя лукаво, подмахнул соответствующее Высочайшее повеление.

Огромный завод решили построить в Царицыне. Согласно контракту завод должен был к 1 сентября 1915 года уже вести производство морских орудий калибра от 130 до 406 мм.

И вот в конце августа 1915 года в Царицын приехала комиссия. Их взгляду предстали несколько недостроенных цехов, два-три десятка станков и т. д. В докладе комиссии говорилось, что на сооружение орудийного завода израсходовано свыше 20 миллионов золотых рублей, «но не может быть и речи об использовании его для нужд фронта». Куда там до Иванова и К° какому-нибудь Корейко с его химической артелью и маленькой электростанцией в «виноградной республике»!

При советской власти Царицынский завод, переименованный в «Баррикады», пришлось строить почти с нулевого уровня, и лишь в начале 1930-х годов он сдал первую 122-мм пушку, а к 1939 году завод «Баррикады» приступил к изготовлению 406-мм пушек для линкора «Советский Союз».

Глава 9

ТОРЖЕСТВО ЗОЛУШКИ

Матильда, пользуясь поддержкой Ники и Сергея, начала борьбу за власть в Мариинке. За кулисами шла беспощадная война.

Механизм, которым пользовалась Кшесинская, был прост и незатейлив. Впервые она опробовала его во время сезона 1895/96 годов. Приближались коронационные торжества, Императорский театр распределял роли для предстоящего парадного спектакля в Москве, а ей, которая из-за этого события страдала чуть ли не сильнее всех прочих, никакой роли в балете Дриго «Жемчужина» не предложили. Она восприняла это как прямое оскорбление. О том, как Кшесинская вышла из положения, лучше ее самой не расскажешь: «В полном отчаянии я бросилась к великому князю Владимиру Александровичу за помощью, так как я никого не видела вокруг себя, к кому могла бы обратиться, а он всегда сердечно ко мне относился... Как и что, собственно, сделал великий князь, я не знаю, но результат получился быстрый.

Дирекция Императорских театров получила приказ свыше, чтобы я участвовала в парадном спектакле на коронации в Москве. Моя честь была восстановлена, и я была счастлива, так как я знала, что это Ники лично для меня сделал, без его ведома и согласия Дирекция своего прежнего решения не переменила бы... Я убедилась, что наша встреча с ним не была для него мимолетным увлечением, и он в своем благородном сердце сохранил уголок для меня на всю свою жизнь...»

Когда пришел «приказ свыше», балет «Жемчужина» был почти полностью готов, все роли распределены и срепетированы, но для того, чтобы включить Кшесинскую в этот спектакль, композитора Дриго срочно обязали написать новую музыкальную партию, а великому балетмейстеру Петипа пришлось ставить для нее специальное па-де-де...

Число поклонников Кшесинской постоянно росло. В список ее «камер-пажей» входили князь Никита Трубецкой, князь Джамбауриани-Орбелиани, офицер лейб-гвардии конного полка Борис Гартман, красавец гусар Николай Скалон и многие другие. Весело проводили время. Развлекались. Кутили. В мемуарах Кшесинской все это выглядит мило и вполне невинно. Но так ли все было на самом деле?

Сезон 1896/97 годов Матильда начала 4 сентября в Михайловском театре, где впервые выступала в балете на музыку Гертеля «Тщетная предосторожность» (либретто Доберваля). Балет был в трех актах и четырех картинах. Над хореографией работали Мариус Петипа и Лев Иванов. До сих пор Матильда танцевала в Красном Селе только первый акт этого балета.

Роль плутоватой Лизы Колен ей очень подошла. Из рецензии Плещеева: «Мадемуазель Кшесинская 2-я старательно подготовилась к роли и исполнила ее с большой изобретательностью. Мгновенный переход от слез к радости, проказы и капризы Лизы, ее страх перед матерью — все это было показано очень убедительно и произвело самое благоприятное впечатление. Что касается техники танца в «Тщетной предосторожности», то мадемуазель Кшесинская была одинаково хороша как в наполовину характерных фрагментах, так и в классическом pa de deux, которое исполняла вместе с господином Кякштом. Особой удачей стало адажио, а последняя сцена вызвала гром аплодисментов».

25 сентября Матильда в первый раз выступила в балете «Млада» в новой постановке Петипа. По этому поводу Плещеев писал: «Мадемуазель Кшесинская 2-я снискала большой успех в роли Млады. Адажио в третьем акте и

вариации на пуантах, изобилующие двойными пируэтами, были исполнены безупречно. То же самое можно сказать о танце балерины в третьей картине: вариации под аккомпанемент арфы были встречены с восторгом».

8 декабря 1896 года состоялся бенефис Мариуса Петипа по случаю пятидесятилетия его деятельности на императорской сцене. По этому поводу был показан новый спектакль-феерия «Синяя Борода» в трех актах и семи картинах на музыку Петра Шенка. Постановку осуществлял сам бенефициант. Матильда исполняла партию Венеры в последнем акте, который сам Петипа назвал «астрономическим балетом». Плещеев назвал этот выход «хореографическим десертом»: «Наблюдать такое действо — настоящее наслаждение для любителей и знатоков балета. Мадемуазель Кшесинская танцует артистично, на удивление точно, правильно и вдохновенно. Танец искрится и играет, словно шампанское. Она живет на сцене и увлекает зрителей».

После первой картины третьего акта подняли занавес, и Кшесинская с Леньяни вывели к публике Мариуса Петипа. Ему преподнесли венки, после чего начались поздравительные речи в честь Мариуса Ивановича.

В сезон 1896/97 годов Николай и Александра присутствовали на балетных спектаклях почти каждое воскресенье. Но дирекция всегда ставила выступления Кшесинской на среду, когда императора в театре не было. Сначала Матильда думала, что это просто случайность, но потом убедилась, что так поступают умышленно. «Мне это показалось несправедливым и обидным. Наконец, через пару недель дирекция изменила мое расписание. В воскресенье я должна была танцевать в «Спящей красавице».

Я была уверена, что император непременно придет на это представление. Но потом мне сообщили — ведь среди артистов новости распространяются с молниеносной быстротой, — что директор императорских театров [И.А. Всеволжский] предложил государю посетить в воскресенье Михайловский театр и посмотреть французскую пьесу, которую он пропустил в прошлую субботу. Мне было совершенно ясно, что директор прилагал все усилия, чтобы император не увидел меня на сцене, и поэтому уговаривал его поехать в другой театр. Это было уже слишком! И тогда я впервые воспользовалась позволением императора обращаться к нему лично. Я написала обо всем, что происходит в театре, и сообщила, что в сложившейся ситуации не считаю для себя возможным продолжать выступления на императорской сцене. Письмо было отдано Его Величеству в собственные руки великим князем Сергеем Михайловичем. Ответа я не получила и поэтому не знала, какое решение принял государь: поедет ли он в Михайловский театр или предпочтет посмотреть балет».

И вот настало воскресенье. Артисты, не скрывая своего разочарования, недовольно ворчали, что император и в самом деле не бывает в театре, когда танцует Кшесинская, и что из-за нее они лишены удовольствия лицезреть царя. И в тот вечер царская ложа пустовала. Директор и все руководство были в Михайловском театре, ожидая приезда царя. Грустное настроение передалось и части публики. Все указывало на то, что Николай предпочел Михайловский театр, но Матильде пришлось начинать спектакль. Оркестранты уже заняли свои места и стали настраивать инструменты. Ждали только последнего сигнала, чтобы поднять занавес.

Тут вдруг в зале поднялся шум, и послышались возгласы: «Император приехал!» Кшесинская вспоминает: «Трудно передать мою радость, когда я поняла, что государь откликнулся на мою просьбу. Его присутствие сразу же мобилизовало всю труппу. Представление прошло замечательно, и все артисты работали с полной отдачей. После спектакля я сказала коллегам, что знала о приезде государя, но... умышленно молчала. Мои враги, еще недавно праздновавшие победу, сразу же повесили носы».

В балете «Король Кандаул» Кшесинская исполняла танец трех граций, и ее вариации пользовались огромным успехом у зрителей. Однажды во время их исполнения она поскользнулась и упала, однако балерине удалось попасть в такт и закончить выступление. Публика обезумела от восторга.

Позже в этом балете выступала приглашенная из Москвы танцовщица Нелидова, а Матильда танцевала в последнем акте па Дианы. Александр Плещеев писал об этом следующее: «Огромный успех сопутствовал нашей балерине мадемуазель Кшесинской 2-й. После безупречного исполнения па Дианы, в котором господа Кякшт и Легат были ее достойными партнерами, зрители устроили ей настоящую овацию. Танцевала она превосходно. Особенно понравились вариации из балета "Прекрасная жемчужина"».

Потом Кшесинская получила главную роль в балете «Король Кандаул». В ней было много драматизма, особенно в сцене безумия, и Матильда получила возможность показать свои мимические способности.

В этом сезоне великие князья Михаил Николаевич, Владимир, Алексей и Павел Александровичи продемонстрировали свои симпатии к Матильде, подарив ей брошь в виде перстня, усыпанного бриллиантами и украшенного четырьмя крупными сапфирами. К футляру была прикреплена карточка с именами великих князей.

На гала-концерте по случаю приезда австрийского императора Франца-Иосифа Матильда исполняла два первых акта балета «Спящая красавица». Спектакль состоялся 16 апреля 1897 года в Мариинском театре.

Летом того же года, когда Кшесинская жила у себя в Стрельне, Николай II через великого князя Сергея Михайловича дал ей знать, что в такой-то день, в таком-то часу будет проезжать верхом вместе с императрицей мимо ее дачи. Он просил, чтобы в это время Матильда находилась в саду. И она выбрала скамейку, которую нельзя было не заметить со стороны дороги. В назначенный день и час Ники с Алисой проследовали мимо дачи Кшесинской и, разумеется, прекрасно ее видели. Они двигались не спеша, и Матильда отвесила им низкий поклон, который был любезно принят. Случай этот свидетельствует о том, что Николай отнюдь не скрывал своего отношения к Кшесинской, если открыто выказал свою симпатию, да еще в такой утонченной форме. «Я продолжала его любить, — пишет Матильда. — И то, что он обо мне не забыл, было для меня большим утешением».

В то лето Кшесинская увлеклась ездой на велосипеде. Обычно она каталась по нижнему шоссе, ведущему из Стрельны в Петергоф. Шоссе проходило через имение великого князя Михаила Николаевича Михайловку и Знаменку, принадлежавшую великому князю Николаю Николаевичу. В Михайловке Матильда часто встречалась с великим князем Михаилом Николаевичем, любившим прогуливаться по парку.

«Он всегда меня останавливал, и мы мило беседовали, — вспоминает Матильда. — Великий князь просил, чтобы я проехалась «восьмеркой», но это не всегда удавалось. В Михайловке я также часто встречала великого князя Георгия Михайловича, с которым была очень дружна. Он обычно ждал меня в беседке, где мы могли спокойно поговорить».

В то лето Кшесинская участвовала в трех гала-представлениях — в честь короля Сиама, немецкого кайзера и президента Французской республики Феликса Фора.

На гала-представлении в честь короля Сиама, состоявшемся 23 июня 1897 года, Кшесинская танцевала два первых акта из балета «Коппелия».

Второе представление, самое пышное из трех, состоялось 28 июля по случаю приезда Вильгельма II. В тот вечер показывали одноактный балет «Приключения Пелиаса» в постановке Петипа на музыку Делиба и Минкуса. Местом представления был выбран не театр, а остров Ольги. Зрительские места спускались амфитеатром к озеру, сцену построили на сваях, выступавших из воды, а оркестр располагался в огромном железной «ящике», установленном ниже ее уровня. На сцене были только боковые декорации, а вместо задних открывалась панорама холмов. Рядом со сценой насыпали маленький искусственный островок со скалами и громом, в котором еще до начала действия укрылась Кшесинская.

Гостей переправили на остров на шлюпках. Все вокруг было освещено ярким электрическим светом и представляло собой фантастическое зрелище. Затем медленно открывался грот. Матильда стояла на зеркале, двигавшемся к сцене, и создавалось впечатление, что балерина ступает по водной глади.

С утра моросил дождь, и устроители сделали все возможное, чтобы в последнюю минуту перенести спектакль в помещение театра, где ждали сигнала столяры, электротехники и машинисты. Работа по подготовке этого гала-представления длилась два месяца. Одна только установка электрического освещения потребовала титанических усилий.

Погода во время спектакля стояла великолепная, и торжество удалось на славу. Все были очень признательны дирекции Императорских театров за прекрасную организацию представления.

После представления в павильонах и на отдаленных холмах включили иллюминацию. Настроение у всех было отличное, и артисты еще долго развлекались в Петергофе, где весело провели остаток вечера в кругу друзей, приехавших на праздник.

А через два дня Кшесинскую вызвал директор Всеволжский и от имени кайзера передал приглашение выступать в следующем сезоне в Берлине. Матильда была польщена этим предложением, но предпочла остаться в Петербурге: «По правде говоря, я никогда не стремилась гастролировать за границей, особенно если нужно было надолго уезжать из дома, который я очень любила. Иногда я все же танцевала за пределами России, но не слишком часто».

Третье представление в честь французского президента состоялось 11 августа, на сей раз в театре. Сначала Кшесинская танцевала под аккомпанемент хора и двух оркестров полонез и мазурку из второго акта оперы «Жизнь за царя», а затем выступила в балете «Сон в летнюю ночь» на музыку Мендельсона-Бертольди и Минкуса.

Сезон 1897/98 годов Матильда начала 10 сентября 1897 года балетом «Спящая красавица», но из-за серьезной болезни итальянки Пьерины Леньяни почти до конца года взяла себе весь репертуар. Александр Плещеев отмечал: «В связи с тяжелой болезнью мадемуазель Леньяни мадемуазель Кшесинской 2-й пришлось выносить на своих плечах, а правильнее сказать на ногах, весь репертуар. Успех молодой балерины, совершившей за короткое время такой стремительный прогресс, был ошеломляющим. Ее танцы, выдержанные в благородном классическом стиле, являются образцом настоящего искусства. Особенно хороша балерина в "Пахите", "Младе" и "Тщетной предосторожности"».

21 сентября Кшесинская танцевала «Младу» при переполненном зале, а 9 ноября выступала в новом балете «Дочь микадо» в постановке Лангхаммера на музыку барона В. Врангеля. Лангхаммер был режиссером немецкой группы в Михайловском театре, но в балете разбирался плохо, поэтому «Дочь микадо» успеха не имела и вскоре исчезла с афиш.

8 февраля 1898 года состоялся бенефис Феликса Кшесинского, посвященный шестидесятилетию его артистической карьеры в Варшаве и Петербурге. Представление было чудесным, а когда отец Матильды появился на сцене, публика устроила ему овацию.

Матильда в тот вечер танцевала в обновленном втором акте «Фьяметты» Сен-Леона. «Этот балет я очень любила, — пишет Кшесинская. — Ники тоже. Даже в своем дневнике он оставил запись о дне, когда я танцевала «Фьяметту».

Затем Матильда вместе с отцом в третьем акте балета «Синяя Борода» исполнили мазурку Контского, которая была встречена таким бурным приемом, что пришлось повторить ее на «бис».

Плещеев описал это событие так: «Мазурка — это своего рода пантомима, в которой старик бодрится и подкручивает ус, а затем дает понять, что ему нелегко быть поклонником молоденькой красавицы. Однако потом он вихрем несется по сцене, вызывая восторг всего зала. Красиво, с достоинством и благородством и вместе с тем очень темпераментно исполняет Кшесинский свой народный танец. Мадемуазель Кшесинская 2-я танцевала самозабвенно и прекрасно. Сама она была прелестна в великолепном национальном костюме».

Чествование Феликса Кшесинского началось после балета «Привал кавалерии». По традиции эта церемония проходила при поднятом занавесе. Балетмейстер Петипа выразил Феликсу благодарность от имени всей балетной труппы, а Иванов, Гердт и Облаков вручили поздравительный адрес и бриллиантовую лиру. Баритоны Яковлев и Чернов были делегированы оперной труппой. Яковлев обратился к Кшесинскому с приветственной речью и преподнес ему венок. Драматическую труппу представляли Глинская, Медведев и Корвин-Круковский, который сердечно поздравил юбиляра. От имени французских артистов выступил мсье Вальбер, вручивший Феликсу венок от своих коллег. «Из оркестра подавали коробки и пакеты с подарками, а сундук с серебром оказался таким тяжелым, что едва не лишил жизни дирижера Дриго. К счастью, ему вовремя пришли на помощь».

В тот день газеты писали, что невозможно перечислить не только все сыгранные Феликсом Кшесинским роли, но даже названия балетов, в которых он выступал: «Менялись балетмейстеры и балерины, уходили и приходили руководители театра, режиссеры и дирижеры, а только он по-прежнему оставался на своем посту, несравненный и поистине незаменимый».

Матильда всю свою жизнь восхищалась мастерством своего отца. Много лет спустя она писала: «За свою долгую жизнь мне довелось повидать много прекрасных мастеров, и все же, когда я снова возвращаюсь к мыслям об отце, мне кажется, что, несмотря на все перемены, которые произошли в балетной технике и взглядах на этот вид искусства, такие артисты, как мой отец и Виржиния Дзукки, и сейчас имели бы столь же громкий успех. Их по-прежнему считали бы выдающимися и ставили в пример тем, кто, играя на сцене, не живет на ней и не переживает всей душой за своих героев».

Через неделю, 15 февраля, в заключительной части балетного представления с небольшими изменениями были повторены бенефисные номера Феликса Кшесинского. Из «Синей Бороды» убрали мазурку, заменив ее старинной чаконой, в которой, по словам Плещеева, «мадемуазель Кшесинская была такой воздушной».

Об исполнении Матильдой роли Фьяметты в тот вечер Плещеев писал: «Второй акт «Фьяметты» оказался намного удачнее по сравнению с первым выступлением. Мадемуазель Кшесинская танцевала превосходно, особенно «Колыбельную». В этот раз талантливая балерина гораздо лучше исполнила «Застольную», за что была награждена долгими аплодисментами. На прощание балерине устроили овацию при выходе из театра, где ее экипаж забросали цветами».

В октябре 1898 года специально для Кшесинской был возобновлен долго не шедший балет «Дочь фараона». Главная партия Аспиччии изобиловала эффектными танцами в пышном обрамлении многочисленных персонажей, а мимические сцены позволяли Кшесинской продемонстрировать во всем блеске унаследованное от отца мастерство драматической игры. Эта роль полностью соответствовала вкусам и способностям Кшесинской и стала одной из вершин в ее карьере. Вместе с ней выступал 77-летний Феликс Кшесинский. Роль Нубийского царя и для него была одной из самых удачных.

Через несколько лет эскизы всех костюмов к этому балету были сделаны заново. К костюму Кшесинской полагалась диадема в египетском стиле. Она так понравилась Матильде, что специально для нее ювелиры Фаберже сделали точно такую же, но с настоящими камнями — шестью крупными сапфирами. Работу оплатил Сергей Михайлович.

Летом 1898 года Кшесинская вместе с Кякштом и Бекефи ездила в Варшаву, где была восторженно принята зрителями и прессой. «Мне очень понравилось танцевать в Варшаве, — пишет Матильда, — у меня там было много друзей, и мы славно проводили время. Знакомые и поклонники всячески старались продемонстрировать мне свою любовь. Когда я просыпалась утром, моя комната утопала в цветах, которые к этому часу уже успевали прислать почитатели. Каждый день после репетиции я устраивала в гостинице завтрак. Кухня там была просто великолепная.

На время Великого поста, когда спектаклей не было, я отправилась в свою любимую Италию вместе с крестной, мадам Поль-Мари, которая вообще много путешествовала и была отличной компаньонкой. Мы старались переезжать из города в город ночью, чтобы не тратить времени зря и посвятить день осмотру достопримечательностей».

После окончания сезона 1898/99 годов ушел со своего поста директор императорских театров Иван Александрович Всеволжский. Он занимал эту должность с 1881 года, всегда демонстрировал превосходное знание дела, увлеченность и незаурядные способности. За время его работы опера и балет достигли необыкновенно высокого художественного уровня. Почти все либретто опер и балетов были написаны им лично или же по его рекомендациям. Всеволжский великолепно моделировал костюмы, декорации тоже делались под его руководством.

Увы, в театре ходили слухи, что к его уходу приложила руку Кшесинская 2-я.

Новым директором императорских театров был назначен князь Сергей Михайлович Волконский — человек всесторонне образованный и прекрасный музыкант. Он замечательно играл на скрипке, был превосходным актером и часто принимал участие в любительских спектаклях. Все ценители искусства с удовлетворением приняли весть о его назначении на должность директора императорских театров.

Почти одновременно с князем Волконским в дирекции императорских театров получил место служащего по особым поручениям Сергей Павлович Дягилев — по словам Кшесинской, «человек необычайно талантливый и предприимчивый».

Осенью 1899 года у Кшесинской произошел конфликт с балериной Энрикетте Гримальди. В специальном контракте, заключенном дирекцией с итальянкой, за ней числилась партия Лизы в балете «Тщетная предосторожность». Естественно, что в сезон 1899/1900 годов Гримальди должна была танцевать в этом балете. Однако и Кшесинская несколько раз танцевала в «Тщетной предосторожности» и потребовала отдать ей исполнение главной партии в этом балете. Новый директор князь Волконский вежливо отказал.

На следующий день великий князь Сергей позвонил Волконскому и предложил приехать к нему. С ходу последовало предложение убрать Гримальди. Вновь вежливый отказ. В ответ крик: «Оскорбив Матильду Феликсовну, вы оскорбили и меня!» Между прочим, оскорбление члена августейшего семейства в те годы считалось уголовным преступлением и наказывалось несколькими годами тюрьмы.

Сергей, не мудрствуя лукаво, связался с Николаем II, гостившим в Дармштадте у своей новоявленной гессенской родни. И вот через две надели Волконский получил шифрованную телеграмму от министра двора барона Фредерикса: «Передаю приказ не отдавать балет "Тщетная предосторожность" балерине Гримальди, оставив за Кшесинской его».

Чуть ли не с первых дней правления нового директора Кшесинская старалась дать ему понять, кто хозяин в театре. Как-то царь во время антракта в Мариинке сказал Волконскому, что хотел бы увидеть в будущую пятницу балет «Фьямметта», которого никогда не видел. «Слушаюсь, Ваше величество!» — ответил князь.

Но тут за кулисами взвилась Кшесинская — ведь в «Фьямметте» главную роль танцевала Вера Трефилова (Иванова), которую Матильда люто ненавидела. «"Фьямметта" не пойдет!» — публично бросила Кшесинская в лицо директору.

На следующий день Волконский имел разговор с царем, в конце которого Николай как бы вскользь заметил: «Ах да, Волконский, я хотел Вам сказать... Я знаю, что "Фьямметта" требует много репетиций, теперь Масленица, актеры устали — дайте лучше в пятницу "Маркитанку"».

С самого окончания училища Кшесинская мечтала станцевать заглавную партию в балете «Эсмиральда». Но когда она обратилась к всесильному главному балетмейстеру Мариусу Петипа с просьбой об этой партии, Петипа ей отказал — хотя Матильда обладала всем необходимым для этой роли: и техникой, и артистизмом, и пластичностью, и необходимой миловидностью. Петипа сослался на то, что Кшесинской не хватает личного опыта, необходимого для этой роли трагически влюбленной цыганки. По его мнению, чтобы танцевать Эсмиральду, нужно испытать на себе не только любовь, но и любовные страдания — только тогда образ будет натуральным. Но, пережив разрыв с Николаем, Кшесинская была готова для роли Эсмиральды. Она станцевала Эсмиральду 21 ноября 1899 года, и эта партия стала лучшей в ее репертуаре — никто ни до ни после нее не танцевал этот балет с таким блеском и глубиной.

В конце 1899 года исполнялось 10 лет службы Кшесинской в императорских театрах. Десятилетний юбилей отмечался исключительно в частном порядке в ресторане среди коллег и поклонников. По установившимся в театре правилам бенефис устраивался лишь по случаю двадцатилетия службы в театре или при прощании со сценой. Однако Матильда решила устроить себе бенефис и по сему поводу.

К Волконскому идти было бесполезно, и Матильда идет напрямую к министру двора. Замечу, что барон Фредерикс много лет служил при дворе, еще со времен Николая Павловича, и всегда отличался большой чуткостью и вниманием к пожеланиям высочайших особ.

«Когда мне назначили аудиенцию, — пишет Кшесинская, — я до мельчайших деталей продумала свой наряд, чтобы произвести на министра самое благоприятное впечатление. Я была молода и, как писали в то время, имела прекрасную фигуру и особый шарм. Идя на аудиенцию, я надела шерстяное облегающее светло-серое платье и треугольную шляпку того же цвета. Возможно, это будет казаться хвастовством, но, взглянув в зеркало, я очень себе понравилась. Довольная собой, я поехала к министру, который принял меня очень любезно и засыпал комплиментами по поводу моего наряда. Все это придало мне решимости в изложении своей просьбы. Министр сразу же любезно согласился передать ее государю императору, так как разрешение на бенефис было в его личной компетенции. Видя, что министр не спешит распрощаться со мной, я рассказала, что только благодаря ему смогла виртуозно исполнить 32 фуэте. Министр посмотрел на меня изумленно, не понимая, каким образом это могло произойти. Я пояснила, что для исполнения 32 фуэте на одном месте нужно иметь перед глазами какой-нибудь заметный предмет. Министр сидел в партере, в середине ряда, а его ордена сияли даже в полутемном зале. Мое объяснение очень понравилось ему. С любезной улыбкой проводив меня до двери, он еще раз пообещал передать мою просьбу государю и дал понять, что отказа мне не будет. Я вышла от министра очень довольная. Разумеется, я получила разрешение на бенефис и снова была этим обязана моему незабвенному Ники. Для бенефиса я выбрала воскресенье 13 февраля 1900 года. Число «13» всегда было для меня счастливым».

Для бенефиса Матильда выбрала два балета — «Арлекинада» Дриго и «Времена года» Глазунова. В заключение Матильда выступила в дивертисменте. В балете «Времена года» она танцевала партию Колоса с Фавном — с Обуховым и двумя Сатирами — Ширяевым и Горским. Кроме них выступали Ольга Преображенская, Юлия Седова, Анна Павлова, Георгий Кякшт, Николай Легат и Михаил Фокин.

После окончания вечера Матильду на улице встретила огромная толпа. Едва она появилась в дверях служебного подъезда, как восторженные поклонники усадили ее в приготовленное кресло и с криками восторга донесли до экипажа. А вслед за каретой Матильды двинулось несколько подвод, груженных цветами.

В день бенефиса артисты обычно получали так называемый «царский подарок», то есть подарок от Кабинета Его Императорского Величества. Обычно это была банальная вещица из золота или серебра, иногда украшенная драгоценными камнями и обязательно с царским орлом или короной. Мужчинам, например, всегда посылали золотые часы. Подарки эти считались предметами искусства.

Матильде же хотелось чего-то очень дорогого и оригинального, поэтому она попросила великого князя Сергея избавить ее от подобных подарков. И действительно, в день бенефиса князь Волконский принес в артистическую уборную Кшесинской поистине царский подарок — великолепную брошь в виде свернувшейся клубком бриллиантовой змеи с крупным сапфировым кабошоном посередине. Позже Николай II попросил великого князя Сергея передать Матильде, что брошь он выбирал вместе с супругой и что змея является символом мудрости.

Через два дня после бенефиса Кшесинская устроила в особняке на Английском проспекте праздничный обед. На обеде присутствовали великий князь Сергей и трое великих князей Владимировичей — Кирилл, Борис и Андрей. Напротив Кшесинской сидел великий князь Кирилл, как старший из братьев, по правую руку от себя Матильда посадила великого князя Бориса, а по левую — великого князя Андрея. Великий князь Сергей занимал место хозяина во главе стола. Остальные места заняли десятки гостей — танцовщицы балета и их поклонники.

За столом имела место небольшая случайная или заранее продуманная конфузия. Великий князь Андрей опрокинул бокал с красным вином, которое запачкало платье Матильды. «Я ничуть не огорчилась, увидев, что роскошное платье испорчено, и сочла это за добрый знак, суливший мне много счастья в дальнейшей жизни. Я быстро сбегала наверх и переоделась. Вечер прошел чудесно, и мы очень много танцевали. С этого дня в моем сердце проснулось давно забытое чувство, совсем не похожее на мимолетное увлечение...»

Полвека спустя Кшесинская писала о своем новом романе: «После первой встречи с великим князем Андреем мы стали видеться все чаще, и наши отношения быстро переросли в большую любовь...

Летом великий князь Андрей Владимирович стал часто бывать на репетициях в Красносельском театре. Наша знаменитая драматическая актриса Мария Потоцкая, с которой мы были очень дружны, посмеивалась надо мной, говоря: «С каких это пор ты стала проявлять интерес к подросткам?» Действительно, он был младше меня на шесть лет. Потом он начал посещать мою дачу в Стрельне. Помню те незабываемые вечера, когда в ожидании его визита я прогуливалась при свете луны по парку. Иногда он задерживался и приезжал, когда уже всходило солнце, а с полей доносился запах скошенной травы, который я очень любила. Мне запомнился день 22 июля, именины великой княгини Марии Павловны, матери Андрея. В этот день в Ропше всегда устраивался пикник с музыкой и цыганами. Андрей не мог быть раньше, но пообещал, что если не задержится, то заедет в Стрельну по дороге в Красное Село. Я ждала его с большим волнением, а когда он, наконец, появился, была бесконечно счастлива. Ночь была чудесной, и в течение нескольких часов мы сидели на балконе и разговаривали, слушая пение пробуждающихся птиц и тихий шелест листвы. Мы чувствовали себя как в раю. Та ночь и тот день навсегда остались в нашей памяти, и впоследствии мы каждый год их отмечали.

Летом в Петергофе состоялось гала-представление в честь персидского шаха, на котором показывали третий акт балета «Синяя Борода» и третий акт «Пахиты», в котором танцевала я.

Осенью после маневров и смотров на полигоне Андрей получил двухмесячный отпуск, и мы решили встретиться в Биаррице и провести там вместе две недели. Перед этим Андрей поехал в Севастополь, чтобы осмотреть местные достопримечательности. Его пригласила в свое имение Ай-Тодор великая княгиня Ксения Александровна. Из Севастополя он должен был отплыть на корабле в Константинополь, а оттуда через Париж следовать в Биарриц.

Накануне отъезда в Крым Андрей навестил меня в моем городском доме. Я приехала из Стрельны, чтобы провести с ним последний вечер. Как сейчас помню, что вечер был чудесным... Я осталась в городе на ночь, а утром поджидала его экипаж на Невском проспекте. Мой кабриолет ехал очень медленно, чтобы Андрей меня догнал и мы смогли бы проститься еще раз.

Вскоре я отправилась за границу со своей подругой Маней Рутковской, которую по моей просьбе перевели из Варшавы в Петербург и включили в нашу балетную труппу.

О пребывании в Биаррице у меня остались приятные, но грустные воспоминания. Андрея все время приглашали друзья и знакомые, которым он не мог отказать, и нам не всегда удавалось остаться вдвоем. Я тоже должна была соблюдать осторожность, чтобы избавить Андрея от конфликтов в семье и не дать повода для сплетен. На обратном пути мы задержались в Париже, где провели вместе несколько дней. Однако вскоре мне пришлось возвратиться в Петербург, чтобы успеть на выступления».

Все так прелестно и романтично. Портит картину лишь маленькая деталь — в Петербурге Кшесинская по-прежнему открыто жила с великим князем Сергеем. Помните у Толстого: «Элен представилась новая еще в ее карьере задача: сохранить свою близость отношений с обоими, не оскорбив ни одного. То, что показалось бы трудным или даже невозможным для другой женщины, ни разу не заставило задуматься графиню Безухову». Матильда переплюнула Элен Безухову. Она сохранила обоих любовников.

В 1900 году соревнование Кшесинской и Леньяни закончилось, когда обе балерины выступали в один вечер в двух коротких балетах Глазунова, поставленных Петипа.

Условия были неравны: Леньяни получила роль Изабеллы в «Испытании Дамиса» и должна была танцевать в неудобном платье с длинной юбкой и в туфлях на каблуках, а у Кшесинской была роль Колоса в балете «Времена года», которую она исполняла в легкой короткой пачке золотистого цвета, которая ей очень шла. Критика наперебой толковала о том, как невыгодно смотрелась Леньяни на фоне легкого, свободного танца Кшесинской. Матильда торжествовала победу. Контракт с Пьериной Леньяни в 1901 году не был возобновлен.

Разумеется, современные почитатели Кшесинской и святого августейшего семейства утверждают, что к уходу Леньяни Матильда не имела никакого отношения: та, мол, стала неважно танцевать. Видимо, из-за этого Леньяни взяли в «Ла Скала».

Прощальный бенефис Леньяни состоялся 28 января 1901 года. Князь Волконский в эмиграции вспоминал, что в своем прощальном спектакле Леньяни выбрала давно не шедший балет «Баядера». Но вот через два дня приходит Кшесинская и говорит, что «Баядеру» будет танцевать она. На Волконского опять надавили, и ему пришлось уговаривать Леньяни танцевать в бенефисе «Камарго».

Кшесинская вспоминала: «После ее [Леньяни] отъезда я получила роли в двух балетах — «Конек-Горбунок» и «Камарго».

Балет «Конек-Горбунок», или «Царь-Девица», в четырех актах и восьми картинах, был основан на сказке Ершова. Музыку написал Лео Делиб, а хореография принадлежала Сен-Леону. Это был очень впечатляющий спектакль со множеством эффектных танцев. Думаю, если бы его поставили сейчас, он бы снова пользовался успехом. Я давно мечтала в нем станцевать. Мое выступление в «Коньке-Горбунке» критики отметили хвалебными отзывами. Мужские партии танцевали Ширяев и Стуколин».

Замечу, что балет «Конек-Горбунок» исполнялся и в советское время, просто Кшесинская мало знала о СССР. Меня в 1958 году мама водила в Большой театр на «Конька-Горбунка». Мы сидели в 6-м ряду партера, и спектакль произвел на меня — третьеклассника — огромное впечатление.

Но продолжу рассказ Кшесинской: «В этот период ко мне стал проявлять большой интерес великий князь Владимир Александрович, отец Андрея. Он всегда хорошо относился ко мне, но в то время его любезность была особенно очевидной. После первого представления «Конька-Горбунка» он пригласил меня с сестрой и подругой Рутковской на ужин в свой любимый ресторан. Рутковская ему очень нравилась, а ее польский акцент забавлял великого князя. Кроме нас, он пригласил также великого князя Сергея Михайловича и барона Цедделера. Ужин удался, все чувствовали себя непринужденно, так как обаятельный хозяин позаботился о своих гостях. Впоследствии такие ужины повторялись довольно часто. Иногда, когда великий князь решал устроить все неожиданно, он присылал ко мне в уборную записку с приглашением. Если же торжество было запланировано заранее, приглашение отправлялось домой. Великий князь стал ко мне приезжать. На Пасху он прислал мне огромный букет ландышей, имевший форму яйца, к которому было прикреплено драгоценное яйцо работы Фаберже».

Увы, и тогда, да и сейчас многие утверждают, что 53-летний великий князь Владимир относился к Матильде не только как к любовнице своего сына.

15 апреля 1901 года Кшесинская должна была выступать в балете «Камарго», переданном ей после отъезда Леньяни. Этот балет в трех актах и пяти картинах, в стиле Людовика XV, был поставлен Сен-Жоржем и Петипа.

Леньяни танцевала русский танец в платье, сделанном по образцу костюма Екатерины Великой, хранящегося в Эрмитаже, — с широкой юбкой с фижмами, приподнимавшими юбку по бокам. Кшесинская сочла фижмы неудобными и заявила директору Императорских театров князю Волконскому, что не будет надевать фижмы. Перед самым началом спектакля к Кшесинской в уборную пришел начальник канцелярии Императорских театров барон Кусов и от имени директора в последний раз приказал ей надеть фижмы. Кшесинская отказалась, а затем устроила истерику костюмерше, принесшей фижмы: «Вон, вон эту гадость! Не надену. Пусть меня штрафуют, пусть чего хотят делают, а фижмы не надену!»

На сцену Кшесинская вышла без фижм, а на следующий день, приехав на репетицию, увидела на доске распоряжений дирекции приказ о наложении на нее небольшого денежного штрафа «за самовольное изменение костюма, предназначенного для нее в балете "Камарго"».

Ничего необычного в этом поступке администрации не было. Так поступали и раньше. Что было бы, если бы каждый актер выходил на сцену, одетый по своему усмотрению.

«Естественно, я не могла снести такого оскорбления, — вспоминает Матильда, — и мне не оставалось ничего другого, как обратиться к императору с просьбой, чтобы с меня сняли штраф таким же образом, как и наложили, то есть по распоряжению директора. На следующий день на том же месте, где висел приказ директора о наложении на меня штрафа, появился другой: «Директор Императорских театров приказывает снять штраф, наложенный на балерину Кшесинскую за самовольное изменение костюма, предназначенного для нее в балете "Камарго"».

Тут балерине чуть-чуть отказала память. На самом деле через два дня барон Фредерикс потребовал Волконского к себе и заявил: «Государь желает, чтобы штраф с Кшесинской был снят».

Волконский подчинился, но обратился к царю с просьбой об отставке. Николай согласился, но попросил Волконского немного погодить с отставкой. Увы, у князя Рюриковича не хватило смелости настоять на своем, и в отставку он ушел лишь в июне 1901 года.

В воспоминаниях Кшесинская утверждает, что история с фижмами была недоразумением. Волконский «стал жертвой досужих сплетников, моих врагов, которые распускали на мой счет всевозможные слухи».

На самом деле Волконский был крайне обижен и в книге «Мои воспоминания», написанной в эмиграции, дал целую главу «Фижмы». Да и в других главах он тактично и деликатно, но с сарказмом описывает ряд других «фокусов» Матильды.

Возникает естественный вопрос: к чему нам в XXI веке проявлять интерес к фижмам балерины, танцевавшей более века назад? Вот уж охота автору копаться в женском нижнем белье! Соглашусь, очень противно и мерзко. Но, увы, это было любимым занятием русских императоров. Еще Николай I решал, что из верхней одежды и нижнего белья могут взять с собой в Сибирь жены декабристов. И какая дикая азиатская сатрапия была при Николае I, такая она и осталась при Николае II. Так, во Франции за военный бунт могли казнить пять или даже пятьдесят офицеров, но никто не мог запретить женам ехать в места заточения мужа. А тем более ждать высочайшего разрешения, чтобы взять с собой горничную и не три, а пять ночных рубашек. Недаром Рюрикович, потомок смоленских князей, Петр Владимирович Долгоруков назвал Романовых «монгольско-немецкой» династией Гольштей-Готторпов, а Лев Толстой сравнивал начало царствования Николая II с правлением кокандского хана. Павел I запретил ношение фраков и круглых шляп, а также танцевать вальс, а Николай II запретил танцевать танго. Кончили оба одинаково.

Глава 10

РОЖДЕНИЕ СЫНА

Осенью 1901 года Матильда и Андрей решили встретиться в Венеции, чтобы вместе отдохнуть в Италии. Риторический вопрос — а к чему такие предосторожности, ведь великие князья Романовы уже давным-давно не стесняются ездить в Европу со своими метрессами. Из-за родителей Андрея? Но великий князь Владимир более чем по-отечески относился к Матильде. А может, сама Матильда соблюдала приличия? Тут я соглашусь, но уточню, что не из-за петербургского света, который уже более 10 лет судачит о ней, а из-за великого князя Сергея.

«Как и было условлено, — пишет Кшесинская, — мы встретились в Венеции с Андреем, который приехал со своим адъютантом А. Беляевым, человеком очень приятным и симпатичным. Жилось нам здесь очень хорошо.

Мы любили обедать в маленьком ресторанчике «Иль Вапоре», где ели итальянские блюда и пили кьянти. Осмотрев все достопримечательности Венеции, мы поехали в Падую, чтобы посетить место захоронения Св. Антония, которому я всегда молилась, когда что-нибудь теряла. И всегда моя пропажа находилась. Рядом со святыней продавались образки, которые нужно было потереть о саркофаг, чтобы придать им чудодейственную силу. Разумеется, мы все это сделали. Из Падуи мы отправились в Рим, где провели около двух недель и как следует осмотрели город. К счастью, в гостинице нам дали проводника-француза, который был учителем истории, а во время каникул сопровождал туристов. Он великолепно знал историю Рима и все памятники старины. С утра мы ходили в музеи, а днем гуляли по улицам или выезжали за город, чтобы познакомиться с достопримечательностями».

На обратном пути из Рима Матильда и Андрей посетили Ассизи, Перуджу, Флоренцию, Пизу и Геную.

Далее Матильда пишет: «По приезду в Париж я почувствовала себя плохо и вызвала врача. Обследовав меня, доктор сказал, что это начало беременности; по его мнению, срок был около месяца. Это известие очень меня обрадовало, но в то же время и обеспокоило, так как я не знала, как вести себя по возвращении в Петербург».

Да, действительно, ситуация! В аналогичном случае и Элен Безухова тоже не знала, что делать. Да и сам Лев Николаевич долго чесал в затылке — что делать? А потом взял да и умертвил Элен во время аборта. Матильда Феликсовна оказалась умнее всех и с успехом вышла из интересного положения.

Уже через два дня после посещения врача скорый поезд нес ее из Парижа в Петербург.

В сезон 1901/02 годов Матильда танцевала в «Эсмиральде», «Дочери фараона», «Спящей красавице», «Конке-Горбунке» и «Пахите». Ее выступления закончились лишь в середине февраля 1902 года, то есть на шестом месяце беременности. Так, 10 января 1902 года Кшесинская танцевала в балете «Дон Кихот Ламанчский», который был впервые поставлен в Москве балетмейстером Горским. Этот балет был показан на прощальном бенефисе Христиана Петровича Иогансона, проработавшего на сцене Императорских театров более 60 лет. Балет был очень эффектным и сильно выигрывал в новой редакции Горского. Матильда танцевала классические вариации с кастаньетами, которыми сама себе аккомпанировала, исполняла при этом множество пируэтов и пользовалась огромным успехом.

Матильда вспоминала: «Я продолжала выходить на сцену до февраля. Чувствовала себя превосходно. Ни по характеру движений, ни по фигуре не было заметно, что я беременна. Мое последнее свидание с публикой состоялось 10 февраля. Я с большим успехом станцевала в «Дон Кихоте»».

Потом у Кшесинской было еще одно выступление, 15 февраля, на этот раз в Эрмитаже. В зимнем сезоне здесь давались представления со дня Поклонения волхвов до Великого поста. Иногда устраивали два спектакля в неделю, исключительно для августейшего семейства и особ, приглашенных двором. Показывали короткие балеты и небольшие пьесы.

Перед Великим постом был показан очень зрелищный балет «Ученики господина Дюпре» на музыку Лео Делиба в постановке Петипа. Матильда выступала в «Камарго». В первом акте она была одета в костюм субретки, а во втором — в тунику. Тут постарался художник Бакст, сделавший все возможное, чтобы скрыть толстый живот балерины. На Кшесинской был переливающийся блестками костюм, усыпанный розовыми цветами, и прическа в стиле женских портретов Брюллова.

Первый ряд, где сидели император с императрицей и члены царской фамилии, находился совсем рядом со сценой, поэтому Матильде «нужно было тщательно продумать все движения, чтобы моя располневшая фигура не бросалась в глаза. Изменения были заметны только в профиль».

Этим выступлением Матильда закончила сезон. Танцевать дальше она не могла, так как была уже на шестом месяце беременности.

Отзывы о партиях Кшесинской были самые противоречивые. Так, балетный критик Аким Волынский, увидев ее в роли Китри-Дульсинеи, заметил: «От вычурно кричащих линий ее демонического искусства веет иногда морозным холодком. Но временами богатая техника артистки кажется чудом настоящего и притом высокого искусства. В такие минуты публика разражается неистовыми аплодисментами, воплями сумасшедшего восторга. А черноглазая дьяволица балета без конца повторяет под «браво» всего зала свои невиданные фигуры, свой ослепительно прекрасный диагональный танец через сцену».

Зато новый директор Императорских театров Владимир Теляковский, познакомившись с Кшесинской поближе, называл ее стиль торжеством вульгарной пошлости, вызовом общественному приличию. В своих записках он с негодованием говорил о ее коротком костюме, толстых развороченных ногах и раскрытых руках, выражающих «полное самодовольство, призыв публики в объятия».

Весной 1902 года у Кшесинской начался конфликт с молодой балериной Анной Павловой, поступившей в труппу в 1899 году. Началось все буквально с ерунды. В интервью журналистам Павлова рассказала о помощи, оказанной ей Евгенией Соколовой, которая ранее танцевала эту партию, и не упомянула о Кшесинской. Ну и что? Пусть даже где-то в чем-то Матильда помогала Павловой, но уставшая балерина, вся в эмоциях, забыла помянуть «хозяйку» театра. Увы, злопамятная Кшесинская и через 50 лет помнила эту мелочь: «Я хорошо знала Павлову и была уверена, что она поступила так не по своей воле, а по наущению некоторых лиц, которые хотели таким образом нас поссорить. И все же меня обидела неблагодарность Павловой после всех моих стараний».

18 июня 1902 года в своем дворце в Стрельне Матильда родила мальчика. Роды принимали ассистент профессора Отта доктор Драницын и личный врач великого князя Михаила Николаевича Зандер. «Меня едва спасли, — вспоминает Матильда, — роды были очень трудные, и врачи волновались, кто из нас выживет: я или ребенок. Но спасли обоих: ребенка и меня...

Передо мной стояла нелегкая задача: какое имя выбрать сыну? Сначала я хотела назвать его Николем, но по многим причинам не могла этого сделать и даже не имела права так поступать. Наконец, я решила назвать его Владимиром, в честь отца Андрея, который всегда ко мне хорошо относился. Я не сомневалась, что он ничего не будет иметь против. И действительно, он согласился».

Крестины состоялись в Стрельне 23 июня по православному обряду. При этом новорожденный получил имя — Владимир, отчество — Сергеевич, а фамилию — Красинский. Крестной матерью была Юлия Кшесинская, а крестным отцом — полковник Сергей Марков, служивший в лейб-гвардии уланском полку Ее Величества.

Кшесинская утверждала, что сразу после родов у нее был «тяжелый» разговор с Сергеем Михайловичем и что тот «прекрасно знал, что не является отцом ребенка». Но, пардон, зачем тогда ломать комедию с отчеством «Сергеевич»? Почему не дать отчество «Андреевич», благо в России жили сотни тысяч Андреев?

В свою очередь современники, включая великого князя Александра Михайловича, утверждают, что Сергей до последнего вздоха не сомневался в своем отцовстве. Во всяком случае, Матильда продолжала жить под одной крышей с Сергеем. Но пускай спорят мемуаристы, кого больше любила Матильда — Николая, Сергея или Андрея. На самом деле ее главный роман был с... Военным ведомством. Она безумно любила заказы оного ведомства, особенно по артиллерийской части.

Матильда быстро восстановила силы и уже через два месяца после родов выступила в Петербурге на гала-представлении по случаю бракосочетания великой княгини Елены Владимировны (сестры Андрея) с греческим принцем. Бракосочетание состоялось 16 августа 1902 года в Царском Селе, а гала-представление — 19 августа. Матильда танцевала в одном акте балета «Дон Кихот». После родов Кшесинская сильно располнела, но это не помешало ей выйти на сцену.

Зимой 1902/03 года Кшесинская танцевала в новом одноактном балете «Кукла-предсказательница» в постановке братьев Сергея и Михаила Легатов, на музыку Бейера и по либретто Хасрайтера и Гаула. Декорации изображали магазин игрушек в «Пассаже». Действие происходило в 30-х годах XIX века. За окнами магазина виднелся Невский проспект, по которому прогуливалась публика в костюмах того времени. Премьера состоялась 16 февраля 1903 года — это был последний спектакль перед Великим постом.

Зимой в Стрельну в гости к Кшесинской приехал знаменитый тенор Собинов: «Перед обедом он попросил, чтобы я показала ему сына, и мы поднялись наверх, в детскую. В это время няня укладывала Вову спать и держала его на руках. Вова посмотрел на нас сонными глазками, а Собинову вдруг захотелось спеть ему «Колыбельную» на стихи Лермонтова и музыку Александра Гречанинова:

> Спи, младенец мой прекрасный,
>> Баюшки-баю.
> Тихо светит месяц ясный
>> В колыбель твою.
> Стану сказывать я сказки,
>> Песенку спою.
> Ты ж дремли, закрывши глазки,
>> Баюшки-баю.

У Собинова был дивный бархатный голос, которым он владел как истинный гений — так, что у меня на глаза наворачивались слезы.

«Когда Вова подрастет, расскажите, как Собинов пел ему колыбельную», — попросил он, закончив петь.

Впоследствии я часто рассказывала Вове о том вечере, чтобы мальчику это запомнилось».

В середине февраля 1903 года, с началом Великого поста, Матильда уехала в Вену, взяв с собой горничную и костюмершу. С ней отправился ее постоянный партнер Николай Легат, а также актрисы Ольга Боркенхаген и Любовь Егорова.

Замечу, что в Великий пост в России все театры и питейные заведения закрывались, ну а в Вене время поста было смещено на 13 дней, а главное — театры в пост не закрывали.

В Вене Кшесинская танцевала в «Коппелии» и «Эсмиральде». Публика встретила русских танцовщиков овациями. На «Эсмиральде» появился и сам 63-летний император Франц-Иосиф. По словам Кшесинской: «Император долго мне аплодировал, а публика устроила настоящую овацию. Артисты были вне себя от радости и после спектакля благодарили меня, так как не сомневались в том, что император, которого многие даже не видели, появился в театре только ради меня. По этому поводу мне устроили еще одну овацию».

Гастроли русской группы в Вене совпали с приездом туда американской танцовщицы Айседоры Дункан, совершавшей турне по Европе. Все газеты пестрили статьями о выступлениях на одной сцене Королевского театра артисток-антиподов — классической русской балерины Матильды Кшесинской и длинноногой американской танцовщицы, вытворявшей на сцене нечто невообразимое, граничащее с непристойностью. Она выскакивала на сцену босиком и почти голая — полупрозрачный балахон едва скрывал ее прелести. Под музыку великих композиторов, созданную для концертного исполнения и прослушивания, Айседора танцевала, но не ногами, а бюстом, торсом, заламывала руки, неистовствовала... На вопрос журналистов, как следует понимать ее танец, Дункан резко отвечала: «Я ненавижу слово «танец»! Я выразительница красоты. Я хочу выразить дух музыки. В качестве средства я использую свое тело точно так же, как писатель использует слова. Не называйте меня танцовщицей!»

Кшесинская с Легатом и Егоровой отправились смотреть Дункан. После окончания танца Матильда вскочила ногами на стул и «стала во весь голос скандировать: "Дункан! Браво! Дункан! Брависсимо!"»

Был ли это подлинный восторг или пиар, или и то, и другое? Ведь на следующий день все венские газеты аршинными буквами расписывали выходку Кшесинской.

После возвращения из Вены Кшесинская впервые выступила в Москве, заменив заболевшую балерину Рославлеву в балете «Дон Кихот».

«В Петербурге меня встречали аплодисментами, и я к этому привыкла, — вспоминает Матильда. — Когда я вышла на сцену в Москве, меня поразила тишина, царившая в зале. Но зато после адажио мне рукоплескали все зрители, а когда я исполнила вариации, зал дрожал от аплодисментов. Как же я была счастлива в тот момент! Мне удалось покорить московскую публику».

В сезон 1903/04 годов Кшесинская стала замечать в зрительном зале не только аплодисменты, но и «глухой ропот, а иногда и свист». Матильда писала: «Мне было очень больно и обидно, тем более что я хорошо знала, кто за всем этим стоит.

Именно в это время мне удалось добиться повышения жалованья балерин с 5000 рублей до 8000 рублей в год, что по тем временам было значительной суммой. Для меня жалованье не имело большого значения, и я заботилась о коллегах, для которых такое повышение было серьезным подспорьем. Однако ни одна из них мне не сказала даже «спасибо».

Атмосфера недоброжелательности так меня угнетала и настолько мне надоела, что я все чаще стала подумывать о том, чтобы оставить сцену и уйти подальше от этой мерзости».

Тут следует сделать маленькое замечание: в советское время был термин «балерина из кордебалета», а вот при царе-батюшке балеринами официально числились пять-шесть примадонн, а остальные были танцовщицами. Ну а насчет повышения жалованья, то ни 5, ни 8 тысяч рублей действительно не имели для Матильды «большого значения», их не хватило бы даже на годовое содержание Стрельницкого дворца.

И вот Кшесинская решает покинуть сцену Императорских театров и даже назначает бенефис на 21 января 1904 года.

7 декабря 1903 года Матильда выступала на бенефисе Гримальди в балете «Тщетная предосторожность». Ее партнером был Николай Легат. Пользуясь случаем, Кшесинская пригласила на свой прощальный бенефис уже пожилого Гельцера и попросила его выступить в роли Марселины, матери Лизы. Он любезно согласился и блистательно исполнил эту женскую роль.

Матильда пишет: «В опубликованном дневнике императора за 21 января 1904 года я прочитала: «Пообедали вдвоем. Поехал в театр. Давали «Спящую красавицу». Великолепная — давно не видел. Домой приехал в 11.45».

Из этой записи следует, что император обедал с супругой, а в театр поехал один. Однако что скрывалось за словом «великолепная», я тогда не знала. На счастье, в «Ежегоднике Императорских театров», где публиковали репертуары всех сезонов, я вычитала, что в тот день, 21 января 1904 года, в среду, я танцевала в «Спящей красавице». Теперь сомнений уже не было: император поехал в театр, чтобы увидеть именно меня в этом балете, который он так любил. В том сезоне я выступала в «Спящей красавице» всего один раз...

Хотя он и не упомянул имени, но «великолепная» и «давно не видел» могли относиться только ко мне».

Увы, на самом деле в дневнике императора за 21 января написано несколько иначе: «После чая был у меня Ламздорф по японскому соглашению. Обедали вдвоем. Поехал в театр. Шла «Спящая красавица» — отлично, давно не видал».

Как видим, слова «великолепная» нет и в помине. Хотя балерина, безусловно, заслужила это прилагательное.

«Для бенефиса я выбрала два первых акта «Тщетной предосторожности», куда вставила pa de deux, то самое, в котором дебютировала на сцене в 1890 году, когда еще была ученицей, — пишет Кшесинская. — Легко выполнив 32 фуэте, я повторила их на «бис». В тот вечер в меня вселилась какая-то сверхъестественная сила. В свое время писали, что, кроме Леньяни, это удалось сделать только мне.

Затем я исполнила две картины из первого акта «Лебединого озера», где королева лебедей медленно удаляется на пуантах спиной к залу и поднимается на возвышение, как бы прощаясь с публикой.

Вот так я рассталась со зрителями. Мне было очень тяжело, но поступить по-другому я не могла.

Я получила множество дорогих подарков и цветов. Среди них был золотой лавровый венок, сделанный по моей мерке, чтобы можно было надеть его на голову. На каждом листике было выгравировано название балета, в котором я танцевала. Балетов в моем репертуаре было очень много, и венок получился пышным.

Молодежь, поджидавшая меня у выхода, в порыве энтузиазма выпрягла коней из моей кареты и потащила ее на себе до самого дома, находившегося недалеко от театра. То же самое произошло некогда с Фанни Элсслер.

Сразу же после собственного бенефиса я поехала в Москву, чтобы 6 февраля принять участие в бенефисе Кати Гельцер. Я танцевала адажио с Михаилом Легатом и вариации из «Баядерки». Москвичи устроили мне горячий и сердечный прием, как они умеют это делать. При возвращении в Петербург для меня был зарезервирован спальный вагон, прицепленный к скорому поезду. В этом вагоне ехали также любители балета, прибывшие на бенефис Кати Гельцер. Я заказала для всех ужин, а Юлия Седова помогла мне исполнить обязанности хозяйки. Мы веселились всю ночь, и дорога показалась не короткой».

Маленькое замечание: «зарезервировали вагон», то есть прогон вагона был кем-то заранее оплачен. Опять потерпело Военное ведомство?

Сразу после бенефиса Кшесинской началась Русско-японская война. 28 января царь записал в дневнике: «В 8 час. приехали в театр; шла «Русалка» очень хорошо. Вернувшись домой, получил от Алексеева телеграмму с известием, что этой ночью японские миноносцы произвели атаку на стоявших на внешнем рейде «Цесаревич», «Ретвизан» и

«Палладу» и причинили им пробоины. Это было объявление войны».

Лето 1904 года Матильда провела в Стрельне.

Николай II провел лето в Царском Селе и не поехал на этот раз в Ливадию и Финские шхеры. Разумеется, не из-за войны, а из-за беременности Аликс, разрешившейся в июле сыном Алексеем.

Царское Село и Стрельна рядом, они соединены Волхонским шоссе. Николай очень часто ездил в то лето в район Стрельны на «моторе» и верхом. Кшесинская утверждает, что Николай лишь проезжал мимо ее резиденции, а она выходила его приветствовать.

Кшесинская, наверное, первой из наших знаменитых шоу-звезд поняла прелесть эффектных уходов и не менее эффектных возвращений на сцену: «После прощального бенефиса я не выступала почти до конца 1904 года и не имела на то ни малейшего желания. Однако перед началом сезона 1904/05 года директор Императорских театров Теляковский обратился ко мне с просьбой вернуться на сцену... Я долго не могла решиться вновь переступить порог театра, так как уже свыклась с мыслью, что моя сценическая карьера закончена. И если я уступила настойчивым уговорам директора, то только потому, что вместе с ним меня просил об этом наш танцовщик Ширяев. У него был бенефис, и он попросил меня выступить в балете «Брахма», постановка которого была возобновлена по этому случаю. Я танцевала в этом балете, вспоминая образ, созданный Виржинией Дзукки. Бенефис Ширяева состоялся 12 декабря 1904 года.

Большинство артистов нашей балетной труппы радовались моему возвращению — разумеется, за исключением небольшой группы недоброжелателей. Я была безгранично счастлива, что снова выступаю на сцене, однако вернуться на постоянную работу, как предлагал директор, я отказалась, согласившись выступать на гастролях, не подписывая никаких контрактов. Мне хотелось быть полностью свободной и танцевать только то, что мне нравится. Я объяснила директору, что контракт для меня не имеет значения, так как, даже подписав, я разорвала бы его при необходимости. Итак, я возвратилась, чтобы участвовать только в гастрольных выступлениях. И так было до конца моей артистической карьеры. Правда, я пообещала директору, что всегда буду к его услугам, если, конечно, смогу. Мне поверили на слово».

Увы, тут Кшесинская лукавит, как обычно. С какого перепугу директору Императорских театров обращаться с просьбой к ушедшей на покой балерине, перешагнувшей тридцатилетний рубеж? Из личной симпатии? Увы, балерина и директор люто ненавидели друг друга, что и подтвердили в своих эмигрантских воспоминаниях. Ради кассового сбора? Так ведь и без этого зал всегда был полон — сотни представителей высшего света ходили в театр как на работу. Да и плевать Теляковскому на кассовые сборы — театр существовал на казенные средства.

Наконец, не будем забывать о времени приглашения — осень 1904 года. На Дальнем Востоке русская армия и флот терпят одно поражение за другим. Порт-Артур может пасть в любой день. А ведь театр повсеместно, еще с XVIII века, стал местом фрондирования и выражения политических пристрастий. При первом же известии о войне гимназисты, курсистки и студенты стали слать поздравления... микадо. По высочайшему повелению жандармы запретили принимать поздравления и пожелания японцам. Понятно, что о микадо наша молодежь знала не больше, чем о вождях готтентотов, но уж больно всем надоели Николай с Алисой!

А что если весть о падении Порт-Артура придет во время выступления Кшесинской? Надо ли было все это директору Императорских театров?

Нетрудно догадаться, что Теляковский получил высочайшее повеление пригласить Кшесинскую через Фредерикса, а то и в личной беседе. Теляковский до балета долго служил в гвардии и сразу взял под козырек. Итак, все началось сначала — овации в зале, интриги и склоки за кулисами.

Поражение в Русско-японской войне почти не задело Сергея и Матильду. Публика стервенела, узнавая о все новых и новых погибших или сдавшихся в плен русских крейсерах и броненосцах. Их названий нельзя было скрыть. А вот то, что в Порт-Артуре 98 процентов фугасных снарядов оказались не стальными, а чугунными, знали лишь несколько десятков человек в Главном артиллерийском управлении. В чугунном снаряде взрывчатого вещества было в 2–3 раза меньше, чем в стальном, но зато он во столько же раз был дешевле стального. А главное, 99 процентов русских снарядов в Порт-Артуре были снаряжены порохом, и фугасными их можно было назвать с большой натяжкой. Зато 280-мм снаряды японцев, начиненные новейшим мощным взрывчатым веществом — японской шимозой и британским лиддитом, разрушали любые стены порт-артурских фортов и топили броненосцы на рейде.

Тучная фигура великого князя Алексея Александровича и его метрессы Элизы Балетты заслонили собой Сергея и Матильду. 22 ноября 1904 года в Михайловском театре при появлении на сцене Балетты светская публика устроила ей полнейшую обструкцию. Зал скандировал: «Вон из театра!», «На тебе наши крейсеры и броненосцы», имея ввиду ее драгоценности. Крики были столь оглушительные, что Элиза была вынуждена бежать за кулисы.

По Петербургу ходили анекдоты типа того, что царь говорит Алексею: «Лучше бы ты, дядя, крал в два раза больше, но делал бы броню в два раза толще». Конечно, Ники не мог сказать такого дяде, но безобразия и казнокрадство в Морском ведомстве приняли фантастические размеры. Увы, они выходят за рамки нашего рассказа, а интересующихся я отправляю к моим книгам «Русско-японские войны 1904–1945» (Минск: Харвест, 2003) и «Падение Порт-Артура» (Москва: АСТ; Ермак, 2003).

Возбужденная толпа в ночь с 6 на 7 декабря 1904 года начала бить стекла в Алексеевском дворце, и если бы не вмешательство полиции, дворец был бы разнесен по камушкам. Крики толпы не могла не слышать Матильда, находившаяся в смежном особняке на Английском проспекте.

После цусимской катастрофы Алексей попросил Николая II об отставке. 30 мая 1905 года царь записал в дневнике: «Сегодня после доклада дядя Алексей объявил, что он желает уйти теперь же. Ввиду серьезности доводов, высказанных им, я согласился. Больно и тяжело за него, бедного!»

Зато в театре и на улице в лицо Алексею кричали: «Князь Цусимский!» Генерал-адмирал обиделся и вместе с Балеттой укатил в Париж. Там Элиза щеголяла в роскошном ожерелье из бриллиантов, которое приезжие русские окрестили «Тихоокеанский флот». Пуришкевич острил — «нам Балетта обошлась дороже, чем Цусима». Больше Балетта никогда не появится в России. Сам Алексей несколько раз приезжал в Петербург на семейные торжества. Умер великий князь в Париже в ноябре 1908 года от гриппа. После его смерти Балетте в несколько приемов были выплачены 150 тысяч франков и определена пожизненная пенсия в 15 тысяч франков. За что? За молчание.

«Кровавое воскресенье» не произвело особого впечатления на Кшесинскую. Позже она писала: «Девятого января 1905 года произошло выступление Гапона. В этот день был чей-то бенефис, и я была с родителями в ложе. Настроение было очень тревожное, и до окончания спектакля я решила отвезти своих родителей домой. В этот вечер Вера Трефилова устраивала у себя большой ужин, на который я была приглашена. Надо представить себе, как она была бы расстроена, если бы в последнюю минуту никто не приехал к ней. На улицах было неспокойно, повсюду ходили военные патрули, и ездить ночью было жутко, но я на ужин поехала и благополучно вернулась домой. Мы потом видели Гапона в Монте-Карло, где он играл в рулетку со своим телохранителем».

А далее я процитирую историка балета Геннадия Седова: «Прибывшая с кратковременными гастролями Дункан пожелала в свободное время посетить Императорское балетное училище, покататься на санях по замерзшей Неве и познакомиться с очаровательной Матильдой Кшесинской, которую уже успела посмотреть в «Лебедином озере».

— По-моему, она необыкновенна! Похожа более на прекрасную птицу или бабочку, чем на человеческое существо.

С первого взгляда они почувствовали взаимную симпатию. От Дункан исходила необыкновенная какая-то энергия: мимика ее, жестикуляция во время разговора были наполнены страстью, напоминали сценические движения...

Прощаясь на ступенях «Континенталя», Дункан прижала ее к себе, поцеловала страстно в губы.

— Я в вас влюбилась, — шепнула жарко. — Не сердитесь на меня, хорошо?

Необузданный ее темперамент требовал очередной жертвы. За время непродолжительных гастролей в России она пыталась соблазнить невиннейшего Станиславского, поэта Михаила Кузмина. Не известно, удалось ли ей добиться в тот раз взаимности со стороны искушенной в лесбийских утехах русской «бабочки», а вот с Петербургом — это точно — любви у Дункан не получилось»[1].

Сей пассаж я оставлю без комментариев, лишь замечу, что Седов достаточно хорошо знал театральный Петербург начала века.

К осени 1905 года революционные веяния достигли подмостков Императорских театров. Группа артистов собралась у Михаила Фокина и создала там «комитет». В него вошли сам Фокин, Анна Павлова, Тамара Карсавина, певец В. Киселев, А. Титов и другие. Комитет составил петицию директору Императорских театров, в которой были требования улучшить условия труда, увеличить оклады у «младших» артистов и даже устроить самоуправление.

Одним из активистов был брат Матильды Иосиф (Юзеф) Кшесинский. Его вызвали к директору Теляковскому, где находились управляющий конторой театров Г.И. Вуич и «управ-

---

[1] *Седов Г.* Матильда Кшесинская и Николай Романов. С. 116, 117–118.

ляющий балетом» А.Д. Крупенский. Замечу, что последнего Кшесинский в своих воспоминаниях постоянно честил «черносотенцем».

Теляковский спросил Иосифа прямо в лоб: «Чего вы хотите для себя? Вам будет дан наивысший оклад, но вы должны отойти от комитетчиков». Кшесинский ответил: «Никогда совестью не торговал и не буду». На этом разговор был закончен.

Комитетчикам запретили собираться в театре, поэтому они устраивали сходки у присяжного поверенного Нестора, писателя Потапенко или у самого Фокина. На одном из таких собраний Анна Павлова крикнула в лицо одному из «верноподданных» актеров А. Монахову: «Негодяй, шпик, подлец!» Иосиф попытался успокоить Анну: «Товарищи, повремените с бранью, кто подлец и предатель — это история запишет». И тут Монахов вскрикнул: «Какая, к черту, история! Подлец — это Кшесинский!»

Иосиф демонстративно засучил рукав, подошел к Монахову и предложил взять свои слова обратно. Но Монахов остервенел и закричал Павловой: «Мерзавка!» Тут Иосиф врезал ему увесистую плюху, Монахов упал, затем вскочил и убежал.

На следующий день Крупенский вызвал Кшесинского «на ковер» и предложил подать в отставку. Иосиф вежливо ответил: «Как бы вы поступили, если бы вас назвали подлецом?» «На это есть другие приемы сатисфакции», — был ответ. «Это что, вызвать на дуэль человека, который после плюхи бежит плакаться наставнику?» — возразил Иосиф.

В общем, Кшесинский категорически отказался подавать в отставку. Тогда его просто уволили, хотя и дали пенсию, поскольку он успел прослужить двадцать лет в Императорских театрах.

Расправа над Кшесинским произвела гнетущее впечатление на актеров, большинство отказалось от своих требований к администрации, непримиримых осталось только 28.

Молодая танцовщица «первичка» Мария Петипа сожительствовала с Сергеем Легатом — замечательным танцором, педагогом и балетмейстером. Мария вместе с отцом Мариусом Ивановичем всецело была на стороне администрации. Она, использовав свое влияние, сумела уговорить Легата подписать петицию, в которой труппа отрекалась от членов «комитета». Всю ночь Легат бредил и кричал: «Я поступил как Иуда по отношению к своим друзьям! Какой грех будет меньшим, Мария, в глазах Господа: если я убью тебя или себя?» К утру он решил свою проблему... На его похоронах плакала вся труппа.

Кроме Кшесинского администрация уволила еще двадцать человек кордебалета. Павлову, Карсавину и других прим тронуть не посмели. Театральный бунт был подавлен.

Глава 11

СТРОИТЕЛЬСТВО ДВОРЦА
И ПРОДОЛЖЕНИЕ ЗАКУЛИСНЫХ БАТАЛИЙ

В ходе Русско-японской войны выяснилось, что у России нет... артиллерии. От полного поражения русскую армию спасла слабость японской артиллерии и конницы, а также характер местности, препятствовавший применению артиллерии. Наконец, в Маньчжурии была всего лишь одна железная дорога, что также ограничивало переброску артиллерии, особенно тяжелой.

Орудия образцов 1867 и 1877 годов безнадежно устарели, а единственная новая артсистема — 76-мм пушка образцов 1900 и 1902 годов («трехдюймовка») — нуждалась в модернизации и расширении боекомплекта.

В связи с этим руководство Военного ведомства решило обновить весь артиллерийский парк, то есть горную, полевую, осадную и крепостную артиллерию.

В свою очередь французское правительство решило использовать русскую армию в качестве «парового катка», который должен раздавить германскую армию. Французские генералы были настроены сражаться до последнего солдата, разумеется, русского и германского, а самим отсидеться за линией крепостей.

Перед фирмой Шнейдера были поставлены две задачи. Во-первых, полностью монополизировать производство артсистем в России — все орудия должны быть системы Шнейдера. Во-вторых, Шнейдер должен был помочь России создать сравнительно сильную полевую артиллерию — орудия наступления и одновременно сорвать работы над тяжелыми крепостными орудиями — орудиями обороны. Ну а само правление компании поставило себе целью производить пушки или на французских заводах, или на единственном в России частном орудийном заводе — Путиловском, с которым у Шнейдера были более чем тесные отношения.

С помощью Сергея и Матильды фирма Шнейдера успешно решила все три задачи. Как? Думаю, детали не всем интересны, поэтому их я выделил в отдельную главу «Шнейдеризация русской армии» и поместил ее в «Приложении».

Для наших героев настал «час пик». Главной проблемой было — куда девать деньги? В 1906 году Кшесинская за 88 тысяч рублей покупает земельный участок в центре Петербурга на углу Большой Дворянской улицы и Кронверкской набережной. Матильде хотелось, «чтобы новый дом находился в более фешенебельном районе города, подальше от дымящихся заводских труб, которых в последние годы на Английском проспекте появилось очень много...

Земельный участок находился в лучшей части города, вдали от заводов и фабрик, а его площадь позволяла не только построить большой и просторный особняк, но и разбить при нем чудесный сад».

В том же году был заложен дворец, а уже под Рождество 1907 года Матильда справила новоселье. Проектировал дворец модный архитектор А.И. Гоген. Сама балерина вспоминала потом: «Перед составлением плана мы вместе обсуждали с ним расположение комнат в соответствии с моими желаниями и условиями моей жизни». По сему поводу в «Истории русской архитектуры» сказано: «Свободная асимметричная композиция плана и объемов здания, различные по форме, размерам, пропорциям и ритму расположения окна, разная по фактуре обработка фасадов, оригинальный по рисунку фриз между кронштейнами сильно вынесенного карниза — все это свидетельствует о новаторском поиске А.И. Гогена и о полном отказе от установленных традиций»[1].

---

[1] *Пилявский В.И., Тиц А.А., Ушаков Ю.С.* История русской архитектуры. Л.: Стройиздат, 1984. С. 484—485.

Размер дворца 50×30 метров. По площади жилых помещений дворец Кшесинской существенно превышал левое крыло Александровского дворца в Царском Селе — основной резиденции императора Николая II и его семьи.

Всю мебель для дворца Кшесинская заказала крупнейшему фабриканту Мельцеру, бронзу от люстр до шпингалетов, а также ковры, материю для обивки мебели и стен — самым стильным салонам в Париже.

Фактически это был не дворец, а дворцовый комплекс. Там был гараж — у Матильды имелось не менее двух конных экипажей и 2–3 автомобиля, не считая небольшого легкого, но настоящего автомобиля для сына Вовочки. Там была даже зооферма — коровник, где помещалась корова, жила женщина-молочница, отдельные помещения для козы и свиньи. В доме был холодильник и специальная холодная кладовая для сухих продуктов, что очень нравилось Матильде: «Благодаря этому у нас всегда было столько запасов, что при необходимости я могла дать обед экспромтом». В подвале дворца размещался большой винный погреб, ассортименту вин в котором мог позавидовать европейский монарх средней руки.

Однако, будучи увлеченной строительством дворца в Петербурге, Матильда не забывали и о благоустройстве дворца в Стрельне. С моря усадьба была ограждена защитной дамбой с пристанью, где швартовался катер, который однажды принес много волнений. Матильда писала: «...одно событие так глубоко врезалось в мою память, что и до сих пор я помню его во всех подробностях, столько я пережила тогда ужаса и отчаяния. Стоял чудный летний день, тишина полная кругом, ни малейшего ветра, море как зеркало. Мой сын со своим воспитателем Шердленом решили воспользоваться исключительно прекрасной погодой, чтобы покататься по морю на нашей плоскодонной лодке, к которой снаружи прикреплялся позади небольшой мотор. Мой электротехник, который ведал мотором и хранил его у себя на электрической станции, установил его на лодке, и все они втроем отправились на прогулку, которая обещала быть чудесной. Мотор зашумел, и лодка медленно поплыла по морю. Проводив их, я пошла домой. Меня ждала массажистка.

Только что начался массаж, и я лежала на кушетке в спальне, как вдруг все потемнело, поднялся сильнейший ветер, налетел жуткий шквал: деревья под напором ветра гнулись, в воздухе летали сорванные ветром с деревьев листья, ломались сучья. Вова был на лодке в море! Я не знала, что с ним будет. Эти молниеносные шквалы так опасны на Балтийском море, столько несчастных случаев сообщалось в газетах каждое лето. Я бросила массаж и побежала на берег, на мою дамбу, откуда можно было видеть, что делается в море.

Ветер вдруг стих, наступила жуткая тишина, солнце вновь засияло, море как зеркало, гладко, но в какую сторону я ни глядела, я ничего не могла заметить. Меня охватил ужас, они, наверное, погибли, иначе лодку было бы видно, они вышли в море не так давно. Стали телефонировать в Стрельнинский порт, где была спасательная станция и оттуда во время бурь наблюдали за морем, чтобы оказать помощь, но оттуда ответили, что они не видели никакой лодки в море. Я была одна дома, в полном отчаянии, не зная, что же мне предпринять, где узнать, что с ними случилось, к кому обратиться за помощью. Я бросилась на колени и, вся в слезах, стала молиться, чтобы Господь сохранил моего сына....

В таком ужасном, беспомощном состоянии я оставалась довольно долго. Когда мое отчаяние дошло до пределов, вдруг раздался телефонный звонок. Это звонил воспитатель моего сына Шердлен, чтобы сообщить, что они все живы и здоровы и он сейчас находится с Вовой на Михайловской даче и только ждут, чтобы им подали экипаж для возвращения домой. Резкий переход от полного отчаяния к безграничной радости был так силен, что я только могла плакать, и плакать от радости, и благодарить Бога, что он услышал мою молитву. Они благополучно катались по морю, когда налетел шквал. Они были сравнительно далеко от берега и решили скорее вернуться обратно домой, но, на их горе, мотор испортился, и пока его чинили, их стало относить ветром все дальше и дальше от берега. Тогда они взялись за весла, стараясь грести к берегу, но силою ветра их относило в другую сторону. В этот момент они увидели огромный пароход и направились к нему. Это оказался не простой пароход, как они думали, а по морской терминологии «брандвахта», то есть военный корабль, закрепленный на якорях для охраны Царского Дворца с моря. К этому времени мотор был исправлен, море утихло, и они отправились к берегу напротив Михайловской дачи, где Вова со своим воспитателем вылезли и пешком добрались до дворца, а лодка пошла домой…

Из дворца они и звонили мне. Все это быстро рассказывается, но на самом деле в общем прошло около двух часов моих ужасных страданий».

Занималась Матильда в Стрельне не только прогулками на своем катере по заливу, но и конным спортом и ездой на вошедшем в моду велосипеде — ездила из Стрельны по Волхонке даже до Павловска. «Раз мы целой компанией на велосипедах отправились из Стрельны к нему [Константину Варламову, артисту Александрийского театра] в Павловск обедать. Веселье было бесконечное, налопались мы здорово, но и устали также немало. Но, что было хуже всего, это что после столь обильного обеда надо было возвращаться домой опять на велосипедах, а это было далеко, верст пятьдесят туда и обратно, не менее».

Но больше всего Матильда Феликсовна любила кататься по бывшей царской дороге — Нижнему Петергофскому шоссе, которое шло от Стрельны до Петергофа, мимо Михайловки — имения великого князя Михаила Николаевича и далее мимо Знаменки — имения великого князя Николая Николаевича.

Красоту этой дороги я могу представить лично. Летом 2007 года мы с женой отдыхали в пансионате «Знаменка» — бывшем дворце Николая Николаевича, и я пешком ходил от Петергофа до Михайловки, а далее дорогу преграждал высоченный металлический забор, возведенный властями вокруг Михайловского дворца, который был «приватизирован» властями Петербурга. О надписях на заборе по поводу Путина и Матвиенко я скромно умолчу.

В дни своего рождения Матильда устраивала в Стрельне «веселые праздники», на которые ежегодно 19 августа собирался весь цвет Петербурга. По воспоминаниям самой Матильды, «самый грандиозный и удачный был в 1911 году. Было много сюрпризов и разных развлечений. Для этого вечера я заказала большие афиши, какие обычно вывешивают повсюду по случаю какого-нибудь праздника, на который хотят привлечь публику соблазнительными приманками... А после вечера на станцию «Стрельна» будет подан экстренный поезд для гостей, которые пожелают вернуться обратно в Петербург... Вечер продолжался до самого утра, он на славу удался, все были довольны... Ужин был для этого вечера накрыт на открытом воздухе, на дамбе на берегу моря, почему и назван «У Фелисьена», по имени известного ресторана у воды. Вся дорожка от дачи и до дамбы была иллюминирована плошками. Столики освещались специальными садовыми фонарями со свечками... Ужин очень удался: своей оригинальностью и красотой панорамы: с одной стороны виднелись огни Петербурга, а с другой — Кронштадта, а прямо напротив — огни Пахты... В заключение... был сожжен чудный фейерверк от Серебрякова... Экстренный поезд доставил горожан под утро домой, что, между прочим, мне стоило всего-навсего 55 рублей».

Матильда слыла гостеприимной хозяйкой, и это качество, по ее словам, унаследовала от отца: «Отец мой был человеком общительным и обожал принимать гостей. В этом деле он тоже был настоящим мастером. Вершины кулинарного таланта он демонстрировал на Пасху и Рождество. Тогда на столе появлялись различные традиционные блюда, так как все традиции и обычаи соблюдались в нашем доме очень строго. Думаю, что гостеприимство я унаследовала от отца. Я тоже всю жизнь любила принимать гостей и, как говорят, всегда умела создать хорошее настроение и приятную обстановку».

Летом помимо Стрельны и французских курортов Матильда несколько раз отдыхала в Крыму. Там она снимала «прекрасную дачу в Нижнем Мисхоре». Внешне ее поездка в Крым выглядела как выезд высочайшей особы. «Мне пришлось закупить весь спальный вагон, уплатив полную стоимость билетов. Людей со мной ехало много: горничная, камердинер Вовы и два его гувернера, Щедрин и Пфлюгер, мой лакей и два повара. Всего нас было девять человек, а по приезде мы нашли еще одного работника для кухни. Он оказался таким милым, что мы потом забрали его в Петербург», — писала Кшесинская.

Хорошие мамы под Новый год водят детей на представления — «елки». Матильда же была очень хорошей мамой и для любимого Вовы устраивала «елки» на дому.

3 июля 1905 года умер в возрасте 83 лет Феликс Кшесинский. Любопытно, что весной того же года он с дочерью отплясывал на сцене мазурку. Согласно завещанию отца, Матильда похоронила его в Варшаве. Над склепом отца и деда Кшесинская выстроила небольшую стеклянную часовню, а потом в Стрельне, в Сергиевском монастыре, после кончины матери в 1912 году, Матильда построила ей на кладбище каменную часовню с бронзовыми дверьми работы Хлебникова. Часовня была выложена внутри мрамором и украшена мозаикой.

Между тем в русском балете началось новое время.

В 1906 году в Мариинском театре появился новый чиновник по особым поручениям — 34-летний Сергей Павлович Дягилев. Молодой танцовщик Михаил Фокин поставил балет «Евника» по мотивам романа Генрика Сенкевича «Камо грядеши?»

Как писал Г. Седов: «Ожившая античная фреска на музыку А. Щербачева явилась в нужное время, имела шумный успех. Стараниями постановщика на сцене ожил нероновский Рим — с пряной экзотикой быта, необузданными страстями, культом чувственных удовольствий. Из многослойного романа Фокин извлек наиболее выигрышную для хореографии интимную линию — слепую, нерассуждающую любовь рабыни Евники к автору знаменитого «Сатирикона», эстету и эпикурейцу Гаю Петронию, в объятиях которого она принимает в финале добровольную смерть.

Солировали в спектакле лучшие из лучших: Евника — Кшесинская, Актея — Павлова, Петроний — Гердт. Греческого раба исполнил незабываемый лучник из половецких плясок в «Князе Игоре» Александр Ширяев, давший направление целой школе характерного танца, декорации и костюмы создал непревзойденный Лев Бакст. Хореография балетмейстера-дебютанта восхищала живописной красотой, изобретательной стилизацией: в заключительной сцене Евника плясала среди воткнутых в пол мечей, а Актея под мелодию вальса — томный, сладострастный «Танец семи покрывал», напоминавший импровизации Дункан.

Наутро после премьеры Фокин проснулся знаменитостью. В газетах — восторженные отклики, не замолкает в квартире телефон, посыльные несут и несут приветственные телеграммы. Но главным сюрпризом была для него, несомненно, короткая записка от Петипа: «Дорой друг Фокин! Восхищен Вашими композициями. Продолжайте, и Вы станете хорошим балетмейстером»[1].

Кшесинская писала о Фокине: «Выступление Айседоры Дункан в Петербурге повлияло на творчество молодого танцовщика Михаила Фокина, ставшего впоследствии знаменитым балетмейстером, стремившимся модернизировать классический балет. Он восстал против застывших поз со сплетенными над головой руками и стал искать в рамках классической техники возможность свободного выражения чувств. Ему удалось найти нужные формы и краски для балета «Евника», действия которого происходило во времена Римской империи. Фокин ходил в Эрмитаж и всматривался в изображенные на античных вазах танцевальные движения. Он изучал искусство Греции и Рима. И в результате постановка балета «Евника»... стала выдающимся событием, вызывавшим настоящую бурю. Любители классического балета были взбудоражены, а по-

---

[1] *Седов Г.* Матильда Кшесинская и Николай Романов. С. 123.

клонники новых веяний задыхались от восторга. Старые знатоки балета обвиняли Фокина в подражании Айседоре Дункан и в ненавистном для них «дунканизме». Молодежь же, наоборот, приветствовала новаторские тенденции, оживляющие традиционные каноны классического танца, которые Фокин вовсе не собирался уничтожать.

Я очень горжусь тем, что с самого начала была на стороне Фокина и считала гениальными его начинания. А гений всегда вызывает восхищение. Я сразу же его поддержала и до конца осталась ему верна...

Фокин очень меня любил и ценил. Мы вместе выступали в Москве на бенефисе Кати Гельцер 21 января 1907 года в балете «Тщетная предосторожность». Наша дружба длилась долгие годы, сначала в России, а потом и в эмиграции, вплоть до самой смерти Фокина в 1942 году».

Весной 1907 года балетное отделение Мариинского театра закончил Вацлав Нижинский, и уже в начале сезона 1907/08 годов Кшесинская танцевала с ним «Ноктюрн» Шопена. Матильда вспоминала: «Во время своего выпускного спектакля Нижинский произвел на меня огромное впечатление. И уже тогда я увидела в нем своего партнера на ближайшие годы».

Кшесинская строила дальние планы своих выступлений с Нижинским. 29 ноября 1907 года, в день их отъезда на гастроли в Москву, «Петербургская газета» предупредила: «Молодой танцовщик, по всей вероятности, поедет с балериной на гастроли в Париж в феврале». Но в Париж Кшесинской пришлось отправиться с Легатом, потому что в балетной труппе произошел раскол, в результате которого Кшесинская и ее молодой партнер оказались в разных лагерях.

А случилось вот что. В начале сезона труппа приступила к репетициям балета «Павильон Армиды». Успех «Оживленного гобелена» напомнил дирекции о забытом сценарии Бенуа. Забыт же он был умышленно. Все еще помнили конфликт 1901 года, когда директором был князь Волконский, допустивший к постановке балета «Сильвия» своих приятелей мирискусников. Кроме одного Бенуа, захотевшего возобновить балет Делиба, «Сильвией» занялась еще целая группа его друзей художников: Бакст, Лансере, Коровин, Серов. И, конечно, первым советчиком Бенуа оказался Дягилев. Он, по мнению чиновников, совсем зазнался благодаря своей ловкой проделке с «Ежегодником императорских театров». До сих пор в этом казенном органе печатались списки трупп, репертуар, сведения о юбилеях и некрологи. Дягилев, при участии все тех же своих союзников, превратил это полезное издание в роскошно иллюстрированный журнал, пригласил философствующих авторов и... прославился на весь Петербург. Когда же он вмешался в постановку «Сильвии», даже добродушный князь Волконский заподозрил, что Дягилев метит на его место. Он потребовал, чтобы Дягилев «Сильвии» не касался, а то пригрозил отлучить от «Ежегодника». Дело дошло до царя и неожиданно кончилось приказом об отставке Дягилева, да еще без права поступления на государственную службу.

С тех пор Дягилев развил бешеную деятельность. В сущности, выскочка, какой-то «дворянчик из Перми», объявлял вернисажи то старинного портрета, то финских художников, потом устроил огромную выставку в Париже и сразу завоевал признание у тамошней публики, а в 1907 году начал устраивать в Париже концерты русской музыки. Почтенный барон Фридерикс усматривал тут едва ли не подрыв основ, хотя объяснить, в чем именно подрыв, даже самому себе затруднялся.

Однако же, с другой стороны, Дягилеву теперь было как будто не до казенных театров. А в балете Мариинского театра после увольнения Петипа царствовала рутина. Кроме «Феи кукол», которую Николай Легат поставил еще с покойным братом, он сочинял балеты — один скучнее другого. И управляющий петербургской конторой Крупенский предложил дать Фокину «Павильон Армиды», раз он так хорошо поставил в школе его главную сцену.

Все началось весьма пристойно. Дирекция без разговоров утвердила эскизы Бенуа, хотя они и обещали изрядные расходы. Фокин представил список исполнителей— главные роли предназначались Кшесинской и Гердту. Труппа с первых же репетиций проявила невиданный энтузиазм.

Впрочем, последнее как раз заставило чиновников насторожиться: рвение, переходя должностные пределы, всегда грозит каким-нибудь беспокойством. Но главное было, разумеется, не в этом, а в том, что вслед за Бенуа в театр просочилась вся его компания, и когда работу перенесли из репетиционного зала на сцену, в креслах пустого партера возникла фигура Дягилева.

Тут чуть было не повторилась история с «Сильвией». Состоявший при театре полицмейстер по приказу Крупенского потребовал, чтобы Дягилев немедленно покинул репетицию, и Бенуа устроил из-за этого настоящий скандал. Куда девалась его интеллигентная деликатность! Он кричал что-то совершенно неуместное насчет театральных держиморд. Крупенский слушал его с усмешкой и хотя отменить премьеру уже не мог, начал потихоньку строить козни. В театре не зря говорили, что у него нюх на интригу. Все как будто бы разлаживалось само собой, вплоть до катастрофы на генеральной репетиции.

Закапризничал Гердт, то ли действительно убедившись, что стар для роли молодого виконта, то ли почуяв перемену ветра, а он с конторой Императорских театров никогда не ссорился. Фокин еле уговорил его сыграть хотя бы премьеру. Но за неделю до премьеры отказалась от роли Армиды и Кшесинская, причем отказалась категорически. Ей давно не нравилось, что у Армиды нет ни одной вариации и даже выход не эффектен. О своем отказе она сообщила, будто мимоходом забежав в директорскую ложу, где Бенуа и Фокин задержались после репетиции. Фокин буркнул ей вслед: «Дьяволица!» И все пошло к отмене спектакля.

Бенуа и Фокин еще не успели опомниться, когда в ложу вбежала Павлова и попросила, чтобы партию Армиды дали ей. И по театру мгновенно разнеслась новая весть о том, что Анна оставила Матильду с носом[1].

---

[1] Использованы материалы из книги Веры Красовской «Павлова. Нижинский. Ваганова. Три балетные повести» // http://az.gay.ru/articles/bookparts/krasovskaja.

Но Матильда решила взять реванш в Париже. Она выехала туда 21 апреля (4 мая) 1908 года. С ней поехали сын Вова с няней, балерина Клавдия Куличевская, горничная, лакей и костюмерша.

Об этой поездке Матильда вспоминала: «В то время балет в Париже находился на крайне низком уровне. Зрители могли видеть лишь отдельные номера в конце оперного действия. Сценические редакции балетов были откровенно неинтересными. Я не любила «Коппелию», в которой должна была выступать, хотя Плещеев в своей книге «Наш балет» хвалил меня именно за эту роль. В «Корригане» я танцевала впервые и готовилась к выходу на сцену под руководством знаменитой в то время Роситы Маури. Как и в «Коппелии», в этом балете у меня не было ярких сольных партий, где я могла бы блеснуть. Мои выступления пользовались большим успехом, и все же он не был таким громким, каким мог бы стать, если бы я сама выбрала балет. Дирекция парижской Оперы не организовала рекламу, что, естественно, тоже сказалось. И все же сразу по окончании гастролей я была приглашена на следующий год. За свое первое выступление в парижской Опере я получила от французского правительства серебряную пальмовую ветвь Академии».

Одновременно с Кшесинской в Париже устроил русский оперный сезон Дягилев. Опера «Борис Годунов» с Федором Шаляпиным в главной роли стала сенсацией в Париже. Матильда была обижена за свой скромный успех, но Шаляпин поразил и ее: «До конца жизни не забуду этого спектакля. Невозможно описать то, что творилось в зале. Зрители, очарованные пением и игрой Шаляпина, обезумели от восторга. Когда по ходу действия Годунову почудился призрак царевича Димитрия, наши соседи стали толкать друг друга локтями и показывать на сцену: «Смотрите, вот там, в углу!» — как будто там действительно появилось что-то таинственное. Вот так играл Шаляпин, который умел настолько загипнотизировать зал, что всем и в самом деле казалось, что перед ними призрак, привидевшийся Годунову».

Тем не менее Кшесинская продолжала конфликтовать с Дягилевым и Фокиным. Матильда собиралась в 1909 году сама собрать труппу из лучших артистов балета для турне по Европе, но по каким-то причинам это не получилось. Возможно, это было связано со смертью 4(17) февраля 1909 года великого князя Владимира Александровича, который фактически управлял русским балетом.

«Контакт с Дягилевым был вскоре налажен. Тот быстро понял, что имя прима-балерины, дважды успешно гастролировавшей в Гранд-Опера, привлечет публику. Кроме того, Кшесинская не скупилась на расходы, а у Дягилева всегда не хватало денег. Для гастролей в Англии Кшесинская купила декорации и костюмы «Лебединого озера», оплатила игру скрипача Эльмана. В этом балете Кшесинская танцевала вместе с Нижинским — и затмила его. Ее 32 фуэте в сцене бала произвели фурор. Нижинский рвал и метал.

Дягилев не возобновил контракта с Фокиным. Тот сосредоточился на работе в Мариинском театре. Разрыв с дягилевской антрепризой и вынужденный союз с Кшесинской вызвали у него депрессию, немедленно проявившуюся в творческих неудачах. А война 1914 года окончательно привязала Фокина к Мариинке и упрочила его зависимость от Кшесинской, которая продолжала оставаться полновластной хозяйкой театра»[1].

_____

[1] *Вульф В.* Матильда Кшесинская. Императорская балерина // Журнал «L'Officiel». Русское издание. №42. Ноябрь 2002 // Материалы сайта: http: // www.v-vulf.ru/officiel / officiel-42-1.htm.

Глава 12

СТРАСТИ ПО МАТИЛЬДЕ

Сезон 1909/10 годов Кшесинская начала довольно поздно — 13 декабря, выступив на бенефисе кордебалета в балете «Щелкунчик» в роли Сахарной феи.

А 29 ноября в бенефис Ольги Преображенской был показан балет Дриго «Талисман», возобновленный Николаем Легатом. Хореография Легата была очень удачной, и благодаря этому спектакль имел успех. В этом сезоне кроме Ольги Преображенской танцевали Павлова, Карсавина и Трефилова. Однако после первого же представления к Матильде приехал Легат и уговорил ее выступать в «Талисмане». Он убеждал Кшесинскую, что балет понравился публике и получил хорошие отзывы, но все же это был не тот успех, на который он рассчитывал. Легат считал, что Преображенская не достаточно хорошо вошла в роль, чем портила все впечатление, и только Кшесинская могла спасти постановку, и «Талисман» останется в репертуаре. То есть вопрос ставился так, что если Матильда не согласится, то «Талисман» пропадет, а репутация Легата как балетмейстера будет навеки погублена.

Матильда поначалу отказалась, но, выслушав аргументы Легата, согласилась. Второе представление «Талисмана» с Преображенской, запланированное на 20 декабря, было отменено.

Предоставлю слово Матильде: «Через месяц, 3 января 1910 года, я с подлинным триумфом выступила в «Талисмане». Коля Легат был прав — балет действительно остался в репертуаре, а сам он не находил места от радости и не знал, как меня благодарить».

Матильда продолжала постоянно жить с великим князем Сергеем Михайловичем. Великий князь Андрей периодически навещал ее, тем не менее о романах Кшесинской в 1909–1910 годах говорил «весь Петербург». Кое о чем поведала нам и она сама: «Сезон 1910/11 года был исключительно веселым, со множеством обедов, ужинов и балов-маскарадов. Я очень любила их и славно развлекалась, интригуя окружающих своей маской с густой вуалью и домино.

В то время моим обожателем был Владимир Лазарев, еще почти мальчик. Из-за его сестры Ирины, ставшей впоследствии графиней Воронцовой-Дашковой, все потеряли голову.

Мое знакомство с Володей, как все его называли, началось очень забавно. Это произошло во время одного из балов-маскарадов в Малом театре, куда я была приглашена и должна была продавать шампанское. В тот вечер на мне был очень красивый наряд: черная облегающая юбка из атласа и верх из белого шифона, окутывавший в виде шали плечи и талию, открывавшего глубокое декольте и большой ярко-зеленый бант сзади. Этот туалет мне привезли из Парижа. На голове у меня была венецианская сетка из искусственных жемчужин, спадавшая на лоб и украшенная сзади белыми перьями. На шею я надела свое изумрудное колье, а к лифу приколола огромную бриллиантовую брошь с крупным изумрудом посередине. Одним словом, у меня были все шансы понравиться присутствующим.

В начале вечера я появилась в черном домино и маске с вуалью, чтобы меня никто не узнал. Сквозь вуаль можно было рассмотреть только мои зубы, когда я улыбалась. А улыбаться я умела.

В качестве объекта розыгрыша я выбрала Володю Лазарева, который очаровал меня своей почти мальчишеской внешностью и веселым нравом. Я примерно знала, кто он такой, и стала возбуждать его интерес к своей особе. Видя, что он уже достаточно заинтригован, я скрылась в толпе и вышла из зала. Переодевшись в вечерний туалет, я вышла в зал и подошла прямо к своему столику, чтобы продавать шампанское, делая вид, что только что приехала. К столику приблизился Володя Лазарев, не принадлежавший к кругу моих знакомых. Разумеется, он меня не узнал. Однако, когда я была в маске, он обратил внимание на мои зубы, которые виднелись сквозь вуаль, и все время повторял: «Ах, какие зубки... какие зубки». Естественно, подавая ему шампанское, я старалась не улыбаться, однако, несмотря на все усилия, не выдержала и рассмеялась, и он сразу же меня узнал. «Какие зубки!» — закричал он во весь голос и засмеялся. С того дня мы стали большими друзьями, вместе веселились и вместе пережили революцию, вместе убежали из России, а потом снова встретились в эмиграции как старые друзья. В то время, о котором я рассказываю, он жил не в самом Петербурге и лишь время от времени приезжал в город, поэтому на подаренной ему фотографии я написала: «Кого-то нет, кого-то жаль, к кому-то сердце рвется вдаль». Удивительно то, что Лазарев действительно меня любил, хотя и принадлежал к типу мужчин, от которых этого меньше всего можно было ожидать».

Одна часть мемуаристов исключает из своих воспоминаний свои внебрачные связи, другая же, наоборот, популяризует их. В «Воспоминаниях» Кшесинской, на мой взгляд, часто говорится о незначительных увлечениях, дабы скрыть серьезные романы.

После Русско-японской войны и вплоть до 1917 года в Петербурге, да и во всей России циркулировали слухи о продолжавшейся связи Кшесинской с Николаем II. Распространителями слухов были как простолюдины, так и аристократы. Волей-неволей возникает вопрос — «а был ли мальчик»? Так вот, скорей всего, была девочка.

Начну с того, что Кшесинская имела скрытый канал связи с императором. В декабре 1902 года Юлия Кшесинская, уйдя в отставку из театра после двадцати лет службы, вышла замуж за барона Цедделера. Барон был однокашником цесаревича по лейб-гвардейскому Преображенскому полку, а затем стал адъютантом императора. Сестры постоянно общались между собой, соответственно Матильда регулярно видела зятя-барона.

Сам император часто бывал в Константиновском дворце, принадлежавшем с 1892-го по 1917 год великому князю Дмитрию Константиновичу, внуку Николая I. Константиновский парк и имение Кшесинской были разделены небольшим полузасохшим каналом, а в ряде мест просто забором. Николай постоянно видел Матильду на сцене, восхищался ей и выполнял все ее малейшие указания, касавшиеся жизни Императорских театров. Могли ли канавка или забор помешать самодержцу увидеть Матильду вне сцены?

Ах, воспитание, ах, менталитет того времени! А как насчет борделей в Египте, Индии и Японии? Но тогда он был молод. А как насчет Распутина?

По сведениям члена Санкт-Петербургского общества творческих музейных работников, заслуженного работника культуры РФ Валентина Боброва[1], в сентябре 1910 года император проживал в Константиновском дворце без семьи. Матильда Кшесинская всю осень 1910 года и зиму 1910/11 года в основном провела на даче в Стрельне, редко появляясь в столице. Так, исключение она сделала 13 февраля 1911 года, выступив на бенефисе в честь своего двадцатилетнего пребывания на сцене.

А весной и летом (до июля 1911 года) Матильда вообще исчезает из поля зрения петербургского светского общества. В это время она жила в имении родственников своей подруги Симы Астафьевой в Старицком уезде Тверской губернии. Имение принадлежало дворянам Севенардам, именно тогда в первый раз пересеклись пути двух фамилий: Кшесинских и Севенардов.

Здесь же жил ее брат Иосиф, незадолго до того покинувший должность преподавателя театрального училища, со своей молодой женой. Они провели в имении Севенар-

---

[1] *Бобров В.* Последняя дочь последнего императора? Материалы сайта http://sevenard.ru/s/24/

дов все лето и осень 1911 года и возвратились в Петербург лишь в ноябре с девочкой Целиной, которая в метриках значится как родившаяся в октябре, хотя молодоженов видели с младенцем почти все лето. Сценическая жизнь оставляла мало свободного времени, но судьба маленькой Целины, официально считавшейся дочерью брата, находилась под пристальным вниманием Матильды. В особняке на Кронверкской набережной и на даче в Стрельне девочка чувствовала себя как дома, поскольку Кшесинская не делала различия между ней и сыном Вовой. Все праздники и торжества отмечались только вместе, а брат балерины с женой и маленькой Целиной почти непрерывно жили на даче в Стрельне. На случайно найденных уникальных пленках 1914 года сохранились кадры, где маленькой трехлетней девочке Целине адъютантом Николая II оказываются, в соответствии со строгим этикетом того времени, царские почести.

Забегая вперед, скажу, что с 1920 по 1937 год Матильда была в переписке с братом Иосифом. В каждом письме Кшесинская спрашивала о Целине. В ответных письмах Иосиф рассказывал не столько о себе, своей жене и сыне Роме, сколько о Целине. О ее балетных успехах, о том, что все говорят в один голос: «Как она похожа на сцене на великую Матильду... Да она еще более талантливая...», о том, что она полюбила и вышла замуж за молодого инженера Константина Севернарда, о том, что у них родился сын Юра, о том, что Целина навсегда покинула сцену.

В своих последних письмах к брату Кшесинская уговаривала его приехать к ней в Париж или каким-то образом переправить к ней Целину. Но обстановка в стране становилась все более сложной, и реализовать это не удалось.

В 1959 году, во время «оттепели», Матильда в письме директору Дома-музея Чайковского в Клину В.К. Журавлеву писала о том, что хотела бы узнать о судьбе своего брата и о его семье. И только в начале 1960-х годов ей удалось каким-то образом получить адрес молодого инженера Юрия Константиновича Севенарда. Матильда написала ему письмо, в котором умоляла встретиться с ней. Чтобы эта встреча состоялась, престарелая Матильда, которой уже было за 90 лет, готова была приплыть на пароходе в Одессу. Но встреча не состоялась.

В письме Кшесинская писала о том, что должна сообщить Ю.К. Севенарду нечто очень важное, и просила сохранить это письмо в тайне. Молодой инженер, руководивший тогда перекрытием Енисея, весьма туманно представлял себе, кто такая Матильда Кшесинская и какое она имеет к нему отношение. Он показал письмо своему отцу Константину Владимировичу Севенарду, который в то время руководил строительством Красноярской ГЭС. Отец сжег письмо и попросил сына никак не реагировать на него.

Но вернемся назад. В августе 1911 года Матильда особенно часто устраивала приемы в своем Стрельнинском дворце. На вернисаже 10 августа князь Гавриил Константинович, сын великого князя Константина Константиновича, познакомился с балериной Мариинского театра Антониной Нестеровской. «Крошечная, легкая, пикантная, обворожительная — она показалась Гавриилу созданием неземным и страстно желанным одновременно. Ей не нравилось уменьшительное имя Тоня, и она предпочитала, чтобы ее звали Ниной. Гавриил повторял это волшебное имя как молитву, как самую прекрасную песню на свете! Противоположность тянется к противоположности: он, высоченный, застенчивый, замкнутый, избалованный, болезненный, потянулся к этой крошечной хохотушке с короной пышных светлых волос, щебечущей, словно райская птичка, безунывной, всегда всем довольной...

В тот же вечер Гавриил отвез Нину в крошечную квартирку, которую она делила с сестрой, и остался с ней до утра. Лидия тактично не вернулась от Кшесинской.

Проницательная Матильда мгновенно поняла, что долговязый Гавриил с головой погрузился в веселые Ниночкины глазки и вряд ли оттуда вынырнет. Она искренне любила эту веселую девочку, а потому наутро в театре по-

заботилась довести до чьих надо ушей, какого бобра уби-
ла «балерина у воды»[1] Нестеровская. С того дня сценическая карьера Нины изменилась, словно по мановению вол-
шебной палочки. Дарование ее по-прежнему оставалось
небольшим и подходящим скорее для мазурок, характерных и испанских танцев, однако ей удавалось успешно со-
лировать и в балетах «Дочь фараона» и «Аленький цвето-
чек». В последнем она просто невероятно прелестна, в ко-
ротеньком платьице, усыпанном цветами и выставляющем
напоказ ее чудные, стройные ножки — такие маленькие,
что ступня была меньше ладони Гавриила Константиновича чуть ли не вдвое. С каким же обожанием он сжимал эти
ножки и целовал их!»[2].

В марте 1912 года великий князь Андрей Владимирович и князь Гавриил Константинович отправились из Петербурга в Монте-Карло. Ехали они в одном купе. А в другом купе ехали Кшесинская и Нестеровская. В Монте-Карло они вчетвером азартно играли в рулетку. Позже к ним
присоединился и великий князь Сергей Михайлович. Гавриил вспоминал: «Однажды А.Р. [Нестеровская] выиграла
в рулетку. Дома, вместе с великим князем Сергеем Михайловичем, они считали выигранные деньги, клали золотые
монеты кучками и решали, что на них купить. Сергей Михайлович был очень хороший и добрый человек, и в то же
время — умный и образованный. Он любил подсмеивать-
ся над людьми и изводить их. Иной раз он бывал очень не-
приятен. Но повторяю, это был добрейшей души человек.

Кшесинская должна была выступать у Дягилева с известным артистом Нижинским. Они танцевали в небольшом балете, «Spectre de la Rose», под музыку Верера,
«L'Invitation a la valse», также в постановке Фокина. Гвоздем

---

[1] Так называли танцовщиц, стоявших в последней линии кордебалета, у самого задника с изображением рек и озер.
[2] *Арсеньева Е.* Маленькая балерина Антонина Нестеровская, княгиня Романовская, Стрельницкая. Материалы сайта http://russlib.ru/
read_113173.html

этого балета был громадный прыжок Нижинского в окно. Балет этот мне очень нравился, я видел его много раз»[1].

Академик А.Н. Крылов дает своеобразное объяснение поездке Сергея на Ривьеру. Санкт-Петербургский Металлический завод получил заказ на изготовление 60 лафетов для 152-мм береговых пушек стоимостью в 3,6 миллиона рублей. Великий князь Сергей Михайлович предложил явно неудачный прицел английского образца к этим установкам. Крылов написал докладную записку, доказывавшую нелепость затеи Сергея. В Арткомитете Главного Артиллерийского управления был большой скандал. В конце концов, руководство завода поднесло сто «катенек» (10 тысяч рублей) Матильде, чтобы та уговорила Сергея уехать в Ниццу. Прицелы были заменены без визы генерал-инспектора артиллерии.

Крылов писал: «Дворец Матильды на углу Каменноостровского проспекта и Дворянской улицы привлекал всеобщее внимание. Еду как-то на Металлический завод мимо этого дворца, извозчик на козлах и отпускает философское замечание:

— Дом-то какой, слышь, царская фря построила... нажила, — причем он выразился чисто по-извозчичьи.

Но он, очевидно, не знал, что Матильда обладала и другими способами наживы. На артиллерию тратилась в то время сотня миллионов в год; один процент комиссии — вот уже миллион»[2].

На Ривьере в местечке Кап-д'Эль Кшесинская и Андрей снимали виллу «Морла», но Матильда захотела приобрести собственную виллу. В итоге она купила виллу за 180 тысяч франков. В «Воспоминаниях» Матильда писала, что виллу купил Андрей на ее имя. Однако она тут же говорит, что все финансовые вопросы решала она сама. Лично я не думаю, что великая княгиня Мария Павловна Стар-

---

[1] *Великий князь Гавриил Константинович.* В Мраморном дворце. Из хроники нашей семьи. СПб.: Logos; Дюссельдорф: Голубой всадник, 1993. С. 106–107.

[2] *Крылов А.Н.* Мои воспоминания. Л.: Судостроение, 1984. С. 198.

шая одобрила бы убыль 180 тысяч франков из семейного бюджета.

Двухэтажная вилла имела паровое отопление. Вилла получила название «Ялам», если прочесть его справа налево, то получится «Маля» — уменьшительное от имени Матильда. «Легко представить мою радость по поводу того, что я стала владелицей удобной и уютной виллы, — вспоминала Кшесинская. — Она находилась в очень живописном месте, на склоне горы, с чудесным видом на море. Дом был превосходно обставлен, особенно столовая, гостиная и моя спальня...

Как часто бывает, несмотря на то, что вилла была большой, нам не хватило комнат для адъютанта и врача Андрея. Гаража для машины тоже не было. Однако мне принадлежал прилегавший к вилле скалистый участок земли, и, посоветовавшись с архитектором, я решила построить там дом с комнатами для гостей и некоторых слуг, а внизу устроить гараж и помещение для шофера. Мы уже жили на вилле, когда начались работы по выравниванию участка. Из окон было видно, как рабочие пробивали шурфы для динамита, а потом взрывали скалы. После закладывания взрывчатки слышался сигнал трубы, и все разбегались в укрытия, а через пару минут раздавался взрыв. Если он был удачным и отваливался большой кусок скалы, все хлопали в ладоши.

Мебель для нового дома я привезла из Ниццы. Все гостиные были превосходно обставлены. В Ницце, у Дюма, я также заказала обстановку для спальни Андрея. Кровать, шкафчик для белья, письменный стол, туалетный столик, круглый ночной столик, два стула и кресло — все это было сделано в стиле эпохи Регентства. Впоследствии эту мебель перевезли в Париж.

Проведя с Андреем два счастливых месяца, я возвратилась в Россию, а он снова отправился на всю зиму в Санкт-Мориц, так как состояние его легких все еще вызывало опасение».

В «Воспоминаниях» Матильды 1910–1912 годы — время идиллического романа с Андреем Владимировичем, а Сергей Михайлович вообще не упоминается. Но вот на сцене появляется Петр Николаевич Владимиров, закончивший училище в 1911 году. Кшесинская танцует с ним балет Фокина «Эрос». По сему поводу по Мариинке пошла злая шутка: «Эрос свел Петеньку с Матильдой». И Кшесинская действительно влюбилась в него — может быть, это было одно из самых сильных ее увлечений за всю жизнь. Он был очень красив, элегантен, прекрасно танцевал и поначалу смотрел на Кшесинскую с почти щенячьим восторгом. Она была старше его на 21 год. Специально чтобы танцевать с ним, Кшесинская решила выступить в «Жизели» — балете, в котором блистали Павлова и Карсавина. Для балерины в сорок четыре года это была совершенно неподходящая партия, к тому же Кшесинская не умела исполнять лирико-романтические роли. Матильда впервые потерпела неудачу. Чтобы подтвердить свою репутацию, она тут же решила станцевать свой коронный балет — «Эсмиральду». Еще никогда она не танцевала с таким блеском.

Андрей Владимирович, узнав о страсти Матильды, вызвал Владимирова на дуэль. Они стрелялись в Париже, в Булонском лесу. Великий князь прострелил Владимирову нос. Тому пришлось делать пластическую операцию...

Глава 13

ВЕЛИКАЯ ВОЙНА

1914 год для Матильды начался традиционно. Во дворце на Кронверкской набережной она устроила елку для сына: «В тот год я пригласила известного клоуна Дурова с его дрессированными зверями, которых привезли ко мне в дом. Среди них был даже огромный слон. Слона закутали в клетчатый плед, чтобы он не замерз. Когда его вводили в дом, пришлось открыть не только саму дверь, но и боковые створки. До начала представления слона спрятали в вестибюле перед гостиной».

9 февраля Матильда танцевала «Эсмиральду» в бенефисе Николая Легата. В тот день царь с Аликс и детьми был на свадьбе своей племянницы Ирины с князем Феликсом Юсуповым, проходившей в Аничковом дворце. Цитирую царский дневник: «Успел все кончить и в $7^1/_2$ отправился с дочками снова в город в театр. Был прощальный бенефис Легата — шла отлично «Эсмиральда». Приехал домой в $12^1/_4$». Как видим, Алиса была на свадьбе, но отказалась поехать на балет.

Матильда торжествовала: «Я не верила своему счастью: Ники наконец-то увидит меня в «Эсмиральде». Сколько лет я об этом мечтала!..

Директор, видевший, какой успех выпал на мою долю, и знавший, что в среду я должна выехать на юг Франции, попытался уговорить меня остаться и танцевать в «Спящей красавице», которую собирались показать в новой редакции, с новыми костюмами и декорациями. Я отказалась, несмотря на то, что мне очень хотелось еще раз выступить перед императором. После «Эсмиральды» я не стремилась появиться в другом балете, а кроме того, Ники любил меня в «Спящей красавице» в прежней постановке, и кто знает, понравилась ли бы я ему в последней версии этого спектакля».

И 12 февраля Матильда поехала в Кап-д'Эль. Новый дом внизу на вилле в Кап-д'Эль был почти достроен. Дом был двухэтажный. На втором этаже имелось шесть жилых комнат, четыре из которых, с видом на море, предназначались для гостей: адъютанта фон Кубе, доктора Мака и камердинера Леднева. В двух других комнатах с окнами под потолком жила прислуга. В доме было два туалета, а внизу находился большой гараж и комната шофера. Еще имелась прачечная и котел центрального отопления.

С началом Первой мировой войны все августейшие дамы решили оказывать помощь фронту. Помните кинофильм «Гусарская баллада»:

> Мы меж собой тут говорили,
> Как нам войскам помочь. Решили
> Из тряпок корпию щипать.
> У лазарета, завтра в пять!

Разумеется, никто не стал продавать дворцы или яхты. Маленькая деталь: в 1904 г. капитан 1 ранга Кладо предложил использовать большие царские яхты в качестве крейсеров для борьбы с японцами, за что угодил под арест.

Дамы организовывали небольшие госпитали на несколько коек, где заодно заводили флирт с легко раненными офицерами. Сама императрица Александра Федоровна со старшими дочерьми решили стать медицинскими сестрами. Об этом с умилением пишут все наши историки. Но никому не приходило в голову, во что обошлось время профессоров-медиков, убитое на обучение высочайших особ. Госпиталь, где периодически бывала Алиса, лихорадило. Охрана ставила весь персонал буквально на уши. Заранее происходила фильтрация раненых, дабы среди них не оказался бывший студент-эсер или просто лихой парень, мечтавший высказаться о Николае и Григории.

Не отставала от общей моды и Кшесинская: «Я тоже решила организовать небольшой госпиталь и нашла для этого подходящее здание недалеко от моего дома, на Каменноостровском проспекте. Сам госпиталь разместился на втором этаже, а внизу находились помещения для обслуживающего персонала. Устройство госпиталя заняло много времени, и он открылся только в декабре 1914 года. Я не жалела средств на его оборудование. Здесь было две операционных и три палаты для раненых, на десять мест каждая. Я пригласила лучших врачей, которые приходили ежедневно. Постоянный персонал состоял из старшей сестры, двух медсестер и двух санитарок, а также повара Сергея, начинавшего у меня поваренком.

В день освящения госпиталя сюда приехали разные должностные лица, включая губернатора Петербурга, князя Оболенского, и А. Половцева, уполномоченного Красного Креста. Приехали также инспекторы санитарной службы и многие мои знакомые. После освящения было заказано угощение».

Матильда с гордостью писала Андрею Владимировичу: «Мой долг россиянки сегодня — служить всеми силами родному Отечеству и Государю».

Для сбора средств на нужды военных госпиталей Кшесинская со своим новым партнером Петром Владимировым, солистом оперы Витингом и капельмейстером Лачиновым отправилась в двухнедельную поездку по России. Они гастролировали в Москве, Киеве, Харькове, Ростове-на-Дону, Баку и Тифлисе.

«Путешествовать во время войны было делом довольно сложным, — вспоминает Матильда об этой поездке, — в каждом городе надо было ехать в гостиницу, брать туда с собою весь багаж, а после спектакля спешить на поезд. Это было крайне утомительно. Великий князь Сергей Михайлович уступил мне тогда свой салон-вагон, очень вместительный и оборудованный для дальних поездок. Середину вагона занимал довольно обширный салон, а рядом с ним была моя спальня и уборная. По одну сторону салона находился буфет-кухня, где мой лакей Арнольд мог в случае надобности готовить нам отличный обед, дальше было отделение для него и, наконец, багажное отделение. По другую сторону салона было отделение в четыре места, где поместились Владимиров, Витинг и Лачинов, затем было маленькое отделение в два места для моей горничной и Наташи Рубцовой, дочери моей экономки, а в последнем отделении помещался вагоновожатый... После спектакля было весело возвращаться к себе в вагон как домой, где нас, по обыкновению, уже ждал обильный и всегда вкусный ужин... И так беззаботно мы катили по России».

В 1916 году также беззаботно и в отличном настроении Матильда с Петей Владимировым отправились на фронт. В замаскированных лесных бараках под Минском они раздавали подарки солдатам, Матильда с Петей танцевали для военных моряков в Гельсингфорсе, участвовали в благотворительных концертах, вся выручка от которых шла семьям артистов, ушедших на фронт.

Современники назвали войну 1914–1918 годов Великой войной, но ее можно по праву назвать и Временем великих афер. Общественность сплотилась в едином порыве для поддержки армии. По сему поводу частные заводы отпускали ей снаряды в полтора-два раза дороже, чем казенные заводы.

Пушки, правда, изготавливали только казенные заводы. Единственный частный Путиловский завод сорвал все заказы по тяжелой артиллерии и почти сразу же после начала войны был национализирован. Зато частники взялись за малую артиллерию — минометы и бомбометы. В результате к 1917 году на складах скопилось свыше трех тысяч подобных изделий, произведенных частными заводами. Нужда в таких орудиях была огромная, но частные минометы и бомбометы не брали, поскольку они представляли собой опасность исключительно для прислуги.

А какие возможности появились у военных, особенно у Сергея Михайловича, в связи с эвакуацией оборонных заводов из Привисленского края и Прибалтики! Эшелоны уходили из точки «А» и... не приходили в точку «Б».

Разобраться, кто сколько взял в этом хаосе, было невозможно. Тем не менее даже великий князь Николай Николаевич (в 1914–1915 годах главнокомандующий русской армией, а затем командующий Кавказским фронтом) возмущался «участием и влиянием на артиллерийские дела балерины Кшесинской, через которую получали заказы различные фирмы»[1].

В 1916 году, во время «угольного голода», британский посол Бьюкенен был возмущен, увидев, как солдаты разгружали уголь из военных грузовиков у дворца Кшесинской. Начальник Главного Артиллерийского управления А.А. Маниковский открыто писал в служебном документе генералу Барсукову: «Противно до такой степени, что требуется огромное усилие воли, чтобы терпеть... Но ведь всегда терпению есть предел, за которым уже исход неизбежен».

Несмотря на рогатки цензуры, в печать проникали статьи с разоблачениями афер Матильды и Сергея в области военных поставок. Веселые студенты в театре напевали: «Ты, Кшесинская, пляши, вензеля ногой пиши...» Дальнейший текст частушки воспроизведению в печати не подлежит.

В начале февраля 1917 года комендант Четвертого полицейского управления на Петербургской стороне, находившегося на Каменноостровском проспекте в доме № 65, генерал Галле позвонил Кшесинской и настоятельно порекомендовал ей с сыном на время покинуть столицу. Он был уверен, что в городе в любую минут могут начаться беспорядки, а дворец Кшесинской, находившийся в самом начале Каменноостровского проспекта, мог быть разрушен в первую очередь.

Матильда прекрасно понимала, что в случае восстания в Петрограде ей может основательно достаться «на орехи», и благополучно выехала в Финляндию в санаторий Рауха, расположенный недалеко от Иматры. Сопровождал

---

[1] *Троцкий Л.Д.* «Июльские дни»: кульминация и разгром // История Русской революции. Т. 2. // Материалы сайта www.revkom.com/biblioteka/marxism/trotckii/

их верный Петр Владимиров. Матильда с Вовой прожили там почти неделю, с 8 по 15 февраля, когда генерал Галле сообщил, что в Петрограде все спокойно и можно возвращаться, что Матильда сразу же и сделала.

22 февраля Кшесинская устроила у себя во дворце обед на 24 персоны: «Войдя в столовую, гости онемели от восхищения, что доставило мне огромное удовольствие, так как я сама продумала каждую мелочь. Обед прошел удачно, все блюда были вкусными и предлагались с соответствующими винами. После обеда мы играли в баккара, и гости долго не расходились. Это был мой последний прием в Петербурге.

На следующий день, 23 февраля, моя экономка стала пересчитывать хрусталь и столовое белье, как она обычно делала после больших приемов. В этот момент прибежал кто-то из моих людей, насмерть перепуганный, и сказал, что по Большой Дворянской движется огромная толпа. Началось то, чего мы все так боялись и ждали, — уличные погромы. Толпа прошла мимо моего дома, но на сей раз все обошлось благополучно. В последующие три дня еще теплилась надежда, что все успокоится и придет в норму. Двадцать пятого февраля я рискнула посетить Александрийский театр, где на бенефисе Юрьева показывали «Маскарад» Лермонтова в постановке Мейерхольда. На улице было тихо, и я съездила в театр и вернулась домой без всяких приключений.

На следующий день, 26 февраля, в воскресенье, снова позвонил генерал Галла, сказал, что ситуация в городе очень тревожная, и посоветовал вынести из дома все, что только можно».

Матильда загодя отдала свои наиболее ценные украшения на хранение ювелиру Фаберже и в несколько петроградских банков. Вечером 27 февраля она вместе с сыном, его гувернером Георгием Пфлюгером и двумя танцовщиками — Петром Владимировым и Павлом Гончаровым — бежала из дворца на Кронверкской набережной и укрылась на квартире знакомого трагика Ю.М. Юрьева в доме Лидваля в начале Каменноостровского проспекта. «Здесь мы и провели, не раздеваясь, первые три дня, — вспоминает Кшесинская. — Несколько раз сюда приходили вооруженные солдаты и через квартиру Юрьева вылезали на крышу в поисках пулеметов. Они угрожали нам, говоря, что мы ответим головой, если их найдут на крыше. С окон тоже пришлось все убрать, чтобы проходящей толпе не померещился пулемет, так как в этом случае по окнам сразу же открывали огонь».

С февраля по июль 1917 года Кшесинской пришлось жить на чужих квартирах. Через три дня после бегства Матильды к Юрьеву пришел Иосиф Кшесинский и взял сестру с сыном к себе.

Что происходило во дворце на Кронверкской набережной после бегства Матильды, представить невозможно. Кшесинская пишет: «...на следующий день после моего бегства из дома, который заняла какая-то банда во главе с грузином Агабабовым. Он стал устраивать в моем доме обеды и заставил повара готовить для его гостей, которые упивались моим шампанским. Оба мои автомобиля, разумеется, были реквизированы».

Маленький штришок: к этому времени в Германии было 10 тысяч легковых и 55 тысяч грузовых автомобилей, в России, соответственно, 2,7 и 7 тысяч. А вот у скромной матери-одиночки было три (!) автомобиля (один находился в Стрельне), не считая конных выездов.

Через две страницы «Воспоминаний» Кшесинская уже говорит, что ее дом был занят городской милицией, которая вывезла какие-то сундуки в резиденцию губернатора. Петр Владимиров сразу же отправился к губернатору и объяснил ему, в чем дело, а тот пригласил к себе сестру Матильды Юлию. В итоге Кшесинской вернули золотой венец и ящики с серебром. «Венец я сдала на хранение в Кредитное товарищество вместе с другими ценными вещами, которые удалось вынести Арнольду. Одиннадцать ящиков я поместила в Азовско-Донской банк, директором которого был Каминка, мой хороший знакомый и сосед по даче в

Стрельне. По сей день у меня хранится квитанция, выданная банком. Как-то, уже в эмиграции, я встретила Каминку, который заверил меня, что ящики надежно спрятаны и их никто не найдет. Он даже выразил надежду, что мне их скоро вернут.

Как я уже говорила, лучшие мои украшения и драгоценности хранились у Фаберже, однако после переворота он попросил все забрать, опасаясь обыска и конфискации лежавших в сейфе драгоценностей. Вскоре именно так и случилось. Эти ценности и все, что мне удалось вынести из дома, я сложила в отдельный ящик и сдала в Государственный кредитный банк на Фонтанке, дом № 74Б, причем умышленно занизив их стоимость, чтобы меньше платить за хранение. Я находилась в стесненном материальном положении и не могла потратить крупную сумму. Директор Кредитного банка был удивлен такой низкой оценочной стоимостью, так как, по его подсчетам, драгоценностей было не меньше, чем на два миллиона рублей. Я сберегла квитанцию Кредитного банка, подтверждающую, что ценности могут быть выданы только лично мне или моей сестре».

На самом деле история с дворцом Кшесинской была совсем иной. Матильда стала жертвой собственного тщеславия и амбиций. Особняк занял запасной броневой дивизион, причем солдат-«броневиков» привлекли не тряпки и будуары балерины, а просторный гараж, рассчитанный совсем не на два автомобиля, и сравнительно неплохая автомастерская.

Вскоре к «броневикам» присоединились солдаты пулеметной роты и Петроградский комитет большевиков, которому выделили 2-й этаж.

Занятие дворца, происшедшее за несколько недель до приезда Ленина, прошло сперва малозаметно. Негодование против захватчиков возрастало по мере роста влияния большевиков. Газетные россказни о том, будто Ленин поселился в будуаре балерины и будто вся обстановка особняка разгромлена и разворована, были просто враньем. Ленин жил в скромной квартирке своей сестры, а обстановку балерины комендант здания убрал и запечатал. Меньшевик Н.Н. Суханов, посетивший дворец в день приезда Ленина, оставил небезынтересное описание помещения: «Покои знаменитой балерины имели довольно странный и нелепый вид. Изысканные плафоны и стены совсем не гармонировали с незатейливой обстановкой, с примитивными столами, стульями и скамьями, кое-как расставленными для деловых надобностей. Мебели вообще было немного. Движимость Кшесинской была куда-то убрана...»

Осторожно обходя вопрос о броневом дивизионе, пресса выставляла Ленина виновником вооруженного захвата дома у беззащитной служительницы искусства. «В доме Кшесинской, — писал Федор Раскольников, — непрестанно толклась масса народу. Одни приходили по делам в тот или иной секретариат, другие — в книжный склад, третьи — в редакцию «Солдатской правды», четвертые — на какое-нибудь заседание. Собрания происходили очень часто, иногда беспрерывно — либо в просторном широком зале внизу, либо в комнате с длинным столом наверху, очевидно, бывшей столовой балерины».

С балкона особняка, над которым развевалось внушительное знамя Центрального Комитета, ораторы проводили беспрерывно митинги не только днем, но и ночью. Часто в глубокой темноте к зданию подходила какая-либо воинская часть или толпа рабочих с требованием оратора. Останавливались перед балконом и случайные обывательские группы, любопытство которых периодически возбуждалось газетной шумихой. Время от времени к зданию приближались ненадолго враждебные манифестации, требовавшие ареста Ленина и изгнания большевиков.

У Кшесинской оставался дворец в Стрельне, хватало средств на съем большого особняка в Петрограде, но она пустилась по инстанциям, чтобы отсудить трудами тяжкими нажитый дворец. Кшесинская побывала в военной комиссии Временного Комитета Государственной Думы, обращалась к командующему Петроградским военным округом генералу Корнилову, пыталась апеллировать и к авторитету Петроградского совета рабочих и солдатских депутатов.

В специальном прошении, направленном в Исполком Петросовета и написанном для большей убедительности на красной бумаге, одна из самых богатых до Февральской революции женщин России в очень мягких выражениях настаивала на возврате своего жилища. «Тем более, — писала она, — что у меня ребенок, а мы остались без крова». В ответ высший орган «революционной демократии», контролируемый в тот момент меньшевиками и правыми эсерами, принял резолюцию, в которой признавал «захват кем бы то ни было частной собственности недопустимым» и предложил комитету броневого дивизиона «ныне немедленно очистить занимаемое им в доме Кшесинской помещение, предоставив таковое владелице».

Малоэффективным оказалось и обращение к министру юстиции Керенскому. Александр Федорович был с дамой крайне любезен, но во время повторного визита вынужден был заявить Кшесинской, что освободить ее дом силой нельзя, «так как это повлечет за собой кровопролитие около него, что еще более осложнит дело».

В конце концов, Матильда решила прибегнуть к помощи судебных властей. По поручению Кшесинской ее адвокат, присяжный поверенный В.С. Хесин, возбудил в суде гражданский иск о выселении. В качестве ответчиков были указаны: «1. Петроградский комитет социал-демократической рабочей партии; 2. Центральный комитет той же партии; 3. Центральное бюро профсоюзов; 4. Петроградский районный комитет партии социал-революционеров; 5. Клуб военных организаций; 6. Кандидат прав В.И. Ульянов (литературный псевдоним Ленин); 7. Помощник присяжного поверенного С.Я. Багдатьев; 8. Студент Г.О. Агабабов».

Хотя некоторые газеты и поспешили озаглавить заметки с процесса «Тяжба Кшесинской и Ленина», к большому разочарованию ожидавшей новых сенсаций публики, основные персонажи на заседании не появились. Интересы большевистских организаций на суде представляли литовский социал-демократ помощник присяжного поверенного Мечислав Козловский и один из секретарей Петроградского партийного комитета Сергей Багдатьев, слывший одним из самых крайних левых даже среди большевиков.

В конце концов, мировой судья огласил решение: «По Указу Временного правительства России определено: выселить из дома № 2-1 по Б. Дворянской ул. в течение 20 дней п.к. с.-д. р.п., ЦК той же партии, клуб организаций [большевистский солдатский клуб «Правда». — *А.Ш.*], Петроградский районный комитет п.с.р., С. Багдатьева со всеми проживающими лицами и очистить помещение от их имущества. Решение обратить к предварительному исполнению... Иск в отношении Владимира Ульянова и Центрального бюро профсоюзов оставить без рассмотрения».

5 июня в особняке Кшесинской появился Хесин в сопровождении судебного пристава и отряда милиции, чтобы произвести выселение. К ним вышел Яков Свердлов и договорился об отсрочке. Однако исход дела решила резолюция матросов Балтфлота, пригрозивших пустить в дело орудия занятой ими Петропавловской крепости в случае попытки нападения на дворец.

И пришлось бедной матери-одиночке вновь скитаться по чужим углам. Прожив у брата три недели, Матильда отправилась на три дня к сестре, потом еще три дня прожила у близкой подруги Лили Лихачевой, а затем переехала на квартиру к Владимирову на Алексеевской улице, дом № 10.

«Первого мая в городе ожидались беспорядки, спровоцированные большевиками, — пишет Кшесинская. — Мне было страшно оставаться с Вовой в квартире Владимирова, и поэтому я с радостью воспользовалась приглашением сиамского посла Визана и на несколько дней перебралась к нему. Посольство находилось на Адмиралтейской набережной в доме № 6. Вместе со мной переехала и сестра с мужем, и мы прогостили там два дня...

Вскоре после этого мне вернули одну из машин, реквизированных в начале переворота. Я ее тут же продала, чтобы получить хоть немного денег, пока ее снова не отняли».

В начале июня 1917 года великий князь Сергей Михайлович вернулся из Ставки в Петроград. Братья Николай и Александр уговорили его порвать с Матильдой, имя которой было связано с огромными хищениями в Военном ведомстве. Сергей отвечал Николаю: «То, что ты пишешь о Малечке, просто ужасно. Я не знаю, кто против нее озлоблен, и причины этого озлобления кроются только либо в личных счетах по сцене, либо во вздорных слухах. Я клянусь перед образом, что за ней нет ни одного преступления. Если ее обвиняют во взятках, то это сплошная ложь. Все ее дела вел я, и я могу представить кому нужно все самые точные данные, какие деньги у нее есть и были и откуда поступили... Я знаю, что ее дом грабили и грабят. Воображаю, сколько дорогих и художественных вещей пропало. Неужели ты не веришь своему брату, который клянется, а веришь слухам, которые распускают злонамеренные люди?.. Ты знаешь, как я привязан к Вове, и как я горячо его люблю, и как он ко мне привязан. Ты пишешь, что если я приеду, чтобы не смел с ними видеться. Что ж, я подлец — я брошу свою жену (гражданскую) и своего мальчика? Нет, я всю жизнь был честным и благородным, таким и останусь. Что было мое, все должно перейти Вове».

И вот Матильда открыто ездит с Сергеем Михайловичем, которому тоже вернули одни из его автомобилей.

Внезапно Кшесинскую постигло большое горе — ее любимая собачка Джиби съела что-то не то и скоропостижно скончалась. «Мы с Вовой отвезли его на машине в Стрельну, чтобы похоронить в саду, где он так любил гулять».

Время было революционное, через несколько дней в Петрограде начнется кровопролитие. Зачем вместе с сыном ехать за город хоронить собачку? Ну, в конце концов, можно ее временно захоронить в городе, а потом, когда все успокоится, торжественно перезахоронить в том же стрельнинском парке, да еще и памятник поставить, как Екатерина II поставила памятник своей левретке в Царскосельском парке.

Ряд современных авторов предполагают, что собака специально была усыплена, чтобы дать повод к поездке в Стрельну. Там Кшесинская якобы спрятала свои сокровища. Версия, на мой взгляд, довольно правдоподобная. В течение 23 лет владения стрельнитской усадьбой Кшесинская там постоянно что-то строила. В том, что династия Романовых падет в первые годы XX века, была уверена большая часть образованной России, и игнорировать такое развитие событий Кшесинская просто не могла. Так что она могла заранее сделать капитальный тайник, а могла устроить импровизированный в июне 1917 года.

В конце XX века предпринимались попытки поисков клада Кшесинской, но вскоре они стали невозможны из-за появления «топтунов» из «службы охраны» новой высочайшей особы.

3 (16) июня 1917 года в Петрограде начались спонтанные демонстрации солдат и матросов. Руководство партии большевиков во главе с Лениным считало, что еще не созрели условия для свержения Временного правительства, и призывало демонстрантов не применять силу. Тем не менее командующий Петроградским военным округом генерал П.А. Половцев объявил город на военном положении. Временное правительство было поддержано частями, контролируемыми правыми эсерами и меньшевиками.

В 3 часа ночи 8 июля к дому Кшесинской и Петропавловской крепости, отделенным друг от друга полосой воды, были двинуты: запасный батальон Петроградского полка, пулеметная команда, рота семеновцев, рота преображенцев, учебная команда Волынского полка, два орудия и броневой отряд из восьми машин. В 7 часов утра помощник командующего округом эсер Кузьмин потребовал очистить особняк. В ответ матросы-кронштадтцы начали готовить к бою пушки Петропавловки.

В итоге дворец Кшесинской от разрушения спас... Сталин. Он вступил в переговоры с лидерами меньшевиков и правых эсеров, в том числе с Либером. В результате матросы согласились без боя покинуть дворец и Петропавловскую крепость.

Но, увы, Сталин спас стены, но не внутренность особняка Кшесинской. Ворвавшиеся туда солдаты, равно ненавидевшие большевиков и Кшесинскую, соответственно, громили все с удвоенным рвением.

Затем дворец был вновь занят воинской частью, на этот раз 1-м самокатным батальоном 5-й армии Северного фронта, прибывшим в Петроград по приказу Временного правительства. Выселять самокатчиков, вызванных с фронта для «спасения революции», никто не спешил. Солдаты хозяйничали в особняке, как у себя дома, разрушая и растаскивая все, что еще осталось. Адвокат Хесин продолжал подавать новые иски, теперь уже к Временному правительству, добиваясь не только возвращения здания прежней владелице, но и возмещения нанесенного ущерба, который он оценил в треть миллиона рублей.

Осенью 1917 года 1-й самокатный батальон перешел на сторону большевиков и 25 октября (7 ноября) участвовал в свержении Временного правительства.

Но всего этого Кшесинская не увидела. 13 июля 1917 года она отправилась с сыном в Кисловодск. «Прошел уже год, как мы расстались с Андреем, — пишет Матильда, — и я очень по нему соскучилась. Из его писем я знала, что переворот почти не затронул Кисловодск, и после нескольких тревожных дней жизнь там вернулась в обычное русло, установился относительные покой и порядок».

В это время многие семьи уезжали из Петрограда на Кавказ — в Минеральные Воды, в Пятигорск, Ессентуки и Кисловодск. Там помимо прекрасного климата и целебных вод были относительно хорошие условия жизни. Уехали граф Коковцев с женой, графиня Карлова со всей семьей, Шереметьевы, Воронцовы и многие другие аристократы. Туда же направились и финансисты. Все считали, что оставаться в Петрограде опасно, все боялись беспорядков, вслед за которыми могли начаться аресты.

Матильда «хотела быть рядом с Андреем, а кроме того, увезти Вову как можно дальше от столицы и поселиться с ним, хотя бы временно, в тихом и безопасном месте... Надежды на то, что в ближайшем будущем обстановка изменится к лучшему, не было».

Кшесинская еще надеялась осенью вернуться в Петроград, надеялась, что к этому времени ей вернут дом. Матильда взяла разрешение на поездку в Кисловодск, так как без оного путешествовать по бурлящей России было опасно. К тому же разрешение это подтверждало, что обладатель его не преследуется за сотрудничество с прежним режимом и не находится в розыске. Для получения этого документа Кшесинская обратилась лично к Керенскому и вскоре получила разрешение от министра юстиции Временного правительства А.Н. Переверзева. Ей позволялось не только свободно передвигаться по всей России, но и выбирать себе место жительства без каких-либо ограничений.

На перроне Николаевского вокзала Матильду провожал Сергей Михайлович, который, наконец, сделал ей предложение и получил отказ. «Великий князь сделал мне предложение, но совесть не позволяла мне его принять, ведь Вова был сыном Андрея, — вспоминает Матильда. — К великому князю Сергею Михайловичу я испытывала безграничное уважение за его преданность и была благодарна за все, что он для меня сделал в течение всех этих дней, но я никогда не чувствовала к нему такой любви, как к Андрею. Это была моя душевная трагедия. Как женщина, я была душой и телом предана Андрею, но чувство радости от предстоящей встречи было омрачено угрызениями совести из-за того, что я оставляла Сергея одного в Петербурге, зная, что ему угрожает большая опасность. Кроме того, мне было тяжело разлучать его с Вовой, которого Сергей безумно любил, хотя и знал, что тот не был его сыном. Со дня рождения Вовы он отдавал ему каждую свободную минуту, заботился о его воспитании, когда я во время театрального сезона была занята на репетициях и выступлениях и не имела времени для занятий с сыном, как мне того хотелось».

Больше Матильде и Сергею не суждено было встретиться.

Матильда и Вова ехали в спальном купе международного вагона. Их сопровождали горничная Людмила Румянцева и слуга Иван Курносов, который демобилизовался перед самым отъездом и вернулся к своей хозяйке. В Кисловодск они прибыли 16 июля, на следующий день после именин Вовы.

Встретивший их Андрей Владимирович уже заранее снял комнаты в доме Щербинина на Эмировской улице. Дом был летний и одноэтажный, все комнаты располагались анфиладой и имели по обе стороны выход на галерею: с улицы и со двора. У Матильды, Вовы и Андрея было по отдельной комнате. Оставив вещи, Матильда с Андреем и его адъютантом фон Кубе сразу же отправились на ужин в грузинский ресторан Чтаева.

29 августа приехала сестра Юлия с мужем бароном Цедделером. Они поселились в соседнем флигеле. 21 сентября прибыл из Петербурга великий князь Борис Владимирович с богатым нефтепромышленником Леоном Манташевым.

Позже Матильду навестил находившийся на лечении в Сочи Петр Владимиров, который также остановился у нее. Во время верховой прогулки он упал с лошади и сломал себе нос, и приплюснутый нос остался у него на всю жизнь. Тут Матильда косвенно пытается замять дело о дуэли Владимирова с Андреем.

Предоставляю слово Кшесинской: «Устроив кое-как свою жизнь, я стала писать великому князю Сергею Михайловичу и уговаривать его приехать в Кисловодск, так как меня удручала мысль о том, что в Петербурге ему грозит опасность. Однако он все откладывал отъезд, так как хотел вначале вернуть мне дом, а кроме того, собирался переправить за границу драгоценности, доставшиеся мне от матери. Однако из этого ничего не вышло, так как британский посол, к которому он обратился за помощью, ответил отказом. Великий князь также хотел спасти мебель из моего дома и перевезти ее на склад Мальцера, что, вероятно, ему удалось, но наверняка я не знаю. Однако все его старания, в конце концов, оказались напрасными.

Петр Владимиров, вылечившийся после падения, возвратился в декабре 1917 года в Петербург, пообещав мне перед отъездом помочь великому князю Сергею Михайловичу. Обещание свое он исполнил. Владимиров рассчитывал вскоре вновь оказаться в Кисловодске, но потом понял, что приехать не может, так как не хочет оставлять великого князя, которого он пытался отправить в Финляндию. Этот замысел не осуществился, потому что документы были оформлены на одного Сергея Михайловича, без сопровождающего, а он болел и не мог ехать один».

Однако спокойная жизнь продолжалась недолго. «Уже в январе [1918 г.] большевизм дал о себе знать и в Кисловодске, — вспоминает Матильда. — До тех пор до нас доходили только слухи о том, что делается в столицах и крупных городах. Мы надеялись, что волна революции докатится до нас еще не скоро, однако не было сомнений, что эта чаша нас не минет и впереди всех ждут суровые испытания».

Первым городом в районе Минеральных Вод, занятым большевиками, стал Пятигорск. Вскоре большевики появились и в Кисловодске, по словам Матильды «произошло это неожиданно и, я бы сказала, незаметно».

В городе шли обыски, но Кшесинская и Андрей не пострадали. Ее даже освободили от контрибуции, наложенной большевиками на местных буржуев, поскольку Матильда заявила, что потеряла свой дом и все имущество и платить ей нечем. Сама она рассказывает об этом так: «Тридцатого апреля в Кисловодск приехала казначейская комиссия во главе с комиссаром Булле, вероятно, латышом по национальности. Его прислали из Москвы, чтобы взыскать с находившихся в Кисловодске «буржуев» контрибуцию в размере 30 миллионов рублей. Нас всех вызвали в «Гранд-Отель», где заседала комиссия. В тот день я была совсем больна и едва держалась на ногах. Среди пришедших было много моих друзей и в их числе одна еврейка, Ребекка Марковна Вайнштейн, которая очень меня полюбила. Заметив мое состояние, она по собственной инициативе обратилась к комиссару Булле и сказала ему, что в зале находится Матильда Кшесинская, которая очень больна. Она добавила, что я являюсь одной из первых жертв революции, потеряла свой дом и имущество, а потому платить контрибуцию мне нечем. Булле сразу же подошел ко мне и любезно спросил о здоровье. Услышав, что мне плохо, он сказал, чтобы я немедленно отправлялась домой, и приказал дать мне машину и сопровождающего. С этого часа меня не беспокоили по поводу контрибуции».

В отношениях с большевиками Матильде постоянно приходилось идти на компромиссы. Так, вскоре у нее в доме появились два большевика — Озол и Марцинкевич. Озол начал вынимать из кармана свои ордена и рассказывать, что во время войны он был ранен и лежал в полевом госпитале имени великой княгини Ольги Николаевны. Он явно хотел произвести впечатление на Матильду. Марцинкевич же вел себя безупречно. Они попросили Кшесинскую принять участие в благотворительном спектакле в пользу местных раненых. «Видимо, выражение моего лица было столь красноречиво, что слова уже не потребовались, — пишет Матильда. — Это предложение меня не только удивило, но и возмутило до глубины души. Они оба стали меня убеждать, говоря, что среди тех, в чью пользу организуется сбор денег, многие сохранили прежние взгляды и что все понимают мое нежелание выступать перед самими большевиками и никогда не стали бы обращаться ко мне с подобной просьбой. Они даже предложили доставить из Петербурга мои костюмы, когда я сказала, что без них не смогла бы танцевать, даже если бы и захотела это сделать. Разумеется, я отказалась от выступления, но согласилась продавать билеты, а в день представления — программки и шампанское. Я считала, что категорический отказ от их мероприятия мог навлечь на меня неприятности, исходившие если не от этих двоих, то от их товарищей. Я понимала, что нужно всячески стараться избегать конфликтов с местными властями. Когда Озол попрощался, Марцинкевич под каким-то предлогом задержался, вероятно, желая поговорить со мной с глазу на глаз. И действительно, он сказал, чтобы в случае каких-либо осложнений я сразу же обращалась к нему. Это было очень трогательно со стороны большевика.

Вскоре после их визита в курзале состоялся какой-то концерт или спектакль, на котором я присутствовала. Увидев меня, Марцинкевич сразу же подошел и на глазах у всех поцеловал мне руку».

Но, несмотря на лояльное отношение со стороны большевиков, Кшесинская все же опасалась обысков и, припрятывая свои драгоценности, проявила недюжинную изобретательность. Солдаты уже хорошо знали, где «буржуи» прячут свои деньги и драгоценности. Так, деньги часто приклеивали под выдвижные ящики, и солдаты при обысках стали проверять все ящики. Драгоценности многие держали в банках из-под гуталина, но солдаты и это быстро раскусили. Матильда же хранила деньги в верхней части окна, и чтобы их найти, нужно было вынимать раму. А драгоценности она спрятала в ножке железной кровати, «спустив их туда на ниточке, чтобы при необходимости быстро вынуть».

14 июня жители Кисловодска услышали отдаленные выстрелы. Поползли слухи, что казаки атаковали Кисловодск и разбили большевиков. И действительно казаки проехали по улицам, но после этого все успокоилось, и власть осталась в руках большевиков, а красноармейцы стали арестовывать всех подозреваемых в симпатиях к казакам. Очевидец этого, Кшесинская писала: «Уже потом мы узнали, что это была вылазка партизанского отряда Андрея Шкуро, единственной целью которого являлось ограбление финансового ведомства большевиков и добыча оружия для своих людей. В конце концов, Шкуро это удалось, но после его ухода на город обрушились страшные репрессии».

Через два дня большевики устроили обыск в доме, где жила великая княгиня Мария Павловна со своими сыновьями Борисом и Андреем. Они изъяли все оружие, найденное в доме, — сабли и кинжалы, а затем арестовали великого князя Бориса и адъютанта великого князя Андрея полковника фон Кубе. Андрея же командир приказал не забирать, потому что он, как пишет Кшесинская, «умный и добрый. Андрей и правда был добрым и очень воспитанным человеком, но и его брат был таким же добрым и никому не причинил зла. Убитая горем великая княгиня сидела вместе с Андреем на балконе и смотрела на тропинку, по которой вели арестованных, с ужасом думая, что уже никогда не увидит своего сына Бориса. После налета казаков следовало ждать возмездия. Четыре часа они просидели на балконе в тоске и тревоге. Борис и фон Кубе вернулись только в час ночи и рассказали, что их спасло вмешательство какого-то молодого студента, выступавшего в роли не то судьи, не то следователя, не то прокурора. Сначала они долго ждали, пока кто-нибудь обратит на них внимание, а когда их, наконец, провели в комнату, где сидел студент, он поинтересовался, за что же их задержали. Великий князь Борис и фон Кубе ответили, что не имеют об этом ни малейшего понятия. Студент тотчас вызвал командира отряда, производившего обыск, но тот тоже не мог дать никаких объяснений. Студент освободил их и выдал пропуск, так как ночью запрещалось ходить по городу».

Великий князь Сергей Михайлович до марта 1918 года находился в Петрограде, и Кшесинская регулярно получала от него письма, из которых узнала, что в 20-х числа марта ему и другим великим князьям, жившим в Петрограде, было приказано покинуть столицу. В самом начале апреля 1918 года великий князь Сергей Михайлович, князья императорской крови Иоанн, Константин и Игорь Константиновичи и князь Владимир Павлович Палей были высланы из Петрограда в Вятку с правом свободного проживания.

Меньше чем через месяц пребывания в Вятке узников переселили в Екатеринбург и поместили в гостиницу. Известно, например, что 22 апреля (5 мая) 1918 года князь В.П. Палей (по его собственным словам в письме) отстоял Пасхальную заутреню в Екатерининском кафедральном соборе, хотя екатеринбургские газеты о его прибытии сообщили лишь 4 (17) мая. Те же газеты дали информацию о прибытии великого князя Сергея Михайловича и князей Константиновичей 26 апреля (9 мая). Сергей Михайлович поселился в квартире бывшего управляющего Верхне-Камским банком В.П. Аничкова (второй этаж дома на углу Успенской улицы и Главного проспекта), а Константиновичи — напротив, в номерах Атаманова (гостиница «Эльдорадо», впоследствии здание НКВД). Переписка Матильды и Сергея продолжалась.

1 (14) мая все находившиеся в Екатеринбурге принадлежавшие к августейшей фамилии получили предписание переселиться в заштатный город Алапаевск Верхотурского уезда Пермской губернии, куда и прибыли 7 (20) мая. Их поселили в Напольной школе, при которой имелась часовня. Заключение членов царской семьи разделяли управляющий делами великого князя Сергея Михайловича Ф.М. Ремез и его доктор Гельмерсен, лакей князя Палея Ц. Круковский и лакей князя Иоанна Константиновича Иван Калинин. Первое время режим был более свободным: разрешалось посещение церкви в сопровождении красноармейца. 8 (21) июня по указанию из Екатеринбурга был введен тюремный режим. Врач и оба лакея были удалены.

5 июля 1918 года алапаевских узников вывезли из города и в 18 километрах от Алапаевска убили, бросив в одну из заброшенных шахт железного рудника Нижняя Селимская.

Однако Матильда долго не верила в смерть Сергея. Позже она вспоминала: «После долгого перерыва в конце июня от него пришла телеграмма, отправленная 14 апреля, на день рождения Вовы. Мы получили телеграмму дня за два до трагической гибели великого князя. Из нее мы поняли, что великий князь находится в Алапаевске. Это была его последняя весточка. Вскоре по радио передали, что Сергей и другие члены царской семьи, находившиеся вместе с ним под арестом в Алапаевске, были похищены белогвардейцами. К несчастью, это сообщение оказалось сфальсифицированным, но поначалу никому и в голову не пришло, что можно совершить такое вероломство. Мы радовались, что все они спасены. Почти через год, когда Сергея уже давно не было в живых, мы получили несколько почтовых открыток и даже одну телеграмму, которые задержались в пути».

Не верила Матильда и в смерть Ники. В начале июля 1918 года по Кисловодску поползли слухи об убийстве царской семьи, но «все это было настолько ужасным, что казалось просто невозможным. Все мы надеялись, что это лишь слухи, намеренно распространяемые большевиками, а на самом деле императору и его семье удалось спастись бегством. Эта надежда еще долго теплилась в наших сердцах».

13 августа великие князья Борис и Андрей Владимировичи вместе с фон Кубе бежали из Кисловодска в горы в Кабарду. В конце сентября белый генерал Шкуро занял Кисловодск, а 23 сентября вернулись великие князья Борис и Андрей вместе с полковником фон Кубе. Они приехали верхом в сопровождении представителей кабардинской знати, охранявшей их в дороге. За время пребывания в горах братья Владимировичи отпустили бороды, и теперь Андрея многие принимали за Николая II. По словам Матильды, «действительно, они были очень похожи».

Но вскоре белые ушли. Матильде и великим князьям пришлось покинуть Кисловодск и около месяца скитаться по ближайшим станциям. 21 октября они добрались до Туапсе. «Придя на пристань, мы увидели готовый к отплытию корабль, — вспоминает Кшесинская. — Он был маленьким, грязным и очень старым рыбацким катером, хотя и назывался «Тайфун». Он казался таким маленьким, что мы засомневались, смогут ли все беженцы разместиться на его борту.

Многие считали, что великая княгиня Мария Павловна не захочет путешествовать на такой посудине, и поэтому мы не спешили с посадкой. Но великая княгиня, приехав на пристань, любезно поздоровалась с капитаном, поджидавшим ее у трапа, и, как ни в чем не бывало, поднялась на палубу, а потом на мостик, где уселась в кресло и стала наблюдать за посадкой. Увидев это, все сомневавшиеся устремились на корабль, следуя примеру великой княгини. На судне имелось только три каюты для капитана и офицеров, которые те отдали в распоряжение великой княгини.

Нас, беженцев, собралось 96 человек, и мы расположились на палубе, так как другого места для пассажиров не оставалось. Разместились, кто как смог».

22 октября (4 ноября) 1918 года «Тайфун» прибыл в Анапу. Беженцы разместились в маленькой и убогой гостинице «Метрополь». «Теперь наша жизнь была полна печали, и все развлечения остались в прошлом», — пишет Кшесинская. У нее, избалованной роскошью, осталось «всего два наряда, один из которых назывался визитным, так как я его надевала очень редко и только в особых случаях, а другой состоял из блузки и черной бархатной юбки, той самой, которую в первые дни революции украла коровница Катя, а потом мне вернула. От долгого ношения юбка вытерлась на коленях, а бархат порыжел».

Но даже в таких жутких условиях Матильда старалась держать себя в форме: «Всю жизнь я делала массаж, чтобы сохранить фигуру, и очень страдала, когда после переворота была лишена этой возможности. У меня всегда была прекрасная массажистка, так как в этом отношении я была очень привередлива. В Анапе я совершенно случайно нашла опытную массажистку-еврейку, женщину очень приятную и интересную... Сначала она делала массаж за символическую плату, а потом и вовсе бесплатно».

Надежда для беженцев забрезжила лишь в ноябре. Кшесинская писала: «Мы смогли облегченно вздохнуть лишь тогда, когда флот союзников форсировал Дарданеллы, а в Новороссийск пришли английский крейсер «Ливерпуль» и французский — «Эрнест Ренан». Это случилось 10 (23) ноября. В тот день мы впервые почувствовали, что не оторваны от всего света...

В мае, когда весь Северный Кавказ был окончательно освобожден от большевиков, мы решили вернуться в Кисловодск. Возвращение организовал все тот же генерал Покровский, приславший офицера и десять казаков из своей охраны для сопровождения великой княгини и Андрея на пути в город».

В Кисловодск Матильда и ее спутники приехали 26 мая и пробыли там почти до конца 1919 года. «Жизнь шла вполне нормально и беззаботно, однако это напоминало пир во время чумы, — вспоминает об этом времени Матильда. — Добровольческая армия победоносно продвигалась вперед, и мы все были уверены, что со дня на день будет взята Москва и мы вернемся домой. Мы тешили себя этой надеждой до осени, а потом стало ясно, что дела обстоят не так, как бы всем хотелось. Белые отступали».

Когда до беженцев дошли тревожные новости о контрнаступлении Красной армии, они сразу же приняли решение покинуть Кисловодск и перебраться в Новороссийск, откуда в случае опасности было легче бежать за границу. «С болью в сердце Андрей и его мать наконец решились покинуть Россию».

И вот «30 декабря около 11 вечера мы отправились на вокзал, где военное командование приготовило для нас два вагона — один первого класса и по тем временам вполне приличный, а другой — третьего класса. В первом классе поехала великая княгиня и Андрей, а в вагоне третьего класса расположились мы с сыном и остальные беженцы. Половину нашего вагона занимала прислуга великой княгини и кухня...

Всю ночь поезд стоял на вокзале, и только на следующий день, в 11 утра, мы, наконец, отправились в путь. До последней минуты в наш вагон рвались другие беженцы, умоляя забрать их с собой. На других станциях царила такая же паника, и у всех было только одно желание: убежать от большевиков.

К трем часам дня мы добрались до Минеральных Вод, где по неизвестной причине простояли до утра. В нашем поезде, в салоне-люкс, ехала жена Шкуро. Вагон был ярко освещен, и там виднелся богато нарытый стол».

Вот так Кшесинская встретила новый, 1920 год. Лишь 4 (17) января поезд с кисловодскими беженцами добрался до Новороссийска. Там Матильде и ее спутникам пришлось прожить в вагоне полтора месяца. Они медлили с отъездом, так как не было парохода, следовавшего прямо во Францию или Италию, а иметь пересадку в Константинополе не желали ни великая княгиня Мария Павловна, ни Матильда.

И вот 13 февраля Матильда и ее спутники поднялись на борт парохода «Семирамида», принадлежавшего итальянской компании «Триестино Ллойд». «Правда, мы еще находились в российских водах, но уже на палубе итальянского судна, — пишет Кшесинская. — После всего пережитого каюта первого класса казалась нам верхом роскоши. Чистое постельное белье, удобные кровати, ванна, туалет, парикмахер — всего этого мы были лишены много месяцев. Придя впервые на обед в столовую, мы просто не поверили своим глазам: столы были накрыты чистыми скатертями, на которых стояли столовые приборы. Словом, всего этого мы не видели с незапамятных времен. Когда элегантно одетые официанты стали подавать обед, состоявший из множества вкусных блюд, мы просто остолбенели — так велик был контраст с тем, что мы недавно пережили. Если добавить к этому ощущение полной безопасности, то можно себе представить наше настроение. Нас смущали только лохмотья, в которые мы были одеты, но другой одежды никто не имел».

Через шесть дней «Семирамида» вышла из Новороссийской гавани. Ни Матильда, ни великокняжеская семья никогда больше не увидят Россию.

Глава 14

ТЕНИ В РАЮ

12 (25) марта 1920 года Кшесинская после шестилетнего отсутствия вновь оказалась на любимой вилле «Ялам». После охваченной огнем Гражданской войны России Франция показалась Матильде раем.

«Разумеется, я была счастлива, что нахожусь у себя в доме, где сохранилось много мелких, но дорогих моему сердцу вещей. И все же в душе моей осталась боль утраченного. Мне было приятно снова видеть кухарку Марго и Арнольда, который умудрился вывезти многие фотографии и альбомы, напоминавшие мне о замечательном и безвозвратно ушедшем времени. Арнольд и сам был фотографом-любителем и привез свои снимки, сделанные у меня на даче.

Я приехала в Кап-д'Эль без гроша в кармане, поэтому сразу пришлось заложить виллу, чтобы рассчитаться с прислугой и старым садовником Ботеном, который все эти годы терпеливо ждал моего возвращения и следил за домом и садом. Нужно было также купить себе одежду, так как у меня осталось лишь два старых платья, а Вове вообще не в чем было выйти в люди.

По возвращении мы встретились с великой княгиней Анастасией Михайловной, которая к тому времени овдовела и жила на своей вилле «Фантазия» в Эзе, недалеко от нас. Это была одна из самых очаровательных женщин, которых мне довелось встретить. Кроме того, она отличалась удивительной добротой, любила жизнь и всегда оставалась милой и доброжелательной. Анастасия Михайловна очень привязалась к моему сыну, и когда он, еще до войны, заболел в Каннах, несколько раз его навещала, а после выздоровления пригласила к себе на чай на виллу "Венден"».

Как уже говорилось, Матильда многое забыла, а многое предпочла забыть, поэтому придется сделать маленькое отступление.

В 1879 году Анастасия, дочь великого князя Михаила Николаевича, вышла замуж за Фридриха-Франца герцога Мекленбург-Шверинского. Брак этот не был политическим, герцогство входило в состав Германской империи, просто ничего лучшего для Анастасии не нашли. В 1897 году герцог умер, а его вдова, как говорили в Германии, «забросила чепец за мельницу». Анастасию Михайловну постоянно видели в самых дорогих казино и отелях. Ей неизменно сопутствовала компания молодых плейбоев. В конце концов Вильгельм II не выдержал и публично назвал герцогиню «нашей Мессалиной». Кайзер имел в виду жену римского императора Клавдия I, прославившуюся своим распутством и оргиями с мальчиками-подростками.

А теперь вернемся к воспоминаниям: «Мы все радовались этой встрече и часто ездили на виллу «Фантазия», а великая княгиня бывала у нас. Иногда Вова навещал Анастасию Михайловну один, так как ей очень нравилось его общество. Потом она со смехом рассказывала, как Вова съел все, не оставив ни крошки. Вова не любил танцевать, а великая княгиня обожала танцы и настаивала на том, чтобы он им научился и мог бывать у нее на приемах. Мы часто говорили о судьбе членов царской семьи, которые остались в Алапаевске, в далекой Сибири, в окрестностях Екатеринбурга. Там находился в заточении ее брат, великий князь Сергей Михайлович. С болью и горечью я думала, что если бы он уступил моим просьбам и вовремя уехал, то, возможно, был бы сейчас с нами».

На Золотом берегу Матильда и Андрей Владимирович встретились с великим князем Борисом Владимировичем и его женой. Революция дала свободу не только пролетариату, но и великим князьям. 12 июля 1919 года в Генуе Борис Владимирович женился на Зинаиде Сергеевне Рашевской, с которой вступил в связь еще в России. Зинаида была к тому времени дважды разведена; по первому браку — Елисеева, по второму — Дьякумова. В 1920 году «молодожены» проживали в Ницце.

Ну а в Буайе жил князь Гавриил Константинович, обвенчанный еще в Петрограде 9 апреля 1917 года с Антониной Нестеровской. В 1918 году он был ненадолго арестован ЧК, а затем выпущен и уехал с женой через Финляндию во Францию. Гавриил Константинович был правнуком императора Николая I и по законам Российской империи был вынужден довольствоваться титулом князя без прилагательного «великий». Однако в 1939 году «император» Владимир Кириллович повысил ему статус и произвел в «великие».

Вскоре после появления Кшесинской в «Яламе» к ней приехал Дягилев и предложил участвовать в следующем сезоне в Париже. «Мне тогда было 48 лет, но я находилась в прекрасной форме и могла с успехом танцевать. Я была польщена этим приглашением, но ответила отказом. После того как прекратили свое существование императорские театры, у меня пропало желание выступать.

Я получила письмо от Лалоя, секретаря директора парижской Оперы господина Руше. В письме он просил меня о встрече, чтобы от имени директора передать приглашение на выступление в следующем сезоне. Это предложение для меня было тоже очень лестным, но я отказала и Руше по той же причине, что и Дягилеву, — разумеется, поблагодарив за оказанную мне честь.

Очень обрадовал меня неожиданный визит Тамары Карсавиной. Как всегда красивая и элегантная, она прекрасно выглядела. Я оставила ее у себя на обед, ведь мы не виделись столько лет!»

Как эмиграция заставила забыть кровные обиды! Непримиримые соперницы-балерины объяснялись в любви друг к другу, либералы и монархисты пили на брудершафт, а затем пели «Боже, царя храни...»

Летом 1920 года Кшесинская и Андрей Владимирович 10 дней провели в Париже. Там они встретились с великим князем Дмитрием Павловичем, которого не видели с декабря 1916 года, после того как он за участие в убийстве Распутина был выслан на Персидский фронт. Веселая пирушка с участием обоих великих князей продолжалась все 10 дней в ресторанах и отеле, где жил Дмитрий Павлович.

Великая княгиня Мария Павловна Старшая 1920 год провела в маленьком курортном городке Контрексвиль в Вогезских горах на востоке Франции. Она не особо нуждалась в средствах, поскольку англичанин Альберт Сппоард ухитрился вывезти из России драгоценности как самой великой княгини, так и ее детей — Кирилла, Андрея и Бориса.

Мария Павловна надеялась на действие местных минеральных вод, но, увы, в августе 1920 года ей стало совсем плохо. Андрей и Матильда выехали в Контрексвиль и застали великую княгиню в почти бессознательном состоянии. Утром 24 августа (6 сентября) 1920 года она скончалась.

Марию Павловну похоронили в маленькой церкви, построенной на ее средства в парке, недалеко от отеля «Суверен», где она всегда останавливалась. Ее отпевал отец Остроумов, традиционно приехавший на лето в Канны и живший там при местной церкви. На похороны пришло много народу, приехал и двоюродный брат великой княгини Генрих Нидерландский. Местные власти назвали одну из улиц Rue Grande Duchesse Vladimir (улица Супруги великого князя Владимира).

После похорон матери Андрей вместе с Матильдой отправился в Париж. Там он узнал, что в городе находится следователь Соколов, который по инициативе белых властей расследовал дело об убийстве императора и его семьи в Екатеринбурге, а также смерть членов семьи Романовых в Алапаевске.

Андрей попросил Соколова прийти к нему в отель и пригласил князя Гавриила Константиновича с супругой, так как в Алапаевске пропали три его брата. Соколов подробно рассказал о проведенном им дознании и не оставил ни малейшей надежды на то, что в Екатеринбурге кто-то уцелел. Андрея это сильно интересовало из-за упорных слухов, будто бы царская семья спаслась и где-то скрывается, и место это якобы известно императрице Марии Федоровне. Соколов решительно опроверг эти слухи, хотя не нашли ни тел убитых, ни свидетелей убийства, без чего факт убийства не мог быть окончательно подтвержден. И все же результаты расследования говорили о том, что все пленники, содержавшиеся в доме Ипатьева, погибли, а их тела были сожжены в лесу.

Факт же убийства членов царской семьи, сидевших в Алапаевске, был очевиден. Все тела были найдены, судебно-медицинские эксперты произвели вскрытие и опознание, и в доказательство Соколов показал присутствовавшим фотографии.

Во время судебно-медицинской экспертизы был составлен подробный перечень вещей, найденных при останках погибших. Все мелкие вещи, обнаруженные около трупов, адмирал Колчак переслал великой княгине Ксении Александровне, которая сразу же передала их ближайшим родственникам. Матильда получила то, что было найдено на трупе великого князя Сергея Михайловича: маленький золотой медальон с изумрудом посередине. Внутри была фотография Кшесинской, а под ней выгравирована по кругу надпись: «21 августа — Маля — 25 сентября». В медальон была впаяна 10-копеечная монета 1869 года. В этот год родился великий князь, а медальон Матильда подарила ему много лет назад.

Кроме того, Кшесинской передали миниатюрный золотой брелок в форме картофелины на цепочке. По сему поводу Матильда кокетливо записала в воспоминаниях: «В юности великий князь вместе с Воронцовыми и Шереметьевыми организовал так называемый «картофельный кружок». Происхождение этого названия неизвестно, но он часто фигурирует в дневнике императора, когда он еще был наследником престола».

Надо ли говорить, что Матильда прекрасно знала, каким «картофелем» лакомились молодые повесы.

Великий князь Сергей Михайлович был окончательно захоронен под Пекином на территории русской православной миссии.

Германские родственники великой княгини Елизаветы Федоровны, супруги великого князя Сергея Александровича, в девичестве принцессы Гессенской Елизаветы-Александры-Луизы, выделили средства на перезахоронение ее в Иерусалиме.

А вот об остальных жертвах Алапаевска вся их августейшая родня в Париже, Ницце и Кобурге напрочь забыла. До 1953 года в миссию не поступало ни копейки ни на поддержание могил в порядке, ни на поминальные моленья. Замечу, что об «алапаевских мучениках» в 1981 году вспомнила заграничная православная церковь и канонизировала их всех. Таким образом, великий князь Сергей Михайлович стал святым.

После смерти Марии Павловны отпало последнее препятствие для брака, которого так страстно уже много лет добивалась Матильда. Она писала: «...мы решили не вступать в брак без разрешения главы дома Романовых великого князя Кирилла Владимировича, так как в этом случае наш союз был бы недействительным, а я и сын лишились бы права на имя и титул».

Дело в том, что в эмиграции великий князь Кирилл Владимирович решил играть роль старшего в семействе Романовых и претендовать на императорскую корону. Кирилла поддержала лишь часть родственников, и в августейшем семействе начался многолетний скандал. Но тут мы не будем забегать вперед и о статусе Кирилла поговорим позже.

Кириллу и его жене Виктории пришлось признать брак Андрея и Матильды. Несколькими месяцами ранее они отказались принимать у себя дважды разведенную Зинаиду Рашевскую, а Борис Владимирович отказался встречаться с братом. Лишь за год до смерти Кирилла Борис посетил его в Сен-Бриаке.

Венчание Матильды и Андрея состоялось 17 (30) января 1921 года в церкви в Каннах. Замечу, что Матильда по-прежнему была католичкой. Венчал их духовник Андрея отец Григорий Остроумов. Свидетелями были муж Юлии Кшесинской барон Александр Логинович Цедделер, граф Сергей Платонович Зубов, полковник Владимир Петрович Словицкий. Кроме свидетелей и сына Вовы в церкви никого не было. Из церкви Матильда с Андреем и Вовой поехали в отель, где жил великий князь Кирилл Владимирович с супругой Викторией Федоровной.

Великокняжеская чета приняла Матильду как жену, а Вову как сына Андрея. С этого дня сын Матильды Вова сменил отчество Сергеевич на Андреевич. Причем это было лишь пустой формальностью. Молодого человека всерьез никто не воспринимал, и везде его называли просто Вовой. Секретарь «царя» Кирилла Гарольд Граф отмечает, что в конце 1930-х годов светлейший князь Красинский-Романов представлялся просто Вова.

Матильда торжествовала. О приеме у Кирилла она писала: «Они оба были очень любезны со мной и с тех пор постоянно дарили нас своим расположением. Я чувствовала, что понравилась им и что они не жалеют о данном разрешении и ничего не имеют против нашего барка.

После венчания мы все отправились в Кап-д'Эль на праздничный обед, а мой Арнольд по этому случаю великолепно украсил стол цветами. Помимо свидетелей, мы пригласили на обед маркиза Пассано с супругой, а также Лилю Лихачеву с мужем и старшим сыном Борисом. Вот так замечательно мы отпраздновали нашу свадьбу.

В день свадьбы Андрей записал в дневнике: «...Чудесно провели вечер. Наконец-то исполнилась моя мечта, и я очень счастлив».

Как и было условлено, вскоре после венчания я получила от начальника канцелярии великого князя Кирилла Владимировича официальный документ, подтверждающий дарование мне титула княгини Красинской».

Тут Матильда вновь лукавит, или ей отказывает память. На самом деле великий князь Кирилл даровал ей и сыну фамилию и титул князей Красинских лишь 30 ноября 1926 года.

А, собственно, почему князей, а не графов Красинских? Ведь Матильда и ее отец Феликс всю жизнь доказывали, что являются законными наследниками графов Красинских. Увы, никаких серьезных доказательств этому ни у Матильды, ни у Кирилла не было. Собственно, титул, присвоенный Кшесинской, ничего не значил во Франции, и княжной-то ее признавали от силы несколько сот человек во всем мире. Но присвоение графского титула Матильде могло вызвать возмущение настоящих польских графов Красинских, живших во Франции, и Кшесинская с Кириллом могли угодить за решетку за мошенничество.

В воспоминаниях Кшесинская старательно доказывает, что после брака с великим князем она была как равная принята в кругах высшей аристократии: «После свадьбы я была принята королевой Дании Александриной, дочерью великой княгини Анастасии Михайловны и двоюродной сестрой Андрея. Она часто приезжала в Канны и, зная, как ее мать любила Вову, всегда относилась к нам сердечно и доброжелательно.

Затем я была представлена королеве Румынии Марии, которая в то время отдыхала в Ницце, в своем замке «Фаброн». Когда мы приехали втроем, оказалось, что королева и ее сестра, великая княгиня Виктория Федоровна, еще не вернулись с прогулки, и нас стали развлекать две дочери великой княгини, Мария и Кира. Они предложили осмотреть их комнаты. Кира показала нам свою коллекцию серебряных миниатюр и мебели, а Вова и Андрей пошли посмотреть, как купают маленького великого князя Владимира. Вскоре вернулась с прогулки великая княгиня Мария, которая была очень красива. Я знала ее по многочисленным фотографиям, но впервые увидела близко и была совершенно ею очарована. Казалось, мы знакомы с ней много лет. Во время визита присутствовала сестра королевы, великая княгиня Виктория Федоровна.

Чуть позже, в Париже, меня приняла в отеле «Риц» королева Греции Ольга. Несмотря на преклонный возраст, она была очаровательна. По причине близорукости она пользовалась лорнетом. Во время переворота в Греции она была изгнана из страны и долго скиталась, но теперь, когда прежняя власть была восстановлена, могла вернуться домой, что ее очень радовало.

Андрей писал великой княгине Ольге Александровне о нашем бракосочетании и просил передать это известие императрице Марии Федоровне, жившей в то время в Дании. В очень теплом ответном письме великая княгиня сообщила, что императрица не возражает против нашего супружества и желает нам счастья».

Увы, не все проходило так гладко, как пишет Матильда. Никто всерьез не принимал ее титул. Весьма характерный случай описан Т.А. Аксаковой-Сивера. В день именин Кирилла в Каннах среди монархистов начался скандал из-за мелких деталей в богослужении. Ярый сторонник Кирилла Фермор попытался вызвать на дуэль председателя церковного совета. Их кое-как разняли.

После богослужения к кресту первым подошел Андрей Владимирович. Это право у него никто не оспаривал. За ним было потянулась Кшесинская, но была оттолкнута адмиральшей Макаровой. Тут голоса разделились: одни считали, что идти надо было Кшесинской как морганатической жене великого князя. Другие присуждали это право Макаровой, как кавалерственной даме ордена св. Екатерины.

Замечу, что в, отличие от председателя церковного совета Капитолина Николаевна Макарова была особой, приближенной к императору Кириллу. По происхождению Капитолина Николаевна, урожденная Якимовская, была простой дворянкой, а ее отец едва дослужился до ранга полковника[1]. Но имя адмирала С.О. Макарова стало брен-

---

[1] По одним сведениям он был чиновником, по другим – капитаном 1-го ранга.

дом для «кирилловцев». Хотя, собственно, Капитолина к делам мужа никакого отношения не имела, у супругов постоянно были нелады, и ряд историков говорят о любовной связи Капитолины с будущим «цусимским героем» Зиновием Рожественским.

В 1924 году Капитолина была в свите императрицы Виктории Федоровны во время ее поездки в США. 15 февраля 1931 года Кирилл заходил к ней на чай в Каннах и т. п.

Инцидент с Макаровой показывает, что Матильда, вопреки всем ее заслугам, так и не стала равноправным членом семейства Романовых. Длинный список аристократов, принимавших Матильду, приведенный в ее воспоминаниях, рассчитан лишь на мало информированного читателя. Сравнение же, например, круга великого князя Александра Михайловича или даже княгини Марии Павловны Младшей, также оставивших потомкам свои мемуары, показывает принципиальную разницу их положения в свете.

Не изменила статуса Кшесинской и перемена веры. 27 ноября 1925 года Матильда приняла православие и уже в следующем году «говела на Пасху и причащалась вместе с Андреем и Вовой. Несмотря на то, что с рождения я была католичкой, меня всегда тянуло к православной вере, и я часто ходила в русскую церковь, а в школе посещала уроки закона Божьего, которые вел отец Пигулевский, ставший впоследствии учителем Вовы».

Глава 15

ДРУЗЬЯ, КОЛЛЕГИ И РОДСТВЕННИКИ

В мае 1926 года по случаю окончания Великого поста Матильда пригласила на свою виллу Корбур-Кубитовича, Дягилева, а также солистов его труппы: Сергея Лифаря, Бориса Кохно, Тамару Карсавину, Петра и Федора Владимировых и еще нескольких человек.

Позавтракав на вилле, вся компания на автомобилях отправилась в церковь святого Николая Чудотворца в Ницце. После обедни все вновь двинулись к Матильде на виллу, где «нас уже поджидал празднично накрытый стол с куличами, пасхами, писанками, ветчиной и прочей снедью. После ужина начались танцы. Сергей Лифарь, выпивший за ужином лишнего, стал ухаживать за Карсавиной, вызвав недовольство Дягилева, который, желая утихомирить Лифаря, обратился к нему со словами: «Молодой человек, кажется, вы чересчур развеселились. Пора и по домам». И они оба уехали в Монте-Карло. В своей книге Сережа Лифарь описал эту пасхальную ночь.

Во время одной из первых поездок в Париж мне посчастливилось снова встретиться с Анной Павловой на благотворительном концерте в отеле «Кларидж». Она исполняла свои изумительные миниатюры. После концерта я подошла к ней, и мы обнялись. «Малюня, какое счастье снова вас видеть! Давайте снова вместе станцуем gran pas из «Пахиты», как тогда, в Петербурге. Здесь, в Париже, живут Карсавина, Трефилова, Седова, Егорова, Преображенская. Вы будете исполнять главную роль, а мы все станем на заднем плане. Получится замечательно!» — и это говорила Павлова, находившаяся в то время в расцвете славы... Меня ее слова тронули до глубины души. Павлова в очередной раз показала высочайший класс, так как была не только великой балериной, но и замечательным человеком.

После нашей встречи в эмиграции Анна Павлова приехала в Монте-Карло и часто гостила у меня на вилле. С ней было очень приятно проводить время. Как-то раз она пригласила нас и еще пару друзей на обед в игорный клуб. Обед прошел удачно, и мы все вспоминали доброе старое время, Мариинский театр, нашу артистическую жизнь. После обеда мы решили пойти в игорный зал. Павлова одевалась очень необычно и не носила платьев. Как правило, на ней была юбка, а вместо блузки она накидывала на плечи широкую шаль, заколотую булавками. Длинные кисти спадали ей на плечи, заменяя рукава. По натуре живая и очень нервная, Павлова обожала играть, но не полагалась на свою память и просила своих друзей постоять рядом и последить за номерами, на которые она делала ставки. Ставки она делала очень быстро и по всему столу, а когда не могла до них дотянуться, хватала лопаточку и придвигала свою, сдвигая все остальные. Естественно, игроки протестовали, но, узнав ее, сразу же успокаивались, говоря друг другу: «Да ведь это та самая знаменитая Павлова». Павлова смущенно извинялась и пыталась все положить на прежнее место, сдвигая при этом кистями шали другие ставки. И так продолжалось весь вечер, но игроки только добродушно улыбались, пытаясь ей помочь. В конце вечера, проиграв все деньги, Павлова попросила у меня в долг тысячу франков. Потом она вернула их в очаровательном черном шелковом саше с золотой застежкой. Я бережно храню это саше как память о несравненной Павловой.

Когда Анна Павлова уезжала, мы все отправились в Ниццу, чтобы ее проводить. Знакомые предупредили, что при ее отъезде всегда бывает много суеты, и оказались совершенно правы. Сначала в вагон стали заносить огромное количество багажа, а Павлова, пересчитывая саквояжи, все время сбивалась и начинала считать заново. Провожающие старались ей помочь, что приводило к еще большей неразберихе, а сама Павлова то улыбалась, то сердилась. Наконец все кое-как утряслось, и провожающие облегченно вздохнули, но вдруг она вспомнила о клетке с птицей и бросилась на ее поиски, как будто эта клетка была для нее дороже всего на свете. К счастью, ее быстро нашли, и, успокоившись, Павлова покинула Ниццу, помахав нам рукой из окна.

Впоследствии я видела ее в Париже, когда она танцевала в «Жизели» в театре на Елисейских полях. В ее танце чувствовалась усталость, но спектакль был великолепным. Во второй картине, когда Жизель-Павлова с лилией в руке пробегала на пуантах через сцену, казалось, что она не касается земли и парит в воздухе, словно неземное создание».

В Париже Матильда встретилась с еще одной своей былой соперницей — Верой Трефиловой. «Узнав адрес Трефиловой, я сразу же поехала к ней в отель «Савой». Выглядела она удивительно молодо, и Дягилев стал сразу же ее уговаривать выступить у него в Монте-Карло. Трефилова давно не появлялась на сцене и не занималась, но к спектаклю подготовилась превосходно, и когда мы увидели ее в «Лебедином озере», то были поражены ее безупречным классическим танцем. В каждом жесте балерины чувствовалась наша школа с ее грациозными движениями и изящными позами. Одним словом, она показала такой высокий класс мастерства, какого здесь уже давно не видели и, вероятно, даже уже и не помнили. Трефилова была исключительно хороша в «Лебедином озере», своем лучшем спектакле. Впоследствии ни одна из балерин, выступавших в этом балете, не смогла соперничать с Трефиловой».

С 1920 года и вплоть до 1941 года Матильда состояла в переписке с братом Юзефом (Иосифом), оставшимся в Петрограде. Письма приходили в оба конца беспрепятственно. Кроме того, Матильда периодически посылала брату посылки с одеждой и продуктами, вначале через организацию Гувера, а потом и через другие агентства.

С 1906 по 1914 год Кшесинскому приходилось выступать в частных театрах как в столицах, так и в провинциях. Из рецензии на его выступление 4 января 1913 года в Пскове: «Немного грузноват, но лихо и ловко танцует».

В 1914 году Иосиф вновь был принят в Мариинский театр, где протанцевал до 1928 года. В 1927 году ему было присвоено почетное звание «заслуженный артист республики». В 1928 году он создал передвижную балетную труппу. В следующем году Иосиф поставил в Ленинграде в Доме музыки Выборгского района балет «Красный мак».

Кшесинский был женат второй раз на Цицилии Спрешинской и воспитывал двоих детей — Романа и Целину. У Иосифа осталась прекрасная квартира, в которой он жил к февралю 1917 года.

В 1922 году польские власти предложили Кшесинскому место в Варшавском театре, но он отказался. Матильда пишет: «...мне хотелось, чтобы он с семьей приехал ко мне во Францию. Дягилев помог мне в этом деле, написав письмо, в котором предлагал брату выступить с его труппой. Мне удалось достать для него французскую визу и выслать денег на дорогу через Финляндию. Но он ответил, что хочет остаться в Петербурге и что у него все есть и он ни на что не жалуется».

В своих мемуарах Кшесинский пишет: «Я никуда не поеду, ибо без наших северных березок, без наших болот с куличками долго не проживу, они мне и милы, и дороги, а вот по Союзу везде от Ленинграда до Владивостока еще поезжу».

В сохранившихся отрывках мемуаров Кшесинского меня удивили две вещи. Во-первых, он вместо СССР часто пишет «Советская Русь». Если бы он писал воспоминания для властей, думаю, он бы употреблял официальное название страны, а «Советская Русь» — думаю, это от души. Юзеф стал русским человеком польского происхождения. Ну а во-вторых, Иосиф ни разу не упомянул в воспоминаниях Матильду. Почему? Не знаю и не хочу делать предположения.

Из воспоминаний Матильды: «Дочь Юзефа, Целина, окончила балетное училище и выступала на сцене Мариинского театра. Судя по фотографиям, она была очень похожа на меня, и, как писал брат, в училище считали, что она напоминает меня манерой танца. Потом брат писал, что дочь вышла замуж за инженера [Севенарда. — *А.Ш.*], оставила сцену и уехала в Сибирь. А Ромичек, его сын, пропал без вести, но при каких обстоятельствах, Юзеф не сообщил. Последнее письмо я получила от него в самом начале 1940 года. Лишь много лет спустя я узнала, что мой бедный Юзеф и его третья жена умерли во время блокады в Ленинграде. Возможно, они погибли от голода и холода».

Фраза «очень похожа на меня» ничего не доказывает, но наводит на размышления. Ну а Иосиф действительно умер в блокаду в 1942 году в Ленинграде. Ряд историков театра пытались установить точную дату его смерти и место захоронения, но все было безуспешно.

На вилле в Кап-д'Эль Матильду и Андрея часто навещал великий князь Дмитрий Павлович. Обычно он приезжал на юг Франции весной или осенью и останавливался у знакомых. «Как-то раз он заехал ко мне, — пишет Кшесинская. — Тогда он жил в Каннах, на вилле известного богача сэра Мортимера Дэвиса, чья жена славилась красотой. Слуга великого князя надеялся, что тот останется на ночь у меня на вилле, так как в Каннах он каждый вечер куда-то ходил и почти не спал. В это же время у меня отдыхали князь Эристов, князь Никита Трубецкой и полковник Кульнев. Вечером, после обеда, мы отправились в Монте-Карло в игорный клуб. Мы с Андреем возвратились рано, а Дмитрий Павлович пробыл там до утра вместе с моими гостями. Так что великому князю так и не удалось у меня выспаться, как надеялся его слуга.

Весной, когда мы с Андреем были в Париже, мы пригласили в ресторан «Арманвиль» великую княгиню Марию Павловну вместе с мужем, князем Н. Путятиным, великого князя Дмитрия Павловича, графа Н. Царнекау, а также полковника Кульнева. В последнюю минуту великого князя что-то задержало, но он обещал присоединиться к нам позже. После обеда мы поехали в модное кафе «Акация», чтобы выпить вина и потанцевать. Здесь к нам и присоединился Дмитрий Павлович, и мы все отправились в «Пале-Рояль», где в винном погребе находилось кабаре. Приехали мы рано, и там еще никого не было, а оркестр стал играть нам русскую музыку. Мы заказывали музыкантам все, что хотели, но потом появились две английские пары и начали заказывать американские мелодии, а мы по-прежнему просили исполнять русские. Англичане были очень недовольны, и тогда мы стали уговаривать великую княгиню что-нибудь спеть. Она долго отказывалась, но потом согласилась — при условии, что потом я станцую «Русскую». Когда мы все решили, великая княгиня превосходно спела романс «Калитка», а я станцевала «Русскую». Как только я закончила, оба англичанина поднялись из-за столика и, держа в руках бокалы с вином, подошли к нам. Став на колени, они попросили нас принять вино как знак восхищения нашим мастерством. Это было так трогательно, что потом мы весь вечер развлекались вместе».

Тут следует добавить, что поскольку Мария Павловна Младшая была не дочкой, а всего лишь внучкой императора Александра II, она была лишь княгиней, но, увы, не великой. Кстати, сама Мария Павловна в мемуарах ни разу не упоминает ни о встречах с Кшесинской, ни о ней самой. Видимо, для нее Матильда была персоной, недостойной упоминания.

В Париже Дмитрий Павлович имел роман с Коко Шанель, с которой его сестра Мария Павловна, имевшая мастерскую по пошиву верхнего платья, поддерживала деловые отношения. В Биаррице он познакомился с красивой американкой, наследницей огромного состояния Одри Эмери. Она была младше великого князя на 12 лет. Дмитрий Павлович женился на Одри в 1926 г., когда ей было 22 года, а ему 34. Свадьба состоялась 8 (21) октября в Биаррице. На ней присутствовали Мария Павловна, княгиня Палей, родственники невесты, одним из свидетелей на свадьбе был американский посол Херик.

Забавно, что Одри решила принять православие. По сему поводу Мария Павловна писала: «Я даже не представляла, насколько это окажется трудным делом. Наши батюшки не знали английского языка, только некоторые кое-как говорили по-французски, и Одри не могла их понять. Наконец отыскался юный выученик Парижской православной семинарии, который, сказали мне, немного знал по-английски. Времени оставалось совсем мало, и я поручила ему наставлять Одри, даже не повидав его и не переговорив. Разумеется, я тоже должна была присутствовать на уроках, которые имели место у меня в конторе. Никогда не забуду первое занятие. Юный семинарист пришел в сопровождении священника. Оба сели рядышком против Одри, а она заняла мое место за столом. И оба заговорили одновременно — священник на плохоньком французском, а семинарист не очень внятно по-английски. Настроение было самое истовое. Посерьезневшая Одри озадаченно переводила взгляд с одного на другого, пытаясь понять смысл сказанного. Понять что-либо было трудно даже мне, а уж она, конечно, не поняла ни слова. Поверх их голов я порою ловила ее растерянный взгляд. Я недолго терпела эту пытку. Давясь от смеха, я поспешила уйти, пока она не успела этого заметить».

Ну так или иначе, а Одри получила православное имя Анна. Император Кирилл расщедрился и дал ей титул светлейшей княгини Ильинской. Ильинское — деревня под Москвой, где в имении родителей родился великий князь Дмитрий Павлович.

Кшесинская писала: «Мы познакомились с ней [Одри. — *А.Ш.*] вскоре после их свадьбы, состоявшейся в Монте-Карло, в «Отель де Пари», где они в то время жили. На следующий сезон они сняли виллу в Каннах, и мы часто бывали у них на обедах. Они представляли собой такую красивую и гармоничную пару, что смотреть на них было одно удовольствие».

28 января 1928 года у Дмитрия и Одри родился сын Павел, но, увы, после этого супруги фактически расста-

лись. Формальный развод состоялся 6 декабря 1937 года, а через три месяца Эмери вышла замуж за князя Дмитрия Георгадзе. Что поделать, богатые янки так любили титулы, отсутствовавшие в «цитадели демократии».

Как видим, с момента прибытия в Италию ни Матильда, ни Андрей не работали. Кшесинская писала: «Поначалу, заложив мою виллу, мы кое-как сводили концы с концами. После смерти великой княгини Марии Павловны Андрей получил свою долю драгоценностей, но с большой задержкой из-за каких-то формальностей, поэтому подходящий момент для того, чтобы обратить драгоценности в деньги, был упущен, а полученная сумма была гораздо меньше оценочной стоимости. Кроме того, нужно было еще заплатить налог на наследство.

Андрей надеялся продать свою недвижимость, находящуюся в Польше, но после установления новой границы та часть польской территории отошла к СССР, и его надежды рухнули».

Стоп! Тут-то и проявился во всей красе русский патриотизм православной княжны Марии, жены брата самого императора Кирилла. Ведь на дворе не осень 1939 года! Согласно Рижскому договору 1921 года, унизительному для РСФСР, к Польше отошли западные части Белоруссии и Украины, граница проходила в 30 километрах от Минска. Так какая же «часть польской территории отошла к СССР»? Может быть, панна Матильда считала, что граница Польши должна совпадать с границей Великого княжества Литовского времен князя Витовта — со Смоленском, Киевом и Одессой?

В конце концов Кшесинская решила открыть в Париже балетную студию. Осенью 1928 года Матильда с Андреем поехали в Париж, чтобы подыскать себе жилье и подходящее место для студии. «Для себя я искала дом с садом, так как у меня были фокстерьеры, которым нужно было где-то бегать. Да и для всех нас сад был очень удобен. Найти квартиру, где можно жить самим и разместить балетную студию, было очень трудно. Для этого требовалась либо очень большая квартира, что дорого стоило, либо две, расположенные поблизости.

После долгих и мучительных поисков я, наконец, выбрала квартиру для балетной студии в еще недостроенном доме и подписала контракт...

Устроив все дела в Париже, мы вернулись в Кап-д'Эль, чтобы упаковать вещи и отослать их в Париж. Я собиралась уехать в Париж в конце года и открыть балетную студию уже зимой, но мне не хватало денег на переезд и ремонт дома. После нескончаемых хлопот и суеты нам, в конце концов, удалось покинуть Кап-д'Эль 22 января (4 февраля) 1929 года, а на следующий день мы уже были в Париже и поселились в доме № 10 на вилле «Молитор», округ XVI. Телефон 34-38 был уже установлен.

В связи с моим переездом в Париж злые языки стали распускать слухи, что я проиграла все свое состояние в Монте-Карло. А правда заключается в том (и я никогда этого не отрицала), что я всю жизнь любила играть, но никогда не делала высоких ставок, особенно в казино, даже в те времена, когда имела достаточные средства и могла себе это позволить. Как и все игроки, я иногда проигрывала, но это были небольшие суммы, а вовсе не те миллионы, о которых так много говорили и которых у меня не было». Увы, ряд современников утверждают, что вилла «Ялам» была проиграна именно в рулетку.

Устройство студии заняло свыше двух месяцев. К концу марта 1929 года она была закончена и даже освящена митрополитом Евлогием. 6 апреля начались занятия. Первой ученицей стала Татьяна Липковская, сестра знаменитой оперной певицы Лидии Липковской. Кшесинская оказалась талантливым педагогом и открыла дорогу в балет многим знаменитостям, таким как Марго Фонтейн, Иветт Шовери, Памела, Мей и другие. Богатые русские эмигранты охотно отправляли своих дочек и внучек в студию Кшесинской. Так, среди ее воспитанниц оказались Татьяна Рябушинская, Мария Шаляпина, Ангелина Цетлин-Доминик и многие другие.

Сама Матильда лишь эпизодически участвовала в спектаклях. Последний раз 64-летняя Кшесинская выступала на сцене в 1936 году в лондонском Ковент-Гардене на благотворительном концерте. Она с большим успехом станцевала свой «Русский танец». Мастерство балерины и, разумеется, громкое имя сделали свое дело — публика вызывала ее 18 раз!

В 1923 году Кшесинская впервые познакомилась с Сергеем Лифарем. В конце 1920-х годов он часто заходил к Матильде, и она «его искренне полюбила за доброе сердце, ум и несомненный талант танцовщика и балетмейстера. Я стала относиться к нему как к члену семьи. Казалось, и он ко мне привязался и все время называл «своим золотком». После пасхального ужина в 1926 году я стала каждый год приглашать его к себе на Пасху. Если же Лифарь в этот момент отсутствовал, он обязательно звонил и поздравлял с праздником, где бы в это время ни находился, даже когда летел самолетом из Австралии. Лифарь часто повторял, что мы с великим князем заменили ему родных, и именно так и представлял нас своим знакомым».

Их знакомство продолжалось, по крайней мере, до 1959 года. Отношения их не испортила даже книга Лифаря «История русского балета от основания до наших дней», изданная в Париже в 1950 году.

В «Воспоминаниях» Кшесинская пытается полемизировать с Лифарем: «В книге дважды высказывается предположение, что якобы Павлова и Карсавина в начале своей карьеры представляли для меня опасность и могли меня затмить и вытеснить со сцены. Так вот: никто — ни Павлова, ни Карсавина и никакая другая балерина — не затмили и не вытеснили меня в течение всей моей артистической карьеры. Каждая из нас шла своим путем. Что касается меня, то прямо со школьной скамьи я оказалась на самой вершине русского балета, что и отмечено прессой тех лет.

Далее автор «Истории» утверждает, что у зарубежной публики и критики я пользовалась меньшим успехом, чем та, другая танцовщица. И тут он совершенно прав. Арнольд Гаскелл пишет, что Павлова была более известна за границей, чем я. Однако по сравнению с ней за границей я выступала очень редко. Павлова сразу же по окончании училища стала ездить в турне по всему свету, а о том, какой ценой далась ей слава, она пишет сама. Мне же всегда нравилось жить в России, и покидала я ее неохотно...

Я имею право гордиться своими выступлениями, получившими высокую оценку в международной печати.

Обо всем этом автор «Истории» умалчивает или же недвусмысленно подчеркивает, что если я снискала на русской сцене более громкую по сравнению с другими танцовщицами славу, то лишь потому, что была всемогущей в театре. Позволю себе заметить, что для того, чтобы добиться успеха на сцене и получить всеобщее признание, одного всемогущества явно мало. Для этого нужно обладать талантом от Бога, выделяющим балерину среди остальных и возносящим ее на пьедестал на зависть недоброжелателям».

Глава 16

КШЕСИНСКАЯ И ЭМИГРАЦИЯ

В фрагментарных воспоминаниях Кшесинской, посвященных ее зарубежным поездкам до 1917 года и после, не заметно особой разницы, за исключением, естественно, разницы ее финансовых затрат. С чем это связано? С тем, что великая балерина была вся в мире театра и искусства и абсолютно чужда политике? В некоторой степени — да, но, увы, в гораздо большей степени Матильда притворялась. В 1959 году Советский Союз находился в зените своего могущества, а Кшесинская писала для потомства и не была уверена, что антисоветские пассажи вызовут восторг у людей XXI века.

А между тем Матильда, ее муж и сын оказались в самом центре предельно политизированной монархической части эмиграции. К великому сожалению, до сих пор ни советские, ни нынешние либеральные историки не сумели объяснить нашему народу, что представляла собой эмиграция к 1922 году.

Начну с того, что эмиграция в России началась не в 1917 году. В конце XIX — начале XX веков число эмигрантов из Российской империи составляло «в среднем 40 тысяч человек в год». И сие написал не большевик, а убежденный монархист и, замечу, достаточно информированный историк С.С. Ольденбург[1]. Большинство же балерин и менеджеров балета оказались за рубежом еще до октяб-

---

[1] *Ольденбург С.С.* Царствование Императора Николая II. Белград: Издание Общества Распространения Русской Национальной и Патриотической литературы, 1939. Т. 1. С. 32.

ря 1917 года. Так что при Ленине с 1918-го по 1924 год из России уехало вполне соизмеримое число людей по сравнению с царствованием Николая II. Точных цифр уехавших нет, а по моей оценке число белоэмигрантов составило около миллиона человек. При этом я не собираюсь полемизировать с другими авторами. Вопрос лишь в том, как и кого считать эмигрантами, ведь барона Маннергейма, Альфреда Розенберга и Сиднея Рейли тоже формально можно считать русскими эмигрантами.

Вот, к примеру, в Маньчжурии к 1923 году оказалось около 100 тысяч русских, но, увы, никто так и не посчитал, сколько из них были белоэмигрантами, а сколько — коренными жителями Желтороссии, как полувшутку, полувсерьез наши поселенцы называли Маньчжурию. Не будем забывать, что русский город Харбин был основан на пустом месте еще в 1898 году при строительстве КВЖД.

Крым находился под властью белых почти два года, в том числе один год под властью генерала Врангеля. «Черный барон» имел реальный шанс сделать из «острова Крым» русский Тайвань. Вспомним, что белым достались десятки кораблей Черноморского флота, а красные вообще не имели на Черном море ни одного боевого корабля специальной постройки. В Крыму оказалось огромное количество крепостных орудий и различного оборудования для создания неприступной обороны на Перекопе и Сиваше. А у красных практически не было тяжелой артиллерии. Наконец, Советское правительство в 1918–1921 годах шло на любые компромиссы с самостийниками в Польше, Прибалтике и Финляндии и заключило с ними целый ряд «препохабнейших» миров. По невыгодности для России их вполне можно сравнить с Брестским миром, с той лишь разницей, что они были заключены не с великими империями, располагавшими самыми сильными в мире армиями, а с незаконно созданными государственными формированиями. А главное то, что, в отличие от Брестского мира, эти похабные мирки просуществовали не полгода, а целых два десятка лет. С равным успехом Ленин и Троцкий в 1920 году могли признать независимое государство Крым, разумеется, при условии его нейтралитета и невмешательства в дела РСФСР.

Однако барону было плевать на Крым, плевать на десятки тысяч беженцев, собравшихся там со всей России. Врангелю нужно было всё или ничего. Когда мечтаешь въехать в Кремль на белом коне, то не до строительства бетонных дотов на Сиваше.

В результате штурм Перекопа оказался фарсом, а его укрепления — фикцией, о чем свидетельствуют отчеты французских военных инженеров-фортификаторов, осматривавших их в октябре 1920 года.

Зато Врангель довольно грамотно осуществил эвакуацию своих войск и десятков тысяч беженцев в Константинополь. Ну а там вместо того, чтобы объявить — «кампания окончена, штыки в землю», барон приложил все усилия, чтобы сохранить боеспособность «русской армии» и «русской» (бизертской) эскадры. Понятно, что самостоятельно, даже чисто технически, ни оная армия, ни бизертская эскадра не могли даже добраться до границ СССР. Естественно, что Врангель и другие белые генералы надеялись и ждали, пока какая-нибудь великая держава или, еще лучше, коалиция начнет войну против «Совдепии».

В свое время я просмотрел в спецхране «Ленинки» подшивку номеров белоэмигрантского военного журнала «Часовой» за 1930–1933 годы. Впечатление такое, что этот журнал издавался не в Париже спустя 10–12 лет после окончания Гражданской войны, а где-нибудь в Северной Таврии в начале 1920 года. Вот-вот, мол, пойдем в новый поход, большевики падут со дня на день. В каждом номере письма «оттуда», причем в большинстве своем от красных командиров. Тем давно осточертели большевики, они составляют заговоры и лишь ждут сигнала «из-за бугра», чтобы начать всеобщее восстание. Нетрудно догадаться, что «Часовой» достаточно внимательно читали на Лубянке.

Дело, разумеется, не ограничивалось болтовней. В Советскую Россию из-за рубежа регулярно забрасывались террористы и диверсанты, да и в Европе было организовано несколько покушений на советских дипломатов, торговых работников, дипкурьеров и т. д.

В свою очередь советская пресса метала громы и молнии по поводу каждого такого теракта, и в сознании народа слово «эмигрант» становилось эквивалентным «враг, шпион, диверсант».

В принципе, советское правительство было не против возвращения эмигрантов, но встречались они на родине весьма настороженно и «попадали под колпак» ОГПУ. Замечу, что в Россию прибыли достаточно известные деятели эмиграции: генерал Я.А. Слащев вернулся в СССР в 1921 году, граф А.Н. Толстой — в 1923 году, граф А.А. Игнатьев, бывший военный агент во Франции, заблокировал от притязаний эмигрантов 225 миллионов рублей золотом, принадлежавших России и хранившихся в парижских банках. Генерал Н.В. Скоблин стал советским разведчиком и участвовал в похищении генерала Миллера.

Однако массовое возвращение эмигрантов в СССР стало невозможно как из-за подозрительности советского руководства, так и из-за оголтелого антикоммунизма вождей эмиграции.

К середине 1920-х годов в Западной Европе оказалось не более 300 тысяч белоэмигрантов. Определенная часть их пыталась интегрироваться в жизни страны, давшей им приют. Тот же Игорь Сикорский успешно создавал в США все новые типы летающих лодок и вертолетов. Дмитрий Рябушинский стал французским академиком. Успешно адаптировались многие деятели искусства. Так, Кшесинская с сарказмом писала: «Кроме того, после Первой мировой войны русских балерин и танцовщиков стало значительно меньше, и труппа Дягилева пополнялась за счет иностранных артистов, а чтобы, как говорится, «не потерять лицо», им давали русские имена. Так что балет перестал быть русским, и осталось лишь одно название».

Большая же часть эмигрантов адаптировалась с трудом и предпочитала не заниматься политикой. Политическая часть эмиграции делилась на либералов, монархистов и милитаристов. Последний термин мой собственный, им я обозначаю членов военизированных организаций, первоначально руководимых бароном Врангелем и великим князем Николаем Николаевичем.

Нас с детства в школе учили — «Белая армия, Черный барон снова готовят нам царский трон». На самом же деле Колчак, Юденич, Миллер, Деникин и Врангель не допускали на службу в свои формирования не только членов «августейшей фамилии», но и князей императорской крови.

Главным лозунгом белых армий был «принцип непредрешенности», то есть возьмем Москву, а там будем думать о форме государственности — республика, монархия с Романовыми или монархия с новой выборной династией и т. п. Вожди Белого движения объясняли свою приверженность «непредрешенности» стремлением привлечь в свои ряды наиболее широкий спектр людей, недовольных советской властью. В принципе, это верно, но все наши генералы знали, что Романовы всегда терпеть не могли талантливых полководцев. Вспомним опалы Суворова, Кутузова, Скобелева и др. Въехать на белом коне в Кремль, а потом отправиться в село Кончанское под надзор полиции? Нет, куда уж лучше стать регентом Маннергеймом или маршалом Пилсудским.

В результате русские великие князья оказались в своеобразном политическом вакууме. Их всерьез не принимало ни одно правительство Западной Европы. Члены правящих династий вступали в контакт лишь со своими ближайшими по крови родственниками. Конечно же, члены семейств свергнутых в 1918 году династий, те же Гогенцоллерны, охотно общались с Романовыми и организовывали «династические» браки. Но с ними было скучно, да и проку никакого. Об этом хорошо написала княгиня Мария Павловна Младшая: «Психологически мы были интересны. Зато в интеллектуальном отношении ровно ничего собою не представляли. Все наши разговоры сводились к одному: прошлое. Прошлое было подобно запылившемуся бриллианту, сквозь который смотришь на свет, надеясь увидеть игру солнечных лучей. Мы говорили о прошлом, оглядывались на прошлое. Из прошлого мы не извлекали уроков, мы без конца переживали старое, доискиваясь виноватых. Собственного будущего мы себе никак не представляли, и возвращение в Россию — в нем мы тогда были уверены — виделось только при весьма определенных обстоятельствах. Жизнь шла рядом, и мы боялись соприкоснуться с ней; плывя по течению, мы старались не задумываться о причинах и смысле происходящего, страшась убедиться в собственной никчемности. Жизнь ставила новые вопросы и предъявляла новые требования, и все это проходило мимо нас. Податливые, мы легко приспосабливались к меняющейся обстановке, но редко были способны укорениться в новом времени. Вопросы, которые мы обсуждали, давно решили без нас, а мы все горячо перетолковывали их с разных сторон. Сначала мы ожидали перемен в России не в этом, так в следующем месяце, потом не в этом, так в следующем году, и год за годом все больше удалялись от России, какой она становилась, неспособные понять основательность совершавшихся там перемен»[1].

Сразу после прибытия в эмиграцию великий князь Кирилл объявил себя главой Российского императорского дома. Формально по законам Российской империи он имел на это право — его отец Владимир Александрович был следующим сыном Александра II после Александра III. Но брак Кирилла с разведенной герцогиней Викторией Мелитой, заключенный в 1905 году без согласия императора Николая II, лишал его этого права.

В феврале 1917 года Кирилл нацепил красный бант и заявился с вверенным ему флотским гвардейским экипажем к зданию Государственной Думы еще до отречения Николая II. Это формально явилось актом государственной измены и тоже лишало его права на престол.

---

[1] *Мария Павловна.* Мемуары. М.: Захаров, 2003. С. 405.

Наконец, великий князь Михаил Александрович, в пользу которого отрекся Николай II, официально передал вопрос о наследовании на усмотрение Учредительного собрания.

26 июля (8 августа) 1922 года Кирилл Владимирович объявил себя Блюстителем Императорского престола, а 31 августа (13 сентября) 1924 года — Императором Всероссийским.

Решение Кирилла раскололо семейство Романовых на две половины. Вдовствующая императрица и великий князь Николай Николаевич выступили категорически против кандидатуры Кирилла. Замечу, что нынешние историки утверждают, что позиция императрицы связана лишь с ее верой в чудесное спасение сына Николая. На самом деле в письме к великому князю Николаю Николаевичу она утверждала: «Если Господу Богу... угодно было призвать к Себе моих любимых сыновей и внука, то я полагаю, что Государь Император будет указан нашими основными законами в союзе с Церковью Православной, совместно с Русским народом».

Примерно так же высказался и Феликс Юсупов-младший: «Если быть в России монархии с сохраненьем той же династии, то Собор, скорее всего, и выберет в младшем поколении Романовых достойнейшего».

Великий князь Николай Николаевич, старый кавалерист, выражался не в пример грубее: «Кирюха есть всего-навсего предводитель банды пьяниц и дураков». Это самое приличное высказывание, иные просто непечатны...

Ряд великих князей заняли осторожную позицию — «полупризнание». Так, 29 ноября 1923 года великий князь Александр Михайлович отправил письмо в редакцию парижского отдела газеты «Нью-Йорк Геральд». Письмо это крайне сумбурное и противоречивое, и его можно трактовать вкривь и вкось. С одной стороны: «Когда Русский народ придет к глубокому убеждению, что продление большевистского владычества равносильно постоянному рабству и нескончаемому горю, он должен будет сам свергнуть эту власть и решить, какой ему нужен государственный строй». С другой стороны: «Российские Основные Законы с полной ясностью указывают, что право на Престол принадлежит Старшему Члену Нашей Семьи, каковым является в настоящее время Великий Князь Кирилл Владимирович».

В начале 1930-х годов белогвардейцы организовали Высший Монархический совет, выдвинувший кандидатом в императоры сына великого князя Александра Михайловича Никиту. В силу кровных связей он был ближе всех к последнему императору, поскольку был правнуком Николая I и внуком Александра III. Его мать Ксения, как мы помним, была родной сестрой Николая II.

Император Кирилл пришел в негодование и своим указом исключил Никиту Александровича из числа членов императорской фамилии. «Кирилловцы» оказались сильнее, и Никита так и не стал «императором всероссийским».

Великий князь Александр Михайлович эту «избирательную кампанию» описал следующим образом: «Поскольку Советский Союз вступил в шестой год своего существования, эта трехсторонняя схватка представлялась по меньшей мере преждевременной, и все же была со всей серьезностью воспринята многочисленными русскими беженцами. Они носились, объединялись, интриговали. И, как истинные русские, заговаривали друг друга до отупения. Оборванные и бледные, они собирались на монархические сходки в душных, прокуренных залах Парижа, где чуть не до рассвета выдающиеся ораторы обсуждали достоинства троих великих князей.

Одни слушали пространные цитаты из Основных Законов Российской империи, подтверждающие неотъемлемые права Кирилла; их зачитывал какой-то престарелый сановник, облаченный в длиннополый сюртук и похожий на поставленный стоймя труп, который поддерживали сзади невидимые руки. Другие слушали разодетого генерал-майора, кричавшего, что «огромные массы населения России» желают видеть Николая, бывшего Верховного Главнокомандующего русской армией, на троне его предков. Третьи млели от сладкоречивого московского адвоката, который защищал права юного Дмитрия столь проникновенно, что наверняка вышиб бы из присяжных слезу. И все это происходило в двух шагах от Больших Бульваров, где толпы жизнерадостных парижан пробавлялись легкими и крепкими напитками, совершенно позабыв о важности выборов самодержца всея Руси.

Поскольку мои политические взгляды были хорошо известны русским монархистам и явно ими не разделялись, ни разу за время той жаркой кампании мое имя не было произнесено даже шепотом. Но однажды тихим декабрьским утром я проснулся и обнаружил, что мой сын Никита должным образом избран царем на собрании «отколовшейся» фракции роялистов. Эта новость огорчила меня. Я горячо запротестовал. То, что начиналось как невинное времяпровождение, явно принимало масштабы трагического и сомнительного фарса. Каким образом решали вопросы личного обустройства мои кузены и племянники, меня совершенно не касалось, но своего мальчика я хотел уберечь от удела всеобщего посмешища. Он работал в банке, был счастлив в браке с подружкой своего детства графиней Воронцовой и не имел ни малейшего желания состязаться с великим князем Кириллом».

Тут Александр Михайлович говорит о первой (в 1923 году) попытке Никиты захватить престол и явно выгораживает сына. Но в целом портреты написаны, как говорят, с натуры.

Как видим, ситуация в Париже в 1920—1930-х годах ненамного отличалась от противостояния лысого и лохматого императоров в кинофильме «Корона Российской империи».

Естественно, что особы, приближенные к императору, то есть великий князь Андрей, Матильда и Вова, оказались в самом центре этой заварухи. Для начала Кирилл назначил Андрея своим представителем («наместником») в Париже. Дело в том, что в начале 1920-х годов Кирилл поселился в германском городе Кобурге, где у его жены Виктории Федоровны сохранился собственный дом. За это он получил прозвище «Кобургского императора». Между прочим, в сентябре 1923 года, за месяц до Пивного путча, Виктория Федоровна встречалась в Мюнхене с Гитлером в присутствии русского генерала В.В. Бискупского и германского генерала Людендорфа. Речь шла о финансировании партии.

Сам же Кирилл был более осторожен и постоянно лавировал между нацистами и западными союзниками. В 1929 году он на всякий случай переехал из Кобурга в местечко Сен-Бриак в Бретани, в 9 километрах от небольшого порта Сен-Мало. Там он купил двухэтажный особняк с парком, который назвал виллой «Кер-Аргонид».

Великий князь Андрей Владимирович был глуповат и, что еще хуже, постоянно увлекался какими-то прожектами. Поэтому братец-император использовал его в основном в качестве свадебного генерала. Так, в ноябре 1924 года Кирилл издал рескрипт о созыве «Совещания по вопросам об устроении императорской России». Председателем совещания император назначил Андрея. Задачей оного совещания была выработка то ли законов, то ли программ «кирилловцев». Совещание проработало семь лет и в 1932 году было упразднено самим Кириллом. При этом не было выработано даже хоть каких-то промежуточных документов.

Зато Андрей увлекся самозванкой Анастасией (Шануковской). Фактически он признал ее дочерью Николая II. Император Кирилл был страшно разгневан и по канцелярии прислал Андрею гневное письмо.

Увы, Андрей не унялся, а вляпался в новую аферу с царским серебром. Дело в том, что столовое серебро из Ливадийского дворца каким-то образом попало в руки Врангеля и было вывезено из Крыма в ноябре 1920 года. Позже руководство Общевойскового союза это серебро заложило в банке, но некий Шишкин пообещал Андрею вернуть его императорской фамилии. Шишкин оказался жуликом, пытавшимся захватить царские драгоценности, а сия афе-

ра еще более испортила отношения императора с милита-
ристами.

Затем к Андрею обратился представитель американской «кинофирмы» с предложением подобрать несколько членов «императорского дома» и вместе с ними отправиться в Голливуд на съемки фильма о Романовых. Там они
должны были хорошо заработать в качестве консультантов
и даже киноактеров. Андрей предложил сниматься дочери
Кирилла Владимировича Кире. Кирилл пришел в ярость и
устроил большой скандал.

В начале 1935 года к Андрею Владимировичу обратился представитель вдовы адмирала Алексеева, умершего в
Париже в 1918 году. Сей адмирал якобы завещал несколько миллионов (!) золотых рублей императору Николаю II,
и теперь, мол, вдова хочет передать это золото законному
наследнику Кириллу.

В чем-то эта афера выглядела правдоподобно. Евгений Иванович Алексеев был внебрачным сыном цесаревича Александра Николаевича, впоследствии ставшего императором Александром II, и он мог иметь не только верно-
подданнейшие, но и родственные чувства к августейшему
семейству, благо собственных детей у адмирала не было, во
всяком случае, законных. А с другой стороны, Николай II
назначил его своим наместником на Дальнем Востоке, и адмирал стал неограниченным повелителем огромной территории, соизмеримой с Западной Европой и состоявшей из
частей двух империй — Российской и Китайской. Наместни-
чество было выведено даже из-под контроля Совета министров России, и Алексеев подчинялся лишь непосредственно императору. В наместничестве за несколько недель создавались огромные состояния. 8 июня 1905 года состоялось
упразднение наместничества на Дальнем Востоке в связи с
тем, что значительная часть оного была занята японцами.
Концессии на реке Ялу, Порт-Артур и главный бизнес-центр
в городе Дальнем попали в руки японцев, то есть определить, кто сколько взял, стало невозможно. В итоге у вдовы
Алексеева действительно могли быть сказочные богатства.

С согласия Кирилла Андрей поехал на свидание с безутешной вдовушкой — патриоткой династии Романовых. Она довольно популярно объяснила, что деньги есть, но они в России. Теперь от императора Кирилла требовалось «послать туда надежное лицо», которое встретилось бы с «поверенным» адмирала, проживавшим в России, и тот, естественно, отдал бы все алексеевские миллионы.

Андрей и Кирилл размечтались об адмиральских капиталах, но Виктория Федоровна резко поставила мужа на место. Думаю, она вспомнила о поездах в Россию Сиднея Рейли и Бориса Савинкова.

Любопытно, что в «Воспоминаниях» Кшесинская много пишет о своей любви к мужу и сыну и... ничего об их деятельности. Между тем и сын Вова тоже ударился в политику. Его не интересовали ни балет, ни театр в целом, ни наука, ни бизнес. Вова стал одним из основателей «Союза младороссов».

Инициатива создания союза принадлежала «государыне» Виктории Федоровне. Руководителем младоросов стал 28-летний Александр Казем-Бек, служивший ротмистром в Белой армии.

Младороссы выдвинули оригинальный лозунг: «Царь и Советы». Младороссы рассматривали Советы как законосовещательные органы, избираемые пропорционально национальностям и четырем группам населения (духовенство, земледельцы, рабочие, горожане). Система районных, губернских и прочих Советов, Имперский съезд Советов и избираемый им Имперский Совет, полагали они, осуществят народное самоуправление и доведут голос народа до царского престола.

Движение младороссов достигло своего апогея в 1934–1935 годах. Его руководители заявили, что число членов союза достигло шести тысяч. Члены союза носили синие рубашки. На съездах при появлении вождя Казем-Бека они вскакивали с места с криком: «Ура Главе!» (аналог «Хайль Гитлер»). В 1936 году в союзе были введены офицерские звания: «младший младоросс», «старший младоросс», «член Главного Совета» и т. д.

Глава союза Казем-Бек регулярно приезжал с докладами к императору Кириллу, однако тот не вмешивался в детали партийной жизни и не показывался на съездах. Младороссы регулярно с 1930 года устраивали палаточные лагеря вблизи Сен-Бриака — резиденции императора.

В 1935 году в партию младороссов вступил великий князь Дмитрий Павлович. Он вошел в руководство партии, тем не менее на съездах тоже кричал «Ура Главе!»

Любопытно, что в мае 1934 года Бенито Муссолини официально принял Казем-Бека, несмотря на протесты советского посла В.П. Потемкина.

В 1933 году историк церкви А.В. Карташев так оценивал младороссов: «Дикарьки! Это мускулы. Материал. Они могут хватиться и за какое-нибудь хорошее дело — совсем не за то, которое они себе воображают. Казем-Бек — он не без таланта. Вообще же это все дрожжи будущего гитлеризма. Гитлеризм же теперь мода».

С началом Второй мировой войны французский министр внутренних дел предложил Казем-Беку распустить партию. Тогда «Глава» перевел младороссов на нелегальное положение. В феврале 1940 года начались аресты младороссов. 3 июня 1940 года Казем-Бек и множество других «партайгеноссе» были арестованы французской полицией и отправлены в концлагерь Верне д'Арьеж, где уже находились ранее арестованные младороссы. Был ли арестован Вова, неясно. С одной стороны, в партии он состоял в Главном Совете, но его всерьез никто не воспринимал, так что в партийных материалах о нем просто не говорится. С другой стороны, Матильда в «Воспоминаниях» вообще не упоминает о связях с младороссами и ничего не говорит, где был Вова с августа 1939 года по июнь 1941 года.

Казем-Бек, князь А.М. Путятин и несколько других вождей младороссов были освобождены из концлагеря 7 августа 1940 года, то есть после разгрома Франции. Какое-то время Казем-Бек пожил с семьей на юге Франции, то есть в неоккупированной ее части, а затем через Испанию отправился в США. Там он меняет ориентацию и выступает в поддержку СССР, а затем начинает печататься в американском журнале «Единая церковь» — органе Московской патриархии. С 1944 года Казем-Бек преподает русский язык и литературу в Йельском университете.

После войны французское правительство запрещает Казем-Беку въезд в страну, и «Глава» попадет под колпак ФБР. Тогда Казем-Бек вместе с семьей уезжает в Женеву, где 18 сентября 1956 года бросает семью и улетает в Прагу, а затем в Москву. 16 января 1957 года в статье в газете «Правда» он обличает американский империализм.

Казем-Бек поступает на службу в Московскую патриархию. Поначалу он там был переводчиком и привлекался для пропагандистских выступлений на радио, затем стал членом редколлегии «Журнала Московской Патриархии», где регулярно публиковался. А с 1962 года был также консультантом Отдела внешних церковных сношений и гидом церковных делегаций западных католиков и протестантов. Казем-Бек был награжден церковными орденами Святого Владимира III и II степеней и грамотами патриархов Алексия I и Пимена.

Похоронен Казем-Бек по благословению патриарха Пимена 23 февраля 1977 года на небольшом кладбище Афонского подворья в ограде храма Преображения Господня в селе Лукино под Москвой. Отпевал его епископ Зарайский Иов и архиепископ Волоколамский Питирим. Любопытно, в каких чинах были люди в штатском, присутствовавшие на похоронах, да и в каком чине был сам усопший? Во всяком случае, не ротмистр.

Сразу оговорюсь, мы крайне мало знаем об особах, приближенных к императору, включая Кшесинскую, ее мужа и сына. Воспоминания Кшесинской, где она ухитрилась почти ничего не сказать о своей среде[1], типичны. Так, например, все без исключения члены «августейшего» семейст-

---

[1] Речь идет о муже, его родственниках, сыне и его друзьях по партии. Зато она охотно и много пишет об Анне Павловой, Шаляпине и о других деятелях искусства, с которыми в эмиграции ей приходилось встречаться лишь эпизодически, а то и вообще один или два раза.

ва практически не упоминают о своей деятельности в годы Второй мировой войны. При этом большинство «особ» оказались на территории, занятой немцами, и многие сотрудничали с немцами вместе с русскими, находившимися на службе в СС. Представьте на секунду, что какая-либо «особа» хотя бы плюнула на каску солдата вермахта — как бы это расписали в красках в десятках мемуаров! А с немцами многие «особы» очень хотели сотрудничать, да те не выразили ни малейшего желания иметь дело с августейшей фамилией.

3 ноября 1939 года, в день объявления Францией и Англией войны Германии, племянник мужа Кшесинской великий князь Владимир Кириллович обратился с манифестом к русскому народу в качестве Главы Российского императорского дома: «Коммунизм не изменил своего существа: его целью по-прежнему остается разрушение современного мира со всей его вековой культурой. Большевизм обречен на неизбежную гибель, которая может наступить гораздо раньше, чем мы думаем. Время приближается... Быть может в этом испытующем огне сгорит и кровавая коммунистическая власть». И далее всё в таком же духе. В манифесте нет ни слова с осуждением Германии или Англии и Франции. Прочитав его, человек, на знающий истории войны, решит, что 3 сентября СССР напал сразу на всю Западную Европу, включая Германию, Англию и Францию, дабы разрушить их «вековую культуру».

Тут стоит оговориться, что не все члены дома Романовых были настроены столь антисоветски и русофобски. Да, да, русофобски! СССР сохранял нейтралитет и в последующие полтора года делал все, чтобы не быть втянутым в войну, а Владимир Кириллович уже 3 сентября 1939 года мечтал, чтобы советская власть сгорела в огне войны вместе с десятками миллионов русских людей.

В 1932 году на Лазурном Берегу умирал старик. Его жена давным-давно жила отдельно в Лондоне, многочисленные дети рассыпались по Западной Европе и Новому Свету, и он остался один. Великий князь Александр Михайлович чувствовал приближение смерти и спешил закончить свои мемуары: «Мне пришло в голову, что хотя я и не большевик, однако не мог согласиться со своими родственниками и знакомыми и безоглядно клеймить все, что делается Советами, только потому, что это делается Советами. Никто не спорит, они убили трех моих родных братьев, но они также спасли Россию от участи вассала союзников.

Некогда я ненавидел их, и руки у меня чесались добраться до Ленина или Троцкого, но тут я стал узнавать то об одном, то о другом конструктивном шаге московского правительства и ловил себя на том, что шепчу: «Браво!». Как все те христиане, что «ни холодны, ни горячи», я не знал иного способа излечиться от ненависти, кроме как потопить ее в другой, еще более жгучей. Предмет последней мне предложили поляки.

Когда ранней весной 1920-го я увидел заголовки французских газет, возвещавшие о триумфальном шествии Пилсудского по пшеничным полям Малороссии, что-то внутри меня не выдержало, и я забыл про то, что и года не прошло со дня расстрела моих братьев. Я только и думал: «Поляки вот-вот возьмут Киев! Извечные враги России вот-вот отрежут империю от ее западных рубежей!». Я не осмелился выражаться открыто, но, слушая вздорную болтовню беженцев и глядя в их лица, я всей душою желал Красной армии победы.

Не важно, что я был великий князь. Я был русский офицер, давший клятву защищать Отечество от его врагов. Я был внуком человека, который грозил распахать улицы Варшавы, если поляки еще раз посмеют нарушить единство его империи. Неожиданно на ум пришла фраза того же самого моего предка семидесятидвухлетней давности. Прямо на донесении о «возмутительных действиях» бывшего русского офицера артиллерии Бакунина, который в Саксонии повел толпы немецких революционеров на штурм крепости, император Николай I написал аршинными буквами: «Ура нашим артиллеристам!»

Сходство моей и его реакции поразило меня. То же самое я чувствовал, когда красный командир Буденный разбил легионы Пилсудского и гнал его до самой Варшавы. На сей раз комплименты адресовались русским кавалеристам, но в остальном мало что изменилось со времен моего деда.

— Но вы, кажется, забываете, — возразил мой верный секретарь, — что, помимо прочего, победа Буденного означает конец надеждам Белой армии в Крыму.

Справедливое его замечание не поколебало моих убеждений. Мне было ясно тогда, неспокойным летом двадцатого года, как ясно и сейчас, в спокойном тридцать третьем, что для достижения решающей победы над поляками Советское правительство сделало все, что обязано было бы сделать любое истинно народное правительство. Какой бы ни казалось иронией, что единство государства Российского приходится защищать участникам III Интернационала, фактом остается то, что с того самого дня Советы вынуждены проводить чисто национальную политику, которая есть не что иное, как многовековая политика, начатая Иваном Грозным, оформленная Петром Великим и достигшая вершины при Николае I: защищать рубежи государства любой ценой и шаг за шагом пробиваться к естественным границам на западе! Сейчас я уверен, что еще мои сыновья увидят тот день, когда придет конец не только нелепой независимости прибалтийских республик, но и Бессарабия с Польшей будут Россией отвоеваны, а картографам придется немало потрудиться над перечерчиванием границ на Дальнем Востоке...»

26 февраля 1933 года великий князь умер. Через 6 лет танки Красной Армии войдут в Брест и Львов, через полгода — в Ревель, Ригу, Вильно и Кишинев, а еще через 5 лет — в Харбин и Порт-Артур.

Александр Михайлович, бесспорно, был самым умным и прозорливым членом семейства Романовых. Он первым в России предложил строить броненосцы дредноутного типа и в целом реформировать русский флот накануне Русско-японской войны. Он предсказал ход Русско-японской войны. Александр Михайлович первым из августейшей фамилии оценил возможности «летающих этажерок». Недаром до 1917 года его называли «отцом русской авиации».

Но, увы, завершить все начинания ему мешал любимый кузен Ники. Он откровенно боялся аналитического ума Сандро. Кроме того, Александра Михайловича люто возненавидела Александра Федоровна. За что? — спросит читатель. Ведь именно Сандро и Ксения сделали так много для ее брака с Ники. Увы, летом 1900 года Николай серьезно заболел тифом. Более месяца он находился между жизнью и смертью в своей резиденции в Ливадии. Естественно, что возник вопрос о приемнике Николая. Согласно российским законам о престолонаследии, право наследования предоставлялось только мужчинам, а женщины могли взойти на трон лишь после смерти всех мужчин из августейшей фамилии Романовых.

У Николая II же были только дочери, и законным наследником являлся его брат цесаревич Михаил Александрович. Однако царь ненавидел брата, хотя внешне соблюдал приличия.

Императрица-мать в это время гостила у родных в Дании. Узнав о болезни сына, Мария Федоровна срочно отправила несколько телеграмм в Ливадию Александре Федоровне с предложением пригласить лучших европейских врачей к сыну и просила сообщить, когда ей лучше приехать. Александра сухо отклонила оба предложения. Присутствие в Ливадии императрицы-матери и свидетелей-иностранцев не входило в планы Аликс.

Ряд министров и генералов во главе с военным министром Куропаткиным (будущим «маньчжурским героем») начали подготовку к государственному перевороту. В случае смерти Николая они собирались возвести на престол пятилетнюю дочь Татьяну, а царица становилась регентшей. Однако премьер-министр Витте отказался присоединиться к заговору, за что заслужил пожизненную ненависть царицы. Михаила любила гвардия, да и вся Россия от аристократов до социалистов слишком хорошо знала прелести женского правления в XVIII веке, и страна вряд ли тихо приняла бы на престол пятилетнюю девицу. Таким образом, уже в 1900 г. Россия была поставлена на грань гражданской войны.

Тут следует обратить внимание на то, что Ливадия — не Санкт-Петербург, где династические споры в XVIII веке решала исключительно гвардия. Спору нет, рядом с Ливадией дислоцировались гвардейские части силою не более полка. Но сухим путем в Ливадию тогда попадали только через Севастополь (троллейбусного сообщения Симферополь — Ялта тогда, увы, не было, ну а горные тропы не в счет). Ливадийский дворец и все окрестные постройки расположены приблизительно в версте от моря и великолепно просматриваются даже с борта прогулочного катера — сам смотрел. А в хорошую оптику с марса броненосца видны и различия на погонах.

Таким образом, ситуация в Ливадии в случае смерти Николая полностью попала бы под контроль командования Черноморского флота.

Замечу, что позицию Черноморского флота в ходе династического кризиса определял не столько командующий флотом вице-адмирал С.П. Тыртов, сколько командир броненосца «Ростислав» капитан 1 ранга А.М. Романов. На службе капитан Романов вытягивался перед Тыртовым, а вне службы вице-адмирал вставал на вытяжку перед 34-летним великим князем и не имел права первым начать с ним разговор.

Александр Михайлович занял резко отрицательную позицию по отношению к попытке государственного переворота. В случае коронации Татьяны Александр Михайлович и его три брата могли слишком много потерять. Нетрудно догадаться, что в случае смерти царя Черноморский флот взял бы под контроль всех заговорщиков. А по законам Российской империи даже попытка изменить порядок престолонаследия каралась смертной казнью.

В 1915–1916 годах у великого князя была возможность поднять по тревоге войска и повторить события 1762 и 1801 годов, и, как показал февраль 1917 года, защищать кузена Ники никто бы не стал. Но, увы, у Сандро на это не хватило силы воли.

Говоря об интимной жизни тех или иных персонажей давно минувших дней, наши историки-образованцы обожают ссылаться на время — «Да, мол, он, особенно она, были порядочными людьми, но из-за нравов своего времени...»

Тот же Александр Михайлович жил в то же время и в тех же условиях, что и его кузен Ники, и родной брат Сергей. Александра Михайловича мы с полным основанием можем назвать первым плейбоем империи. Он был высок, красив, умен и имел больше романов, чем все его братья Михайловичи, кузены Владимировичи и цесаревич Ники вместе взятые. Десятки романов великий князь, не стесняясь, описал в своих мемуарах. Но, увы, там нет ни одного имени. Мало того, за всю жизнь Александра Михайловича у него не было ни одного публичного скандала, ни одна его дама не запустила руку в государственную казну. Александр Михайлович заводил романы только с приличными аристократками — Париж, Биарриц, Монте-Карло, яхты и... грустное расставание в конце.

Простим же Сандро его излишнюю щепетильность и осторожность в момент, когда надо было спасать Россию, простим его масонские игры...

Глава 17

НА ЗАКАТЕ ЖИЗНИ

Лето 1938 года Матильда и Андрей провели на курорте Корере, где Андрей лечился от бронхита.

Неожиданно ухудшилось здоровье императора Кирилла, находившегося в своем имении в Сен-Бриаке. Андрей выехал туда. Кирилла перевезли в Париж. Лучшие профессора лечили его, но не смогли спасти. 12 октября 1938 года, в канун своего шестидесятилетия, Кирилл скончался. Матильда писала: «На похороны съехалась почти вся семья. В них также принял участие представитель президента Франции. Все это свидетельствовало о большой любви к великому князю Кириллу. Все русские, независимо от сословия, приходили отдать последний долг покойному. Круглые сутки у его гроба стоял почетный караул, и два раза в день отправлялось заупокойное богослужение, а в церкви все время толпился народ.

Последнее богослужение состоялось 14 октября. А потом еще два дня гроб находился в церкви. После выполнения всех формальностей гроб великого князя Кирилла перевезли на катафалке в Кобург. Его похоронили в фамильном склепе рядом с супругой, великой княгиней Викторией Федоровной.

Для меня смерть Кирилла Владимировича стала страшным ударом. Мы были знакомы почти сорок лет, со дня коронации в Москве, в 1896 году. Вместе с братом Борисом они почти ежедневно бывали у меня в гостинице в Москве, а потом навещали в Петербурге и Стрельне».

По окончании 1938/39 учебного года, выдавшегося очень напряженным (в студии Матильды занимались 150 учеников), Кшесинская поехала в Э-ле-Бэн, чтобы подлечиться и отдохнуть перед следующим учебным годом. Там она снова встретилась с Сахаровыми, выступавшими в казино.

По окончании лечения Матильда с Андреем поселились в имении родственников одного из учеников Кшесинской, которое находилось в окрестностях Эвиана недалеко от Женевского озера. «Там было очень красиво, — вспоминает Матильда. — Дважды мы ездили в Женеву. Сюда же приехал и Вова, который часть лета провел на берегу океана. Однако пробыли мы там недолго.

Вскоре над нами снова нависла угроза войны, и всех охватила паника. Люди стали разъезжаться по домам. Мы тоже решили вернуться в Париж, и 25 августа уехали в переполненном поезде. На станциях мы наблюдали дикие сцены, когда вагоны буквально брали штурмом.

В Париже обстановка была еще более напряженной, и с каждым днем неизбежность войны становилась все более очевидной. Как и в прошлом году, когда Гитлер захватил Чехословакию, Франция стало готовиться к войне...

1 сентября немцы вторглись в Польшу. Война неотвратимо приближалась, Англия и Франция объявили всеобщую мобилизацию. Мы решили на некоторое время уехать в Везине, находившийся в окрестностях Парижа.

Мы подыскали виллу, где поселились вместе с друзьями. Уехали мы 3 сентября, сразу после того, как Англия и Франция объявили войну Германии. Наняв два такси, мы погрузили самое необходимое и прихватили с собой любимую собаку, кота и канареек. На следующий день после нашего отъезда в Везине с самого утра завыли сирены, и мы, как и полагалось, спустились в подвал, где просидели три часа. Но никакой бомбежки не было, и после отбоя тревоги мы снова отправились спать. Потом еще несколько раз объявляли воздушную тревогу, но она все время оказывалась ложной, и вскоре мы к этому привыкли. Но звук сирены всегда вызывал у нас сильное беспокойство.

Через три-четыре недели после начала войны я стала подумывать об открытии студии. Нужно было работать, чтобы заработать на жизнь. Поначалу ученицы разбежались, как и большинство парижан, но постепенно люди стали возвращаться в Париж. Почти каждый день я ездила туда поездом, а вечером возвращалась в Везине, увязая в снегу. Как назло, зима была суровая, а доставать уголь становилось все труднее.

Наша вилла была уютной, теплой, и жилось нам, в общем, неплохо. В воскресенье к нам приезжали знакомые, и почти каждый день кто-то приходил на обед.

На фронте было тихо, и, проведя четыре с половиной месяца в Везине, мы решили вернуться в Париж, что и сделали 19 января».

Андрей и Матильда решили поехать на курорт в Биарриц к великому князю Борису Владимировичу и его жене Зине. Курорт этот находился на атлантическом побережье всего в 15–20 километрах от границы с нейтральной Испанией.

Матильда писала: «Однако сделать это было непросто. Как отравить багаж, купить билеты, а главное, сесть в поезд? На вокзалах толпились десятки тысяч людей. После утомительных хлопот нам удалось преодолеть все трудности и достать два купе в спальном вагоне. Не хочу и вспоминать, как мы сели в поезд. У кондуктора мы достали бутылку шампанского и выпили ее с огромным удовольствием после всех переживаний того ужасного дня. Мы выехали 11 июня, а уже на следующий день с большим опозданием прибыли в Биарриц...

Через три дня после нашего приезда в Биарриц немцы заняли Париж, а 22 июня маршал Петэн подписал акт о капитуляции. 27 июня немцы вступили в Биарриц».

Таким образом, у наших героев было две недели, чтобы переправиться в Испанию, а оттуда пароходом — на все четыре стороны, хоть в Северную, хоть в Южную Америку.

«Постепенно жизнь возвращалась в прежнее русло, и мы начали подумывать о возвращении в Париж и об открытии студии, так как у нас не было средств к существованию. Прожив в Биаррице три с половиной месяца, которые прошли тихо и спокойно, мы в конце сентября вернулись домой. Сразу же стали появляться мои ученицы, хотя их было значительно меньше, чем перед войной. В оккупированном Париже было грустно, и все же мы радовались, что снова жили дома.

Зима прошла спокойно, но с наступлением весны все чего-то ждали. Что-то должно было произойти, вот только когда и где?

22 июня 1941 года немцы перешли границу нашей родины. Узнали мы об этом за утренним кофе и были убиты страшной новостью. Что будет с нашей несчастной Россией, и что будет с нами? Вова давно считал, что война между Россией и Германией неизбежна, и прекрасно понимал, что случится с Россией, если, не дай Бог, победят немцы.

Ни своего титула, ни отношения к немцам сын никогда не скрывал и хорошо осознавал, что его ждет в случае войны. Он был готов к испытаниям, которые ждали его впереди, и не таил этого от нас».

Как видим, Кшесинская опять лукавит. Немцы арестовывали во Франции не всех русских, а исключительно тех, кто активно занимался политикой. Писать о деятельности Вовы в руководстве младороссов Матильда не хочет и выворачивается как может: «Утром он [Вова] пошел в церковь в Клиши, которую очень любил, а потом отправился к другу в Везине, куда его пригласили на целый день. Не успел он выйти из дома, как к нам явилась немецкая полиция, чтобы его арестовать. Я объяснила, что сына не будет весь день, и полицейские ушли. Однако один из них снова вернулся и сказал, что на следующий день Вове нужно быть на площади Бово, где, как мы узнали, находилось одно из отделений гестапо...

Ни прятаться, ни убегать Вова не собирался, чтобы не подвергать нас риску, так как в этом случае явиться в гестапо приказали бы уже нам.

На следующий день, рано утром, Вова сам пошел в гестапо. Предчувствуя самое худшее, мы долго смотрели ему вслед, осеняя крестным знамением, пока он не скрылся за воротами нашей виллы "Молитор"».

Вова был арестован вместе с другими активистами партии младороссов. Немцы не очень четко представляли ее платформу и решили на всякий случай подстраховаться. В частности, за сведения о местонахождении Казем-Бека оккупационные власти обещали 100 тысяч марок. Красинский был помещен в концлагерь «Сталаг-122» под Компьеном. Там он получил № 119 и по иронии судьбы просидел ровно 119 дней.

С 1 августа 1941 года родители получили разрешение навещать Вову в «Сталаг-122». Матильда писала: «В один из приездов в Компьен мы познакомились с комендантом лагеря гауптманом Нахтигалем, офицером старой немецкой армии. К нацистской партии он не принадлежал. Он хорошо относился к заключенным и по мере сил стремился облегчить их положение, а нескольким человекам даже спас жизнь. Все заключенные его любили. Иногда он устраивал нам свидания с сыном у себя в кабинете и давал возможность спокойно поговорить».

Вскоре немцы разобрались с младороссами и отправили их по домам. 20 октября Вова уже был в Париже.

Чем занимались Кшесинская и ее сын в 1941–1944 годах во Франции, не известно. В воспоминаниях она молчит об этом, в других источниках я тоже ничего не нашел. Во всяком случае, если бы кто из ее семейства показал бы хоть кукиш немцам, Матильда расписала бы это на десяти страницах, как ее брат Иосиф — пощечину Монахову.

Большую часть времени в 1941–1944 годах Кшесинская и ее семья провели на вилле «Молитор» в Париже. Там они 24 июня 1944 года увидели дивизию Леклерка, входившую в оставленную немцами столицу. Опять передаю слово Матильде: «Сразу же после освобождения Парижа к нам со всех концов света стали приходить письма, телеграммы и посылки. Всех интересовала наша судьба, и это было очень трогательно.

С первых же дней осени дела в студии пошли хорошо, и учениц становилось все больше. В декабре приехала Диана Гулд, жена нашего знаменитого скрипача Менухина. Я ей очень обрадовалась, она была одной из моих любимых учениц. Она привезла с собой небольшую труппу, которая должна была развлекать солдат.

27 февраля 1945 года к моей студии подъехал военный грузовик с труппой балета «Сэдлерз Уэллз» во главе с Нинетт де Валуа. Всего их было 20 человек, одетых в военную форму. Они хотели засвидетельствовать мне свое почтение. Я была очень рада встрече с двумя бывшими ученицами, Марго Фонтейн и Памелой Мэй. Несмотря на то, что в то время достать духи было очень трудно, я их все же раздобыла и подарила каждой по флакону. Английская балетная труппа должна была выступить в театре на Елисейских полях.

Многие мои прежние ученицы приехали из Англии и Америки, чтобы меня навестить. Среди них была одна из моих любимиц, Ширли Бридж».

В мае 1950 года в Лондоне была создана Федерация русского классического балет. Целью ее было сохранение основных канонов русского классического танца и обучение с помощью методики, разработанной в императорских балетных училищах. В Федерацию вошли пятнадцать балетных школ.

Федерация русского классического балета через бывшую ученицу Кшесинской Барбару Вернон обратилась к Матильде с просьбой взять над ней шефство, на что та охотно согласилась. «Мне пришлась по душе идея продолжения традиции русского балета в английских школах танца, — пишет Кшесинская. — Это гарантировало балетному искусству солидную базу, что давало прекрасные результаты. Организаторы просили меня приехать на неделю в Лондон в мае 1951 года, чтобы принять участие в первом общем собрании членов Федерации. Кроме того, я должна была дать несколько показательных уроков, присутствовать на выпускных экзаменах и вручить выпускницам свидетельства со своей подписью.

21 мая я приехала в Лондон, где меня встретила Барбара Вернон со своим мужем Джоном Грегори и группой учениц. Разумеется, мы фотографировались, и было много цветов. Пятилетняя ученица Барбары Вернон, Виктория Даббит, вручила мне прелестную статуэтку Майкла Морриса.

С вокзала меня повезли в отель, расположенный напротив Кенсингтонского дворца и парка. Отель был старомодным, но симпатичным, и вечером я встретилась с репортерами и фотографами. В моем номере было полно цветов, которые присылали каждый день, и среди них букет сирени от Тамары Карсавиной. Я очень люблю сирень, потому что она напоминает мне о России.

На следующее утро, 23 мая, я присутствовала на первом туре экзаменов. Большую радость мне доставила встреча с моей бывшей ученицей Ниной Таракановой, ныне миссис Маклин. После экзамена меня попросила провести урок характерного танца, а я в свою очередь обратилась с просьбой к Нине Таракановой, чтобы она сделала это вместо меня. Она великолепно справилась с этой задачей, но в конце я не выдержала и тоже приняла участие в занятии как преподаватель.

После этого мы поехали к Арнольду Гаскеллу, который пригласил меня на завтрак вместе с Тамарой Карсавиной. Он жил на небольшой прелестной вилле. Легко представить себе мою радость от встречи с Тамарой! Мы сидели и вспоминали прежние времена. Здесь же присутствовал ее муж, мистер Брюс, очень приятный человек, с которым я познакомилась только сейчас. Жена Арнольда Гаскелла была русской, а ее сестра вышла замуж за Марка Алданова. Гаскелл не говорил по-русски, но все понимал, что облегчало нашу беседу на русском языке».

Во время ужина в лондонском ресторане «Савоя» Матильда и Андрей увидели сидевшего за соседним столиком в одиночестве Давида Лишина. Он был рад встрече и пригласил Матильду с мужем за свой столик. Втроем прекрасно провели вечер. «Жена Лишина, Таня Рябушинская, была у себя в номере вместе с дочерью, и после ужина мы поднялись наверх, чтобы взглянуть на маленькую Таню, а заодно и позвонили в Париж Вове».

В воскресенье, 27 мая, Матильда и Андрей уехали в Париж. На вокзале их провожали с цветами Нина Тараканова, Джон Грегори и Барбара Вернон.

17 (30) октября 1956 года внезапно скончался великий князь Андрей Владимирович. На его похороны прибыли великий князь Владимир Кириллович с супругой Леонидой, княгини Мария Павловна Младшая и Ирина Алексеевна Юсупова. Отпевание состоялось 3 ноября в соборе Александра Невского в Париже. После богослужения гроб перенесли в нижнюю церковь, где он находился в течение двух месяцев, а потом поместили в склеп. Позже его перезахоронили на кладбище Сен-Женевьев-де-Буа.

Кшесинская умилялась: «В 1957 году мне предоставился случай убедиться в том, что, несмотря на политические неурядицы и долгие годы, прошедшие с тех пор, как я покинула Россию, мое имя там не забыли. Эта новость несказзанно меня тронула и обрадовала».

То, что большевики старательно замалчивали всё связанное с Кшесинской — полуправда. Распутин и Кшесинская с самого начала были козырными картами революционеров всех мастей, обличавших царский режим. Но с середины 1930-х годов вышла негласная установка вообще не писать о личной жизни и деятельности русских царей, начиная с Александра II. В итоге Распутин и Кшесинская были официально преданы забвению, равно как и все августейшее семейство. Но вот когда в 1980-х (!) годах Валентин Пикуль написал документальный роман «Нечистая сила», где царская семья выведена более чем негативно, против писателя резко выступил Суслов и другие партийные теоретики. Суть их критики состояла не в том, что ситуация описана неверно, а что вообще не надо писать об этом.

В итоге о балерине Кшесинской у нас помнили лишь специалисты — артисты и критики балета, а значительная часть населения знала ее только как любовницу царя и владелицу особняка. Прочитав в письме Маяковского: «...вчера зашел к Кшесинской», я автоматически вздрогнул, но, увы, письмо датировано 1918 годом. Тогда в ее дворце помещался «Пролеткульт», и литераторы называли заведение «Кшесинской». Помните, у Булгакова — поехал «к Грибоедову».

В 1957 году директор музея П.И. Чайковского в Клину В.К. Журавлев отправил письмо к Кшесинской с просьбой прислать музею материалы о ее ролях в балетах Чайковского. Через два года Журавлев отправил Матильде поздравление с тридцатилетним юбилеем ее студии и просил прислать воспоминания о знаменитых ученицах и сведения о методике преподавания танца в студии. В поздравлении говорилось, что Кшесинская занимает «почетное место в истории не только русского, но и мирового балета». «А потому, — пишет Матильда, — грядущие поколения не простят мне, если я не напишу мемуары, в которых расскажу о выдающихся танцовщиках и танцовщицах, с которыми мне довелось встретиться в жизни. Идя навстречу его [Журавлева] просьбе, я послала в музей не только балетные туфельки, в которых выступала в последний раз, но и костюм, в котором исполняла в 1936 году "Русскую"».

В 1958 году московский Большой театр гастролировал в Париже. Кшесинская после смерти мужа почти нигде не бывала и все время проводила дома или в студии, и все же поехала в Оперу. «На спектакле я плакала от счастья... Это был все тот же балет, что и сорок лет назад! Я его сразу узнала... В нем сохранилась душа и прежние традиции. Конечно, техника теперь стала гораздо совершеннее».

В 1964 г. оперный театр им. Ивана Франко гастролировал в Париже. Приятель Даниила Федорячено, внук композитора Гулак-Артемовского, привел его с другими артистами труппы в особняк к Кшесинской. Там Матильда даже сфотографировалась с Федорячено, директором Борисом

Чистяковым и артистами Ириной Ликашевой и Робертом Клявисом. Разговор носил общий характер, и Федорьяченко запомнил лишь стены гостиной, увешанные фотографиями самой Матильды и членов августейшей фамилии.

Во время гастролей Большого театра в Париже в 1969 году особняк Кшесинской посетили известные советские артисты Владимир Васильев и Екатерина Максимова[1]. Замечу, что вопреки мнению современных авторов, знакомство с эмигрантами первой волны типа Кшесинской в 1960–1980-е годы в СССР вовсе не считалось криминалом. Разумеется, контакты за границей с персонажами из «Посева», «Радио "Свобода"» и т. п. могли стать поводом для задушевной беседы с компетентными товарищами, но не более. А старики эмигранты, отдаленные от политической жизни, уже не интересовали органы.

К примеру, в 1970–1980-х годах я знал одно московское семейство, которое постоянно принимало у себя родственников из Франции — потомков эмигрантов первой волны. Приезжавших никто не чурался, наоборот, даже дальние знакомые семейства всеми силами стремились пообщаться с «русскими французами».

Матильда Кшесинская скончалась в Париже 6 декабря 1971 года, немного не дожив до своего столетнего юбилея. Она была похоронена в одной могиле с мужем на русском кладбище Сен-Женевьев-де-Буа под Парижем.

Через три года умер ее сын Владимир. Насколько известно, он не имел детей. В эмигрантских кругах распространялись слухи о насильственной смерти Владимира, ставшей следствием его связей с масонами. Владимир был похоронен в одной могиле с матерью и великим князем Андреем Владимировичем.

Возвращение на родину праха генерала Антона Деникина и философа Ивана Ильина побудило отечественных любителей пиара поднять вопрос о перезахоронении праха Матильды Кшесинской в Троице-Сергиевой лавре. В ка-

---

[1] По данным сайта www.v-vulf.ru/officiel/officiel-42-1.htm

честве предлога говорили, что, мол, ее могила на кладбище Сен-Женевьев-де-Буа входит в число выморочных могил, за которые давно никто не вносит плату, и они подлежат освобождению.

И вот президент Путин 25 декабря 2007 года раскошелился на 700 тысяч евро в год на содержание кладбища Сен-Женевьев-де-Буа. Замечу, что помимо эмигрантов первой волны на нем захоронены и десятки «власовцев» и членов формирований СС, воевавших против Красной Армии в годы Великой Отечественной войны.

В послеперестроечное время в России начали писать о Кшесинской. Вышло несколько изданий ее «Воспоминаний», а также десятки статей о ее сценической деятельности и связях с августейшим семейством.

В 1929 году во дворце Кшесинской разместился Институт общественного питания, в котором была открыта диетическая столовая. С 1931 по 1935 год в особняке находилось Общество старых большевиков. В 1937 году хозяином здания стал только что созданный музей С.М. Кирова.

С декабря 1954 года особняк Кшесинской стал основным зданием Музея Великой Октябрьской социалистической революции, который 13 августа 1991 года получил современное наименование — Государственный музей политической истории России. К настоящему времени усилиями научных сотрудников и реставраторов восстановлены интерьеры анфилады парадных помещений первого этажа, главным среди которых является великолепный Белый зал, в котором Кшесинская когда-то устраивала роскошные приемы, а в 1917 году впервые прозвучали ленинские «Апрельские тезисы». Здесь регулярно проходят концерты, научные конференции и даже выпускные балы старшеклассников. На втором этаже дворца размещена экспозиция, посвященная Матильде Кшесинской.

Увы, в большинстве случаев имя прославленной балерины используется в чисто коммерческих целях. Туристические фирмы в Петербурге организуют для школьников вип-экскурсии (!) «по местам боевой славы балерины». А в

Киеве фирма «Маля Кшесинская» организовала сайт знакомств для «мужчин, женщин, геев и лесби».

Периодически СМИ публикуют сенсационные сообщения о находках кладов, закопанных Кшесинской во дворце на Кронверкской набережной и в загородной усадьбе в Стрельне. Так, Ольга Рогозина в статье «Севенард ищет» пишет: «Судя по тому, как развиваются события вокруг особняка Кшесинской, Петербург скоро станет источником либо громкой сенсации, либо большого разочарования. Речь идет о тайниках начала века, которые, возможно, находятся на территории особняка. Возмутителем общественного спокойствия явился депутат Государственной думы Константин Юрьевич Севенард, который не только заявил о том, что ему из первоисточников известна информация о закладке тайников, но и подготовил некоторые документы, делающие вполне возможным раскопки на их месте.

Константин Севенард к особняку Кшесинской имеет не последнее отношение. Матильда Кшесинская — его двоюродная прабабушка. И как ближайший родственник Константин Юрьевич оказывал музею возможную помощь. Например, провел выставку, посвященную Матильде Кшесинской, которая имела неожиданное продолжение. После выставки Севенарду позвонила женщина, которая сказала, что живет в квартире его прадеда, а дом вот-вот должен пойти на ремонт. Приехав в некогда роскошную петербургскую квартиру, ставшую после революции огромной коммуналкой, Севенард нашел на антресолях несколько замотанных в старые тряпки кинопленок с хроникой 1912–1914 годов. Пленки были отреставрированы в Швеции, часть хроники впоследствии вошла в фильм «Матильда».

А в прошлом году благодаря помощи депутата были осуществлены работы по гидроизоляции фундамента и ремонту водосливной канализации. Как раз тогда у Константина Севенарда появилась возможность проверить реальность той информации, которую он получил в Париже несколькими годами раньше.

С представителями французской диаспоры русской эмиграции первой волны Севенард познакомился еще в начале девяностых. Осколки старой русской элиты, по его словам, благосклонно отнеслись к молодому представителю «Советов». Знакомство переросло в дружеские отношения, которые продолжаются и ныне. Один из парижских знакомых, находясь в возрасте далеко за девяносто, и рассказал Севенарду о том, что во время Первой мировой войны ввиду реальной возможности прорыва немецкого фронта были сделаны тайники, в которых должны были быть спрятаны ценности царской семьи и близких к ней лиц.

Люди, передавшие Константину Севенарду эту информацию, к сожалению, пожелали остаться неизвестными. Как утверждает сам депутат, речь идет о системе тайников, которые представляли собой достаточно сложные сооружения. Работа по их закладке осуществлялась строго секретно военными инженерами, централизованно по единому проекту. Один из тайников находился на территории особняка Кшесинской.

— У меня не было оснований не доверять этим людям, — рассказывает Константин Севенард, — но все же я не мог воспринять это на веру до тех пор, пока не появилась возможность проверить эту информацию.

Возможность появилась как раз при проведении работ по гидроизоляции фундамента. По согласованию с музеем были проведены поиски с миноискателями. Они не дали никаких результатов. Но когда были вскрыты траншеи, обнаружилась некая система тайных знаков, которая указывала на наличие тайников. При дальнейшем углублении была найдена верхняя часть тайника — горизонтальные перекрытия, цель которых — скрывать поверхностную осадку тайника. Дело в том, что предполагаемый тайник ниже уровня воды. И если бы таких перекрытий не было, грунт неминуемо дал бы усадку, что обнаружило бы сам тайник.

Константин Севенард уверен, что поскольку перекрытия целы, значит, до тайников за столетие никто не добрался. По мнению депутата, наличие по крайней мере двух схронов очевидно.

Реальная угроза раскопок заставила сотрудников Музея политической истории бить тревогу. Речь идет о котловане размером пять на шесть метров глубиной десять метров, который должен быть вырыт на территории двора. Причем в полутора метрах от стен чуть ли не единственного сохранившегося в нашем городе особняка в стиле модерн, к тому же принадлежавшего столь известной особе. Как заявил «Смене» заместитель директора музея Алексей Кулегин, любые работы на территории особняка должны проводиться с особой осторожностью и тщательностью, после соответствующих исторических исследований. Между тем пока нет ни малейших подтверждений тому, что в 1917 году здесь могла быть осуществлена закладка тайников. Все данные того периода говорят о том, что на территории особняка в период семнадцатого года не могли пройти незамеченными никакие работы.

Общеизвестно, что Матильда Кшесинская покинула особняк в страшной спешке, собравшись буквально в течение получаса. Предполагать, что «маленькая М.», как звал Матильду Николай во время их романа много раньше описываемых событий, сама примет участие в закладке сокровищ, просто смешно. После ее бегства особняк некоторое время был полностью лишен охраны и основательно разграблен. Позже здесь разместились солдаты автоброневого дивизиона. Пресса того периода без устали смаковала два сюжета — о Распутине и императрице и бегстве Матильды Кшесинской. Даже если предположить, что закладка уже существующих тайников все же происходила и в ней участвовали какие-то посторонние люди, то вряд ли они не попали в поле зрения журналистов и спецслужб, которые буквально по пятам ходили за прислугой и всеми, кто мог иметь отношение к особняку Кшесинской.

К тому же невозможно было втайне провести работы с выемкой такого большого количества грунта. И необходимо учесть, что здесь имели место, по крайней мере, два грандиозных обыска. Сначала большевики искали сокровища Кшесинской, затем представители Временного правительства — немецкие деньги большевиков. Профессионалы, безусловно, нашли бы сделанные в спешке тайники. Если закладка ценностей в тайник и была произведена, то, скорее всего, раньше.

Короче, в этой истории пока слишком много вопросов, которые невозможно оставить без ответов. Сотрудники Музея политической истории говорят, что они не против поисков тайников как таковых, но настаивают на подробном исследовании фондов Государственного архива Российской Федерации, в первую очередь личных фондов Николая II, Александры Федоровны, фондов ЧСК Временного правительства, фондов департамента полиции и многих других. Необходимо найти хоть какие-то прямые или косвенные материалы, свидетельствующие о закладке тайников в период с 1914 по 1917 год в некоторых особняках и дворцах Петербурга.

Константин Севенард готов проводить раскопки уже сегодня. У него на руках согласованный с научно-методическим советом Министерства культуры проект работ, заключение археологов РАН, заключение ГИОПа... Константин Севенард заявил, что никакой угрозы дорогому для него памятнику архитектуры и культуры — особняку Кшесинской — не существует и всю ответственность за возможные последствия он берет на себя»[1].

Таким образом, предполагаемый правнук Кшесинской Константин Севенард требует провести раскопки вокруг ее дворца на глубину 9 метров. Естественно, что Музей политической истории категорически возражает, опасаясь оползней.

---

[1] Материалы сайта www.smena.ru/temp_arc.html?22935.

В ряде изданий указывается, что двухэтажный дворец Кшесинской в Стрельне сгорел в 1941–1942 годах. На самом деле он уцелел. После Великой Отечественной войны во дворце устроили коммунальные квартиры, которые постепенно расселялись. В 1953 году рядом был построен административный корпус Арктического училища. При строительстве спортивной площадки у нового корпуса в 1956 году и был разобран на бревна дворец Кшесинской.

Единственное, что сохранилось в Стрельне из построек Кшесинской, — это бетонная чаша фонтана, пережившая все катаклизмы нашего времени.

Под водой на морской дамбе дачи видны бетонные основания причала с перилами, разрушенные стихией. А в заросшем лесу, бывшем парке, одиноко стоит чудом уцелевшая опора фонарного столба первого в Стрельне электрического освещения.

После того, как Константиновский дворец был превращен в одну из многочисленных резиденций Путина, часть бывшего имения Кшесинской вошла в состав запретной территории. Но и на оставшейся части имения находиться небезопасно. 26 сентября 2001 года операторская группа Программы Службы исторических новостей телекомпании «Время» снимала сюжет о дворце Кшесинской в Стрельне, но через несколько минут после начала видеосъемки в диких прибрежных зарослях выше человеческого роста неожиданно появилась охрана Большого Стрельнинского дворца и задержала тележурналистов, потребовав разрешение от Администрации представителя Президента РФ на видеосъемку и о нахождении на территории бывшей дачи Кшесинской.

Итак, сейчас все осталось как и сто лет назад. Имя Кшесинской ассоциируется с деньгами, кладами, интригами, внебрачными уже не детьми, а правнуками и прочая, и прочая.

Кем же была в жизни Кшесинская? На мой взгляд, ее можно отнести к людям, личная жизнь которых неразрывно связана с общественной, как, например, братьев Орловых и

Григория Потемкина. Призывать не копаться в личной жизни таких людей могут лишь глупцы или проходимцы от истории. Не пора ли нам сейчас, в начале XXI века, научиться принимать людей такими, какими они были на самом деле?

Да, Потемкин стал светлейшим князем через постель, да и брал, не стесняясь, из казны суммы немалые. Ну и что? Главным, на мой взгляд, является польза, принесенная государству Российскому.

Я попытался объективно рассказать о знаменитой балерине и ее окружении, а насколько это удалось — судить читателю.

ПРИЛОЖЕНИЕ

Скучная глава

ШНЕЙДЕРИЗАЦИЯ РУССКОЙ АРМИИ

В 1920–1930-х годах в эмиграции был создан культ семьи Романовых, особенно это касалось екатеринбургских и алапаевских мучеников. С 1991 года этот культ насаждается и в России. К великому сожалению, наших историков и писателей всегда заносит то в одну сторону, то в другую. Причем зачастую одни и те же авторы меняют ориентацию на 180 градусов.

Поэтому, работая над книгой, я встал перед дилеммой. Простое упоминание о грандиозных аферах с военными заказами великого князя Сергея и Матильды могло показаться очернительством многим читателям, а с другой стороны, аргументированно доказывать свою правоту — значит вызвать скуку у другой части читателей и, разумеется, у всех прекрасных дам.

Посему я пришел к соломонову решению и дал скучнейшую главу «Шнейдеризация русской армии» в Приложении.

После поражения в войне с Японией Военное ведомство вынуждено было внести коррективы во французскую стратегию молниеносной войны. В первую очередь ГАУ занялось полевой артиллерией. В состав дивизионной артиллерии были введены 122-мм (48-линейные) гаубицы образцов 1909 и 1910 годов. В России была создана тяжелая полевая (корпусная) артиллерия, в состав которой вошли 152-мм полевые гаубицы образца 1910 года и 107-мм пушки образца 1910 года. Обратим внимание, все эти образцы орудий были созданы фирмой Шнейдера. Но с изготовлением 122-мм гаубицы Шнейдер запоздал, и на конкурс 1907 года его гаубица не попала. Поэтому среди 122-мм гаубиц Круппа, Эрхардта, Обуховского и Путиловского заводов был принят на вооружение образец Круппа, который под названием «48-линейная полевая гаубица обр. 1909 г.» был запущен в серийное производство.

Сергею Михайловичу это явно не понравилось в связи с тем, что Матильда строила новый дворец в Петербурге и покупала дворец на Лазурном Берегу. Деньги были нужны, и через несколько месяцев на вооружение принимается 122-мм гаубица Шнейдера (образца 1910 года), которая, по меньшей мере, не имела никаких преимуществ по сравнению с гаубицей Круппа. В итоге артиллерия получила две конструктивно различные системы, выполнявшие одну и ту же задачу.

Что же касается батальонной и полковой артиллерии, то ее не было и в помине. Для горной артиллерии была принята трехдюймовая (76-мм) горная пушка образца 1909 года системы Данглиза.

О пушке Данглиза расскажу поподробнее. В 1893 году греческий полковник Данглиз составил проект 75-мм горной разборной пушки и представил его греческому военному министерству. Министерство отказало Данглизу, и около десяти лет проект лежал под сукном.

В начале 1908 года представители фирмы Шнейдера подсунули великому князю Сергею, находившемуся во Франции на очередном «отдыхе», пушку Данглиза. Генерал-инспектору пушка очень понравилась, и он решил принять ее на вооружение. Но хитрый Сергей решил соблюсти все формальности, и Военное ведомство объявило конкурс.

Конкурентов у пушки Данглиза оказалось двое. Первым конкурентом была пушка Обуховского завода, созданная на базе трехдюймовой пушки образца 1904 года. Замечу, что горные пушки образца 1904 года серийно выпускались четыре года, и наладить производство модернизированного варианта было делом нескольких недель. Вторым конкурентом была трехдюймовая горная пушка фирмы «Шкода».

Вот сравнительные данные обеих пушек (из отчета Главного артиллерийского полигона от 12 декабря 1908 года):

Сравнительные испытания 76-мм горных пушек Шнейдера и «Шкода»

Пушка	Шнейдера	«Шкода»
Калибр, мм	75	75
Вес орудия с замком, кг	206,5	109
Угол вертикального наведения, град.: в нижнем положении в верхнем положении	−7°; +20° 0°; +30°	−7°; +24° −1°; +32°
Угол горизонтального наведения, град.	4°50′	4°
Длина отката, мм	1000−1030	750
Вес системы в боевом положении со щитом, кг	598	567
Скорострельность с исправлением наводки, выстр./мин.	10	10
Вес снаряда, кг	6,5	6,5
Начальная скорость снаряда, м/с	350	380
Дальность стрельбы, м: гранатой шрапнелью	Около 6400 6400	Около 6400 5330

Кроме того, образец пушки «Шкода» имел неразъемный ствол, а Шнейдера — разъемный (то есть перед стрельбой его надо было собирать). Система «Шкода» имела пружинный накатник, а Шнейдера — гидравлический. У пушки Шнейдера был в полтора раза больший откат, что особенно неудобно в горах, а главное, гидропневматические накатники, еще не производившиеся в России.

Догадайтесь с трех раз, какую пушку предпочел генерал-инспектор артиллерии? Правильно угадали. Дурные и чванливые чехи столь увлеклись высокими тактико-техническими данными своей пушки, что никак не могли войти в финансовое положение Сергея Михайловича и Матильды Феликсовны.

25 февраля 1909 года Сергей обратился к царю с просьбой принять на вооружение трехдюймовую пушку Шнейдера с большим количеством дефектов и недоделок. На следующий день Ники подмахнул Высочайшее повеление о принятии ее на вооружение под названием «3-дюймовой горной пушки обр. 1909 г.». В приказе же по Военному ведомству, где объявлялось об этом Высочайшем повелении, было скромно добавлено, что производство ее откладывается до окончательного утверждения чертежей оной пушки и лафета.

Надо ли говорить, что в тексте договора Военного ведомства со Шнейдером стояло обязательство производить пушку только на Путиловском заводе. Контракт на изготовление 212 таких пушек был заключен с Путиловским заводом 22 апреля 1909 года, но сдача пушек началась лишь летом 1911 года.

Забегая вперед, скажу, что в Красной Армии была принята на вооружение 76-мм горная пушка образца 1938 года, созданная по образцу чешских пушек системы «Шкода», с пружинным накатником и т. д.

Куда более худшая ситуация сложилась в русской тяжелой артиллерии. Германские и французские генералы прекрасно понимали, что огонь магазинных винтовок и пулеметов, а также пушечная шрапнель вынудят сменить тактику ведения боя. Пехота перестанет ходить плотными колоннами, как на Бородинском поле, а зароется в окопы. А чтобы оттуда ее выковырнуть, потребуется не легкая полевая, а тяжелая артиллерия.

В Германии, Франции и Англии в 1900–1914 годах создаются мощные артиллерийские системы. Вынужден был ими заняться и Сергей. Так, в мае 1906 года ГАУ объявило конкурс на разработку тяжелых орудий для русской армии и разослало тактико-технические требования, предъявляемые к этой артсистеме. В конкурсе было предложено участвовать русским заводам — Обуховскому, Путиловскому и Пермскому; английским — Амстронга и Виккерса; немецким — Круппа и Эрхардта; австро-венгерскому — «Шкода»; шведскому — «Бофорс» и французским — «Сен-Шамон» и Шнейдера.

Конкурс этот был бутафорией. Фаворит — фирма «Шнейдер» — был известен заранее. Понятно, что активность других заводов была очень слабая. Тягаться на равных попыталась лишь фирма Круппа, создавшая лучшие в мире артсистемы большой и особой мощности.

В середине 1909 года фирма Шнейдера посылает в Россию свою 152-мм (6-дюймовую) осадную пушку. В октябре того же года и Крупп посылает свой образец 152-мм осадной пушки.

Любопытно, что прибывшую последней пушку Круппа начали испытывать на Главном артиллерийском полигоне (ГАП) 11 ноября 1909 года, а пушку Шнейдера — лишь 1 мая 1910 года. Видимо, французы дорабатывали свою систему.

При одинаковом снаряде пушка Круппа показала лучшие баллистические данные. Меткость обеих пушек одинакова.

У пушки Круппа заряжание было возможно лишь при углах возвышения +35°, а дальше нельзя было открыть затвор, так как казенная часть «уходит между станинами». У пушки Шнейдера максимальный угол возвышения +37°, далее казенная часть ударяется о грунт. Здесь надо отметить недобросовестность комиссии — из пушки Круппа можно стрелять и выше, чем +35°. При этом лишь немного снижается скорострельность, так как заряжание придется производить при углах до +35°, а из пушки Шнейдера вообще нельзя стрелять при углах больше +37°.

В походном положении обе системы возились раздельно. В боевом положении пушки стреляли с колес, но на колеса пушки Круппа надевали башмачные пояса, а у пушки Шнейдера под колесами были специальные подкладки.

Интересно, что пушку Круппа возили и в нераздельном положении. Без башмачных поясов на колесах систему в нераздельном положении восьмерка лошадей тянула плохо, а при надетых башмачных поясах — удовлетворительно. Зато пушку Шнейдера возили только в раздельном положении.

Возку через препятствия (бревна и рельсы) пушка Круппа прошла успешно, а пушка Шнейдера получила сразу три поломки и была отправлена на ремонт.

Заключение комиссии представляло собой издевательство над здравым смыслом. После всего сказанного обе системы оказались якобы равноценны, но предлагалось принять систему Шнейдера, поскольку ее вес меньше. И тут же, не моргнув глазом, комиссия предлагала внести изменения в систему Шнейдера, приводившие к увеличению ее веса более чем на 250 кг. В конечном итоге серийные пушки Шнейдера весили больше, чем пушка Круппа.

Итак, на вооружение была принята пушка Шнейдера, получившая название «6-дюймовая осадная пушка обр. 1910 г.».

Традиционно фирма «Шнейдер» потребовала вести серийное производство пушек только на Путиловском заводе — Сергей и Матильда возражений не имели. 5 июня 1912 года был подписан контракт с Путиловским заводом на изготовление пятидесяти шести 152-мм пушек образца 1910 года по цене 48 000 рублей за штуку. Первый экземпляр должен быть поставлен заказчику (ГАУ) в течение 12 месяцев со дня контракта, остальные — в течение 22 месяцев со дня принятия первого экземпляра.

Первая пушка, изготовленная на Путиловском заводе, была доставлена на ГАП 25 июня 1914 года, не через 12, а через 24 месяца, но дельцам Путиловского завода все сходило с рук.

Первые четыре пушки были отпущены в войска в феврале 1915 года, а к 1 января 1917 года с завода было отправлено всего лишь 33 пушки заказа 1912 года. При этом заказы Военного ведомства остальных лет и заказ Морского ведомства на те же пушки от 30 июня 1914 года были не выполнены вообще.

Совсем уже забавная история произошла с 9-дюймовой (229-мм) мортирой. В 1906–1909 годах наши генералы из ГАУ долго думали и, наконец, выработали тактико-технические требования на 9-дюймовую осадную мортиру, которые были разосланы ряду иностранных заводов.

На предложение ГАУ откликнулся только завод Круппа, который изготовил опытный образец мортиры и выслал его в Россию в июне 1912 года.

В конце 1912-го — начале 1913 года 229-мм мортира Круппа прошла испытания на ГАП. Мортира стреляла с колес, на которые были надеты башмачные пояса.

Согласно заключению комиссии по испытаниям: меткость мортиры удовлетворительная, устойчивость мортиры при стрельбе удовлетворительная. «Сошник норовит вылезть вверх при плотном грунте». В целом мортира испытания выдержала.

, Но, увы, Шнейдер так и не сумел создать удовлетворительного образца 9-дюймовой мортиры, и под нажимом Сергея Артиллерийский комитет ГАУ постановил: «вводить в осадную артиллерию орудия 9-дюймового (229-мм) калибра на следует» и что достаточно, мол, орудий 203-мм и 280-мм калибров.

Как это понимать? Три года генералы из Арткома вырабатывали тактико-технические требования на 9-дюймовую мортиру, а она оказалась совсем не нужна? А зачем тогда те же генералы во главе с Сергеем в 1915 году настояли на заказе в Англии сорока четырех 9,2-дюймовых (234-мм) мортир Виккерса? Замечу в скобках, что англичане взяли деньги за 44 мортиры, но сроки все сорвали и к 25 ноября 1917 года поставили лишь четыре (!) орудия, а дальше появился хороший повод вообще прекратить поставки. Тем не менее 234-мм английские мортиры успешно использовались в Первой мировой и советско-финской войнах.

В 1908 году ГАУ разработало техническое задание на проектирование 203-мм осадной и крепостной гаубицы, которая должна была заменить 8-дюймовую легкую пушку и 8-дюймовую легкую мортиру.

С конца 1912 года по март 1913 года на ГАП прошли конкурсные испытания опытных образцов 203-мм гаубиц Виккерса, Круппа и Шнейдера. Все три гаубицы допускали стрельбу полным зарядом без всяких платформ прямо с грунта в пределах от 0° до +40°, а гаубица Круппа — даже с 0° до +60°. Для стрельбы с мягкого грунта имелись специальные приспособления: Виккерса — деревянные подкладки под колеса; Круппа — колесные башмачные пояса; Шнейдера — добавочные уширенные стальные колесные обода и подкладки под колеса. У гаубицы Шнейдера добавочные обода не обеспечивали лафетные колеса от врезания в мягкий грунт. Поэтому было рекомендовано отказаться от этих ободов и перейти на башмачные пояса.

Комиссия, конечно, предложила выбрать гаубицу Шнейдера, хотя гаубица Круппа существенно превосходила гаубицу Шнейдера по начальной скорости, дальности и углу возвышения. По воле великого князя Сергея Михайловича и красотки Матильды генералы записали в заключении явную глупость (а может и издевательство над Сергеем), что большой угол возвышения 60° у крупповской гаубицы не нужен, так как «это орудие не назначается для разрушения прочных бетонных построек». Получается, что 203-мм гаубица предназначалась для разрушения окопов и деревянных изб!

В конце 1913 года гаубица Шнейдера была принята на вооружение под названием «8-дюймовая осадная и крепостная гаубица обр. 1913 г.». Согласно Положению Военного Совета от 19 июня 1914 года заказ на 32 гаубицы решено дать Путиловскому заводу. Контракт с заводом был заключен 9 сентября 1914 года. Общая стоимость гаубиц составила 2 млн. 352 тыс. рублей.

После первых недель маневренной войны войска враждующих сторон укрылись в окопах, и началась позиционная война. Русская армия не имела орудий калибра более

152 мм. Русские военные агенты рыскали по свету и хватали за огромные деньги все, что попадалось под руку, — от вполне приемлемых 203-мм гаубиц Виккерса до абсолютно негодных 203-мм японских гаубиц образца 1912 года. А Путиловский завод набрал столько заказов, что не мог выполнить и половину их. Национализация завода в 1915 году ситуацию не изменила. В результате к 1 января 1918 года было изготовлено лишь несколько полуфабрикатов, из которых нельзя было собрать даже одну 203-мм гаубицу.

В 1906–1909 годах ГАУ выработало тактико-технические требования к 280-мм мортирам[1] (гаубицам). Согласно этим требованиям вес снаряда должен быть 344 кг, начальная скорость 259 м/с при дальности 6,4 км. Таким образом, повторилась история с 9-дюймовой легкой мортирой и 8-дюймовой легкой пушкой — опять дальность стрельбы тяжелой артиллерии должна быть меньше, чем у полевых орудий. Тактико-технические требования ГАУ на 280-мм мортиру были разосланы нескольким иностранным заводам.

8 декабря 1910 года фирма Круппа направила в ГАУ вполне резонный ответ: «Соответствующее русским требованиям тяжелое орудие навесного огня с досягаемостью 6 или 7 верст, по современным взглядам на действие тяжелой артиллерии, уже не может считаться достаточным. В артиллерийских кругах других великих держав от таких орудий требуется досягаемость действительного огня 8–10 км, что должно считаться обоснованным ввиду тактических условий занятия позиции, действия огня и подвоза снарядов для таких батарей. Именно тяжелые орудия навесного огня должны быть в состоянии направлять свой губительный огонь против самых могущественных крепостных сооружений — бетона и брони, буду-

---

[1] Гаубиц в XIX веке в русской армии не было вообще, и к термину «гаубица» наши генералы привыкали с большим трудом. Первые 122-мм полевые гаубицы обр. 1905 г. по привычке сводились в мортирные дивизионы и т.д.

чи сами по возможности защищены от огня крепостных орудий...

Едва ли будет возможно подвезти к фронту любой крепости, вооруженной дальнобойными пушками, тяжелую навесную батарею и обеспечить ее питание снарядами, если атакующая батарея вследствие своей недостаточной дальнобойности будет вынуждена занимать позиции в 6–7 верстах от главной оборонительной линии...

Поэтому и явилось столь острое желание обзавестись крупными дальнобойными орудиями навесного огня, которые по возможности оставались бы вне досягаемости прицельного огня крепостных орудий...

Этому требованию в полной мере удовлетворяет наша 28-см гаубица, сообщающая снаряду в 340 кг начальную скорость 340 м/с при досягаемости свыше 10 000 м. Такое большое повышение баллистических качеств по сравнению с действием требуемой мортиры, стреляющей лишь на 6–7 верст, должно считаться замечательным. Мы создали систему, во всех отношениях удовлетворяющую требованиям, предъявленным к средствам атаки в смысле превосходства над средствами обороны и быстрой готовности к действию...

Гаубица наша имеет колесный лафет и может быстро переходить из походного положения в боевое и обратно. Ее перевозка может быть совершена и по плохим дорогам с помощью башмачных колесных ободов и при механической тяге. Наши испытания дали в этом отношении очень хорошие результаты».

Эта 28-см гаубица была испытана в 1911 году на заводе Круппа в присутствии командированных в Германию генералов Дурляхера и Забудского. Результаты испытаний были рассмотрены комиссией при Артиллерийском комитете ГАУ лишь 13 марта 1912 года. Главные данные гаубицы Круппа в общем значительно превосходили требования ГАУ к 11-дюймовой мортире, за исключением веса орудия в боевом положении.

Круппу предложили бесплатно доставить систему в Россию для испытания на ГАП. Крупп просил купить его гаубицу, как это уже было сделано в отношении 280-мм мортиры Шнейдера и 28-см мортиры Рейнского завода. ГАУ отказалось купить гаубицу Круппа, даже не пожелав испытать эту мощнейшую артсистему, да еще и стрелявшую с колесного лафета.

28 апреля 1909 года Артиллерийский комитет ГАУ постановил заказать Рейнскому заводу опытный образец 28-см мортиры Эрхардта. За мортиру было уплачено 87 750 рублей. В октябре 1913 года 28-см мортиру Эрхардта доставили в Россию. Эта мортира была легче 28-см мортиры Круппа, но уступала ей в дальности стрельбы на 4,5 км. 28-см мортира Эрхардта имела скрепленный ствол с клиновым затвором. Тормоз отката гидравлический, накатник гидропневматический.

Стрельба велась с колес. Колеса металлические со спицами. При стрельбе на колеса надевались башмачные пояса или под них подкладывалась легкая металлическая платформа. В походном положении система перевозилась на трех повозках. Заряжание мортиры раздельно-гильзовое, причем диаметр у фланца гильзы отличался от гильзы 11-дюймовой береговой гаубицы Обуховского завода, что исключало взаимозаменяемость.

Испытания 28-см мортиры Эрхардта на ГАП выявили неустойчивость системы при стрельбе на малых углах возвышения, лопались цепи снарядного подъемника, и был отмечен ряд других мелких недостатков. Это было явной придиркой — 280-мм мортира и не должна стрелять при малых углах возвышения. (И британские, и французские мортиры больших калибров вообще так не стреляли). Меткость германской мортиры была признана удовлетворительной.

По уже известным причинам ГАУ предпочло мортиру Шнейдера образцам Круппа и Эрхардта.

Покрывая аферы руководства Шнейдера и Путиловского завода, Сергей Михайлович в 1912 году подписал план перевооружения тяжелой русской артиллерии с орудий образцов 1867 и 1877 годов на образцы 1909–1913 годов. По этому плану осадная артиллерия должна была быть перевооружена к 1921 году, а крепостная — к 1931 году!

В результате французских интриг и деятельности французской марионетки великого князя Сергея Михайловича, а также глупости военного министра Сухомлинова и самого Николая II русская армия осталась без тяжелой артиллерии. В годы мировой войны с большим трудом удалось создать несколько батарей тяжелой артиллерии, использовав старые русские орудия образцов 1867 и 1877 годов, небольшое число орудий, закупленных в Англии, США и Японии, а также 12-дюймовые морские гаубицы образца 1915 года. Своевременное же принятие на вооружение 203-мм, 229-мм и 280-мм германских орудий и запуск их в серийное производство на русских заводах, но с помощью германских фирм, могли существенно изменить ход боевых действий на Восточном фронте в 1914–1917 годах.

Благодаря Сергею и Матильде русские казенные артиллерийские заводы после Русско-японской войны остались почти без заказов Военного ведомства. Обуховский завод перенес это сравнительно легко, так как с 1907 года он получал большие заказы от Морского министерства. Петербургский орудийный завод Военного ведомства получал заказы периодически, но мощности завода были крайне малы, кроме того, он был зажат соседними строениями и не мог расширяться. Руководство ГАУ и Орудийного завода с 1907 года неоднократно поднимало вопрос о переносе завода в другое место и его модернизации, но Николай II постоянно отказывал им.

Хуже пришлось мощнейшему Пермскому орудийному заводу, которому с 1906 по 1914 год Военное министерство не заказало ни одного орудия. И это в преддверии войны! Завод выполнял небольшие заказы на артиллерийские снаряды, на болванки для стволов пушек для Петербургского орудийного завода и т.д. Если бы завод находился в Петербурге, то бунт рабочих был бы неминуем. Но завод был расположен в сельской местности в деревне Мотовилиха, и рабочие с мая по октябрь расходились по окрестным деревням на свои земельные участки, а зимой подхалтуривали на заводе, выполняя случайные заказы. Кстати, такая же ситуация возникла на заводе и в 1922–1925 годах, но с 1926 года завод был загружен на полную катушку.

Нужны ли комментарии к вышесказанному? Риторический вопрос: жизнями скольких сотен тысяч русских солдат были оплачены дворцы и бриллианты Матильды Кшесинской?

СПИСОК ИСПОЛЬЗОВАННОЙ ЛИТЕРАТУРЫ

Безелянский Ю.Н. Любовь и судьба. М.: Крон-пресс, 1996.

Белякова З.И. Великий князь Алексей Александрович. За и против. СПб.: Logos, 2004.

Боханов А.Н. Николай II, М.: Молодая гвардия — ЖЗЛ, 1997.

Боханов А.Н., Кудрина Ю.М. Император Александр III и Императрица Мария Федоровна. Переписка. 1884–1894 годы. М.: Русское Слово, 2001.

Васильева Н.В., Брагина Т.А. Хозяева и гости дворянских имений Крыма, М.: Глобус, 2002.

Великий князь Александр Михайлович. Воспоминания. М.: Захаров, АСТ, 1999.

Великий князь Гавриил Константинович. В Мраморном дворце. Из хроники нашей семьи. СПб.: Logos; Дюссельдорф: Голубой всадник, 1993.

Великий князь Кирилл Владимирович. Моя жизнь на службе России. СПб.: Лики России, 1996.

Витте С.Ю. Избранные воспоминания. 1849–1911 гг. М.: Мысль, 1991.

Военная энциклопедия / Под ред. В.Ф. Новицкого, А.В. фон Шварца, В.А. Апушкина, Г.К. фон Шульца. СПб., 1911–1915.

Воспоминания Феликса Кшесинского. Государственный центральный театральный музей им. А.А. Бахрушина. Архивно-рукописный отдел. Ф. 134. Ед. хр. 2, 3.

Граф Г.К. На службе Императорскому Дому России. 1917–1941. Воспоминания. СПб.: Русско-балтийский информационный центр БЛИЦ, 2004.

Громова И.А. Последние Романовы. М.: Дрофа-Плюс, 2006.

Дневники императора Николая II / Под ред. К.Ф. Шацилло. М.: Орбита, 1991.

Долгоруков П.В. Петербургские очерки. Памфлеты эмигранта. 1860–1867. М.: Новости, 1992.

Евгеньева М. Роман цесаревича. Большой роман из жизни Николая II. М.: Интербук, 1990.

Кинг Г. Императрица Александра Федоровна. Биография. М.: Захаров, 2000.

Крылов А.Н. Мои воспоминания. Л.: Судостроение, 1984.

Ламздорф В.Н. Дневник 1894–1896. М.: Международные отношения, 1991.

Либерман А., Шокарев С. История России и дома Романовых в мемуарах современников. XVII–XX вв. Гибель монархии. М.: Фонд Сергея Дубова, 2000.

Мария Павловна. Мемуары. М.: Захаров, 2003.

Матильда Кшесинская. Воспоминания. Смоленск: Русич, 1998.

Мейлунас А., Мироненко С. Николай и Александра. Любовь и жизнь. М.: Прогресс, 1998.

Ольденбург С.С. Царствование Императора Николая II. Белград: Издание Общества Распространения Русской Национальной и Патриотической литературы, 1939.

Пилявский В.И., Тиц А.А., Ушаков Ю.С. История русской архитектуры. Л.: Стройиздат, 1984.

Седов Г. Матильда Кшесинская и Николай Романов. М.: Текст, 2006.

Скотт С. Романовы. Биография династии. М.: Захаров, 2004.

Трубецкой В. Записки кирасира. М.: Россия, 1991.

Широкорад А.Б. Тайная история России. М.: Вече, 2007.

Широкорад А.Б. Тайны русской артиллерии. М.: Яуза; Эксмо, 2003.

СОДЕРЖАНИЕ

ПРИЛОЖЕНИЕ

Литературно-художественное издание

ИСТОРИЧЕСКИЕ АВАНТЮРЫ

Широкорад Александр Борисович

РУССКАЯ МАТА ХАРИ
Тайны петербургского двора

Ответственный редактор *Е. Соловьев*
Редактор *В. Манягин*
Художник *Б. Протопопов*
Художественный редактор *А. Демин*
Компьютерная верстка *А. Кувшинников*
Корректор *В. Авдеева*

ООО «Алгоритм-Издат»
ТД «Алгоритм» : 617-0825, 617-0952
Сайт: http://www.algoritm-izdat.ru
Электронная почта: algoritm-izdat@mail.ru
Интернет-магазин: http://www.politkniga.ru

ООО «Издательство «Эксмо»
127299, Москва, ул. Клары Цеткин, д. 18/5. Тел. 411-68-86, 956-39-21.
Home page: www.eksmo.ru   E-mail: info@eksmo.ru

Подписано в печать 22.08.2011. Формат 84×108 $^1/_{32}$.
Печать офсетная. Усл. печ. л. 13,44.
Тираж 3000 экз. Заказ №8483

Отпечатано в ООО «Северо-Западный Печатный двор» ,
188300, Ленинградская обл., г. Гатчина, ул. Железнодорожная, 45Б

ISBN 978-5-699-52070-1